Antonella Palazzi

EL GRAN LIBRO DE LA VERDURA

recetas, menús, consejos

Traducción de María Antonia Menini

grijalbo

A mi hermana Doretta,
que se ha hecho vegetariana

La autora y el editor manifiestan su agradecimiento a los chefs *del restaurante Giannino, de Milán, Oliviero Fondriest y Claudio Sfiller; al pastelero Mauro Marietta, la frutería Frattelli Abbascià, de Milán, el albergue Medagliani, de la misma ciudad, y al doctor Luciano Cretti.*
Y también a: platerías Dabbene, Arzberg y Beppe Morone; suministros hoteleros Beretta; cerámicas de Faenza y Guido de Zan, cristalerías Saint Louis; Farnese; Florindo Besozzi; High Tech; Home Textile Emporium Lisa Corti; Idee e Cose; Il Coccio e la Tela; India, Cina, Siam... Qui; La Porcellana Bianca; L'Utile e il Dilettevole; Messulam; Primavera di Cristallo CALP; restaurante Yar; Rosenthal; Shed; Taitú; tejidos SOGNA-Frette, Voglia di Casa, Sogarò, Souleiado; Villeroy & Bosch.

Título original
IL GRANDE LIBRO DELLE VERDURE
Traducido de la edición de Arnoldo Mondadori Editore, S.p.A., Milán, 1991

Primera edición

ISBN: 84-253-2367-3

Printed in Italy by A. Mondadori Editore - Verona

· Índice ·

·DESDE LA TIERRA·
CON AMOR

En la corte de Enrique VIII de Inglaterra las hortalizas se evitaban cuidadosamente por considerárselas alimento vil y plebeyo, totalmente exento de cualidades nutritivas y útil tan sólo para «llenar el vientre». Por si fuera poco, los médicos señalaban que todo lo que procedía de la tierra era insalubre, estaba contaminado y era portador de oscuros y terribles males como la peste. Por eso se celebraban opíparos banquetes integrados exclusivamente por carnes asadas al espetón, exquisitas piezas de caza y deliciosos postres. Todo ello regado abundantemente con vinos franceses. La consecuencia fue que Enrique enfermó muy pronto de gota y murió de escorbuto entre horribles sufrimientos sin haber cumplido tan siquiera los cincuenta años. Todo ello induce a suponer que sus comensales habituales no debieron de correr mejor suerte. Hagamos un salto de cuatro siglos y desplacémonos al otro extremo del hemisferio. Estamos en la India en presencia de un frágil anciano, un hindú vegetariano cuya alimentación consiste invariablemente en un cuenco de legumbres y un poco de leche cuajada. Su nombre es Gandhi: aquella alimentación tan frugal le proporcionará las energías necesarias para emprender la «Marcha de la sal», poner de rodillas el Imperio de Su Graciosa Majestad ex británica e invertir el destino de su país.

Todo lo cual no es demasiado sorprendente si se considera que el vocablo vegetariano deriva del latín vegetus, *que significa sano, vigoroso, gallardo. Los expertos llegan a afirmar incluso que en el* homo sapiens *(es decir, en nosotros) todo está espléndidamente predispuesto para una nutrición a base de vegetales y no de carne. En resumen, que en el Paraíso Terrenal se mataba el hambre con los frutos que la tierra ofrecía amorosamente y a nadie se le hubiera ocurrido retorcerle el cuello a un pato. La situación ha degenerado en el transcurso de los siglos y ahora que ya hemos llegado al final del trayecto de tantos errores, ¿qué hacemos? No podemos regresar a los orígenes, pero, ¿cómo permanecer insensibles a los insistentes llamamientos de los médicos que, entre tanto, han cambiado de idea y recomiendan basar la alimentación cotidiana en las hortalizas porque éstas alimentan, y no engordan, desintoxican el organismo y lo ayudan en todas sus funciones? Lo más importante es empezar siempre las comidas con verduras crudas para proseguir después con verduras cocidas, mejor si éstas se acompañan de legumbres o cereales, los cuales se pueden alternar de vez en cuando con proteínas animales, preferentemente proporcionadas por el pescado.*

La alimentación se ha convertido actualmente en una ciencia exacta que no se nos escapa. Por otra parte, la vida del hombre se ha alargado notablemente y, para vivirla de la mejor manera posible, es necesario adaptarse a estas nuevas normas. Encaminémonos por tanto hacia una cocina predominantemente vegetariana, aunque sin eliminar drásticamente las carnes, el pescado y los huevos que en algunos platos constituyen unos cómplices sumamente valiosos. Si un filete de anchoa puede convertir una sopa de garbanzos en algo sublime, ¿por qué renunciar a él? Invirtamos simplemente los papeles y restablezcamos los equilibrios: los verdaderos protagonistas de la alimentación del 2000 serán los productos de la tierra. Centremos en ellos nuestros reflectores para aprovechar al máximo, sin omitir ninguna experiencia, las maravillosas e infinitas posibilidades que nos ofrecen.

Las hortalizas suelen clasificarse generalmente según la familia botánica a la que pertenecen en brasicáceas, cucurbitáceas, solanáceas, etc., pero, para mayor claridad, hemos preferido agruparlas según las partes comestibles, es decir: hortalizas de hoja, de brote, de fruto, de bulbo, de raíz, de tubérculo, de semilla. Hablaremos finalmente de las setas y las trufas, que son unas hortalizas un poco especiales.

Origen y difusión de las hortalizas

Las hortalizas, como los cereales, existen desde siempre y proporcionan alimento al hombre desde la prehistoria. Se trataba, por supuesto, de variedades silvestres que crecían espontáneamente en los distintos hábitats y que tenían muy poco en común con las que hoy se cultivan tanto por la forma como por el color. Con el avance de la civilización, el hombre, para poder sobrevivir, aprendió a seleccionar y a cultivar las hortalizas, identificando gradualmente sus propiedades nutritivas y de sabor.

La primera hortaliza de la que se tiene noticia es el guisante, cultivado en Turquía ya en el siglo VI a.C. Tres siglos más tarde, en la fértil Mesopotamia se producían chirivías, remolachas, cebollas, ajos y puerros. En efecto, fue en Oriente Medio y en Extremo Oriente donde se inició el extensivo y metódico cultivo de las hortalizas. El nabo, que hoy se utiliza principalmente como forraje para los animales, era entonces muy apreciado por los hombres por su alto contenido en almidón. Fueron los chinos quienes lo cultivaron por primera vez junto con los pepinos, los rábanos y las coles que, fermentados, constituían con el arroz su alimentación básica.

Muy pronto los cultivos se extendieron por todo el Mediterráneo. Los ejércitos griegos y romanos introdujeron en Gran Bretaña los puerros, las coliflores, las alcachofas y las zanahorias. Eran unas zanahorias rojas, cárdenas e incluso negras, ricas en antocianinas y exentas de caroteno, muy distintas de las que hoy conocemos y que se desarrollaron en Holanda varios siglos más tarde. En el siglo VII los invasores islámicos introdujeron, en cambio, junto con el arroz y los agrios, las berenjenas y las espinacas primero en España y después en Francia. En la Edad Media en toda Europa y con particular fortuna en los fértiles Países Bajos se cultivaban toda clase de hortalizas. Cuando en el siglo XV los conquistadores españoles desembarcaron en las Américas se encontraron con unas hortalizas jamás vistas hasta entonces: el maíz, el tomate, el pimiento, la calabaza y la patata, que los incas cultivaban a 4.500 metros de altitud y que constituían su alimento básico. Se inició de esta manera entre ambos mundos un intercambio de hortalizas, sometidas a períodos de popularidad y de caída en desgracia según las modas y las circunstancias. La patata, por ejemplo, que en el siglo XVII fue acogida inmediatamente con entusiasmo en Inglaterra e Irlanda, en Francia fue desterrada durante mucho tiempo por sospecharse que llevaba la lepra. Pero, al final, cada hortaliza encontró su lugar preciso en todas las cocinas del mundo y acabó por imponerse.

Cuando, a finales del siglo XIX, el químico francés Nicholas Appert descubrió la posibilidad de conservarlas en lata, se superó repentinamente su carácter perecedero y su comercio se desarrolló enormemente. Con el descubrimiento de la congelación, ocurrida en los Estados Unidos en los años treinta, se abrieron nuevos e insospechados horizontes.

Composición y valor nutritivo

Las hortalizas en general contienen mucha agua, pocas calorías y todas las sustancias que necesitamos: sales minerales, vitaminas, ácidos orgánicos, hidratos de carbono, fibras y grasas (si bien en cantidades mínimas).

Los porcentajes de tales elementos varían en las distintas hortalizas: la patata, por ejemplo, contiene muchísimo almidón o fécula, el calabacín muchísima agua, la zanahoria, la cebolla y el maíz mucha sacarosa. Las hortalizas de fruto son generalmente muy ricas en potasio; las de hoja y de flor lo son en hierro.

Exceptuando las legumbres, las proteínas están siempre presentes en mínimas proporciones: de un 1 a un 4 %. Por consiguiente, los vegetarianos estrictos tienen que incluir necesariamente las legumbres en su dieta diaria, combinándolas con los cereales que potencian su contenido proteico.

Las hortalizas no contienen todas las vitaminas

sino predominantemente la A y la C, las cuales, como las sales minerales, se encuentran sobre todo en las hojas exteriores y, por desgracia, se pierden parcialmente, tanto durante el lavado como durante la cocción.
Los ácidos orgánicos, presentes en todas las hortalizas, poseen una importancia vital, porque desarrollan en nuestro organismo una beneficiosa acción alcalinizante y desintoxicante y neutralizan los ácidos que se forman a causa del estrés físico y psicológico y de una alimentación equivocada, excesivamente rica en proteínas y grasas animales.
Finalmente, las fibras presentes en la celulosa y en la lignina, transitan simplemente por el intestino sin ser absorbidas y poseen una importancia no menos fundamental, pues ayudan a eliminar algunas sustancias potencialmente cancerígenas que ingerimos con determinados alimentos; reducen la glucosa y los ácidos grasos en la sangre y combaten el estreñimiento y la diverticulosis provocados por los alimentos excesivamente refinados.
Las legumbres constituyen un caso aparte: a diferencia de las demás hortalizas, poseen un alto contenido calórico debido a los hidratos de carbono y las proteínas. Se trata de proteínas vegetales llamadas nobles y, por consiguiente, mucho más idóneas para el organismo humano que las de origen animal. Denominadas «la carne de los pobres» por su bajo coste, las legumbres se presentan hoy en día cada vez con más frecuencia en las mesas de los ricos en sustitución de las carnes auténticas.

Advertencias

Las cantidades de las recetas, salvo en los casos en que se indica específicamente otra cosa, se entienden para cuatro personas.

Por cucharadita se entiende una cucharadita de té.

El asterisco junto al título indica las recetas en las cuales la hortaliza manifiesta en forma óptima sus cualidades.

·LA PREPARACIÓN·

La utilización de utensilios apropiados facilita la preparación de las distintas hortalizas. Recordaremos, en particular; el mondapatatas de hoja fija (1) y hoja oscilante (2) para mondar distintas clases de verduras; el tenedor de tres puntas para pelar patatas hervidas (3); el aplastapatatas (4) y el tradicional pasaverduras (5) que no siempre puede ser sustituido por la batidora eléctrica; el cortaverduras de hoja regulable (6). La indispensable tajadera y la tabla de picar (7). Y, por supuesto, serán necesarios distintos cuchillos de hojas bien afiladas: el de hoja recta (8) y el de hoja curva (9); el de hoja ondulada (10); el cuchillo de verdura de hoja estrecha (11); el cuchillo mediano para picar (1); el cuchillo grande de cocina para las coles y la calabaza (13); vaciadores de distintas medidas para hacer pelotitas de hortalizas (14); un par de tijeras (15); un cepillo para setas y trufas (16) y un cortafrutas
(17). Para las guarniciones serán útiles los rayalimones recto (18), lateral (19) o de zester (20) con los cuales se efectúan acanaladuras alrededor de la hortaliza antes de cortarla en rodajas. Completan el equipo tres cuencos (21): uno para las verduras que hay que pelar, una para los desperdicios y otra para las verduras peladas; un colador (22) y finalmente un pasapurés (23).

CEBOLLA

Con el cuchillo de hoja curva eliminar la cola y la raíz; hacerla girar y extraer un pequeño cono (2), eliminando de este modo las partes coriáceas. A continuación, pelar delicadamente la cebolla (3). Si se guisa entera, en lugar de extraer el cono, practicar una incisión en forma de cruz en su base para evitar que se deshaga durante la cocción. Para cortarla a trocitos, cortarla primero longitudinalmente por la mitad y después en rajas estrechas, manteniéndola sobre el cuchillo con las falanges de los dedos de la mano izquierda dobladas, haciéndolas retroceder a medida que avanza la hoja para no cortarse. Para picarla a mano, sujetar la cebolla cortada a rajas con la mano izquierda y cortarla también en sentido contrario (4).

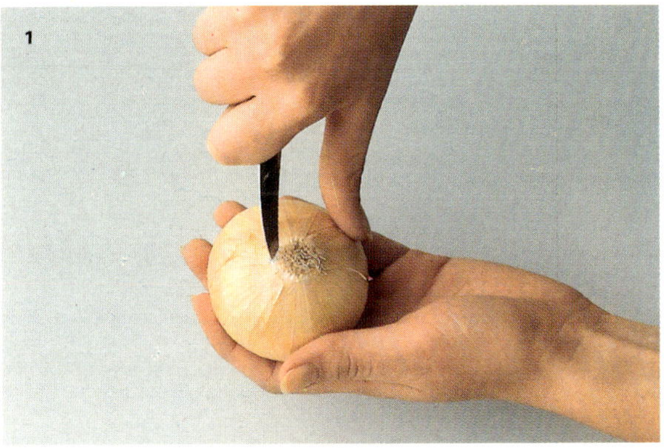

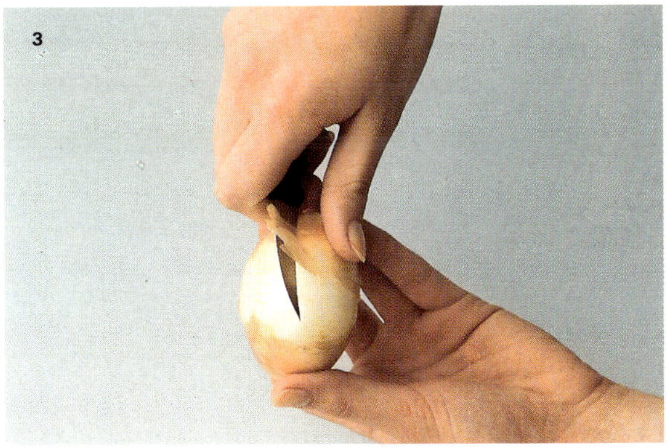

CEBOLLINOS, PUERROS

De ambas hortalizas hay que eliminar ante todo las raíces, las hojas exteriores y las partes coriáceas de las extremidades verdes (1). Del cebollino conservar tan sólo el corazón y cortarlo después en finas rodajas. Con el puerro hay que tener mucho cuidado porque a menudo se ha introducido tierra en proximidad de la raíz entre las hojas. Por consiguiente, hay que efectuar dos cortes longitudinales (2), partiendo del extremo inferior y del superior, y enjuagarlo después minuciosamente bajo el agua del grifo.

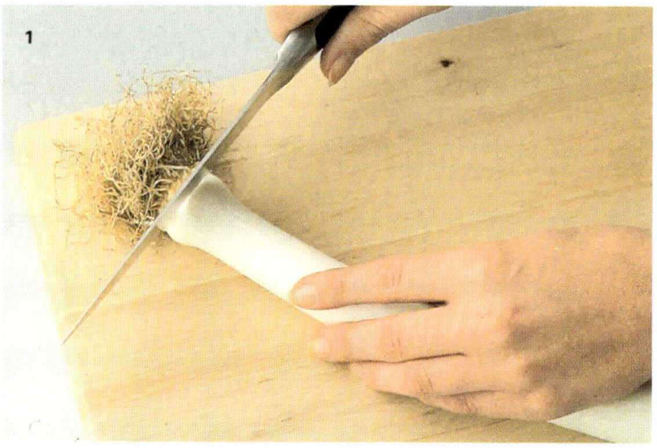

1

2

AJO MORUNO

Eliminar una pequeña parte de ajo moruno tanto en su base como en su extremo. Enjuagarlo rápidamente con agua fría, escurrirlo y secarlo con papel de cocina. Reunirlo en un ramito, igualando los tallos. Manteniendo el ramito en la mano izquierda sobre un cuenco y las tijeras en la mano derecha, recortar el extremo, obteniendo pequeños segmentos (utilizando la tajadera, no se consigue el mismo resultado).

CHALOTE

Con el cuchillo eliminar la raíz y pelarlo con cuidado desde la base hacia el extremo superior.
Para picarlo a mano rápidamente, hay que cortarlo primero en sentido vertical como la cebolla y después, sujetándolo con la mano izquierda, cortarlo en sentido contrario.

AJO

Para arrancar los dientes, colocar la cabeza de ajo sobre la tabla de picar, apoyar encima de ella la hoja plana de un cuchillo grande de cocina sostenido con la mano izquierda y, con el puño de la mano derecha, descargar un golpe seco (1). Para mondar los dientes de uno en uno, utilizar el cuchillo de hoja curva, partiendo de la base y subiendo hacia el extremo (2). Para aplastar los dientes de ajo pelados, apoyar encima de ellos la hoja plana de un cuchillo grande y aplicar un golpe seco.

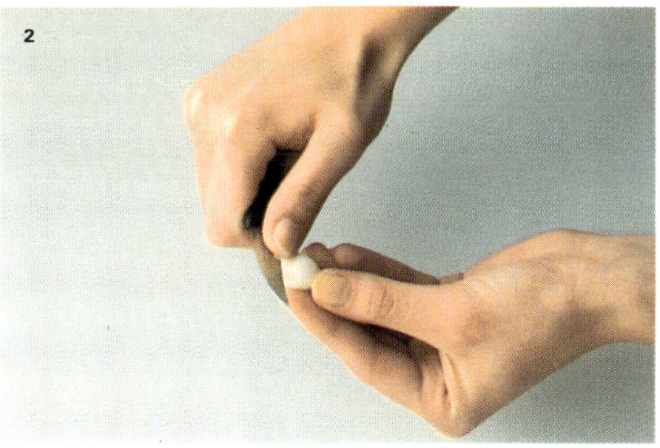

PATATAS, APIO, NABO, NABAS

Mondar la hortaliza con el pelapatatas, sujetándola con firmeza en la palma de la mano izquierda. Con la punta del cuchillo, eliminar los posibles puntos negros, ahondando un poco en profundidad (1). Para mondar las patatas hervidas sin quemarse los dedos, es oportuno ensartarlas con el tenedor de tres puntas destinado a tal fin (2).

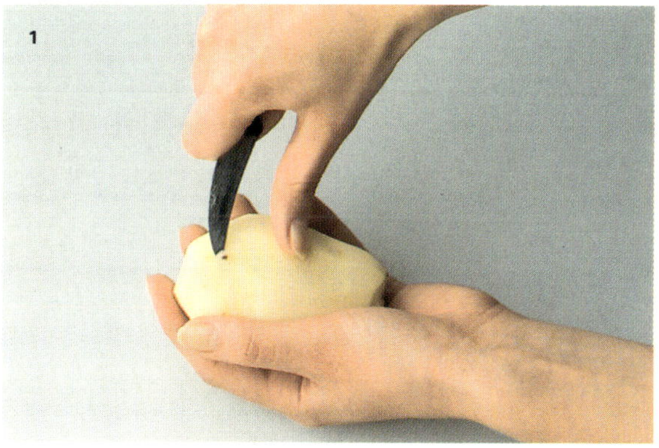

TOMATES

Quitar el pedúnculo con la punta del cuchillo de hoja curva, ahondando un poco para extraer un pequeño cono de tal forma que se elimine también el extremo coriáceo del corazón (1). Para pelarlos con facilidad hay que introducirlos en agua hirviente: practicar una pequeña incisión en forma de cruz en la base (2) e introducirlos a continuación en agua hirviente durante 10-20 segundos. Escurrirlos y sumergirlos inmediatamente en agua fría para bloquear la cocción. Escurrirlos de nuevo y mondarlos cuidadosamente con la punta del cuchillo. Para cortarlos, utilizar el adecuado cuchillo de hoja ondulada. Para picarlos, cortar los tomates pelados en cuartos y, con un cuchillo de hoja curva, extraer las semillas y la pulpa (3), recogiéndolas en un cuenco. Para preparar tomates rellenos, cortarlos horizontalmente aproximadamente a dos dedos del extremo superior, conservándolo con el pedúnculo (4). Excavar después la pulpa con el correspondiente utensilio y, tras haber rellenado el tomate, recomponerlo, volviendo a colocar la parte superior.

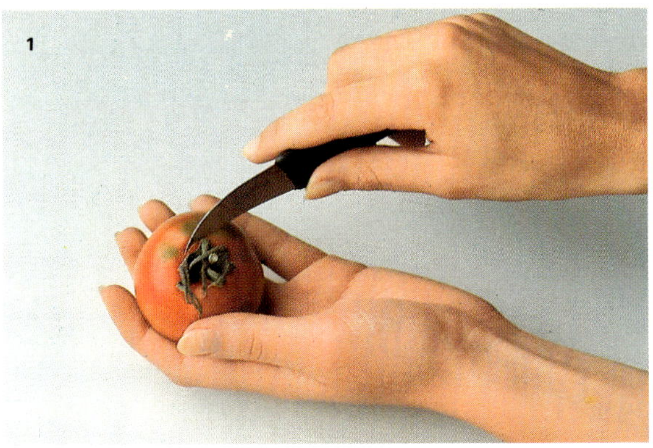
1

2

3

4

ZANAHORIA, PEPINO, NABO LARGO, ESCORZONERA

Eliminar en primer lugar el extremo (1) y, sujetándolas con la mano izquierda, mondarlas deslizando el pelapatatas desde arriba hacia abajo (2). Por lo que respecta a la zanahoria, si es vieja, la parte central es muy correosa; por consiguiente, hay que cortarla por la mitad en sentido longitudinal y después, con la punta de un pequeño cuchillo, retirar el núcleo verde en toda su longitud.
La escorzonera, se introduce recién pelada en agua acidulada con zumo de limón ya que, de lo contrario, se oxida con el aire y se ennegrece.

BERENJENAS

Cortar los dos extremos y mondarlas para eliminar la piel dura y amarga. Para freírlas, cortarlas primero por la mitad en sentido longitudinal y después cortar en tajadas del grosor que se desee. Para formar cuadraditos o rectángulos, cortar primero a cuartos verticalmente (1), eliminar las semillas del interior (2), y cortar en tajadas en sentido longitudinal y después en sentido contrario.

PIMIENTOS

Lavarlos con agua fría, secarlos y cortarlos verticalmente por la mitad, partiendo del centro del pedúnculo (1). Eliminar el pedúnculo, el corazón, las partes fibrosas interiores y todas las semillas. Cortar el pimiento en tiras de la anchura deseada y cortarlo después según las necesidades (2). Para retirar la piel y picar los pimientos, ensartarlos por la parte del pedúnculo con un tenedor grande y asarlos sobre la llama o las brasas. Dejarlos enfriar sobre una tabla de picar y retirar cuidadosamente la piel (3). Asir el pedúnculo y tirar hacia afuera de tal modo que salga junto con el corazón (4). Cortar los pimientos longitudinalmente por la mitad y eliminar las partes fibrosas internas antes de picarlos. Un sistema alternativo muy eficaz consiste en lo siguiente: envolver herméticamente cada pimiento en una hoja de aluminio e introducirlo en el horno precalentado a 200 grados centígrados durante aproximadamente 30 minutos. Dar la vuelta a los paquetes a media cocción. Retirarlos del horno y envolverlos de inmediato en papel de periódico. Dejarlos enfriar por completo. Después, proceder según la descripción de más arriba: la piel saldrá como un guante.

1

2

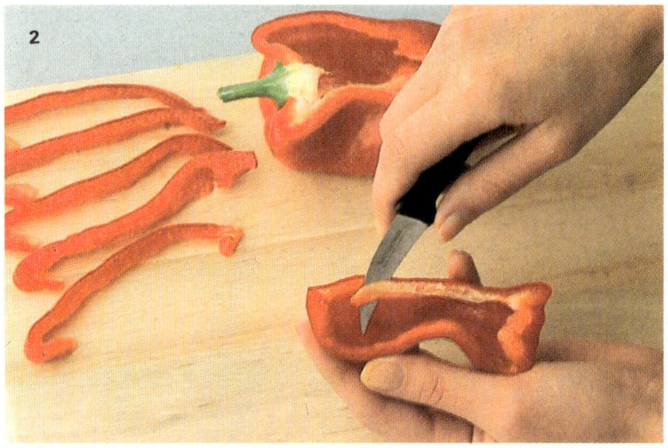

3

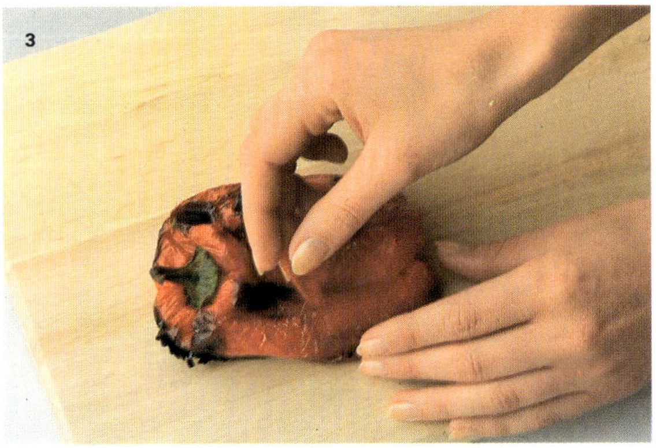

4

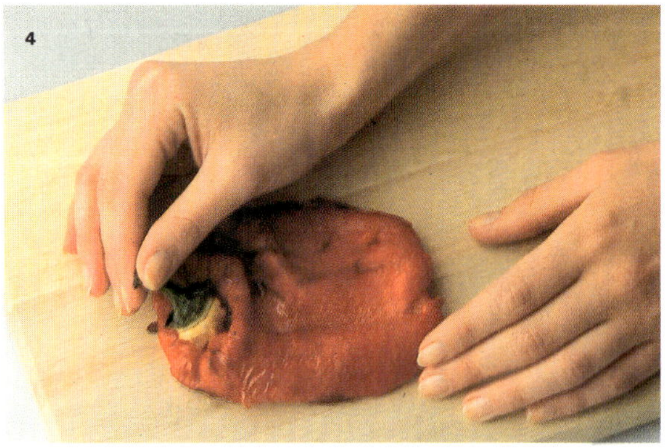

APIO

Eliminar la base y las hojas y separar las nervaduras. Deslizar sobre cada una de ellas el pelapatatas de arriba abajo para quitar los filamentos. Lavar cuidadosamente con agua fría.

ESPÁRRAGOS

Sujetar las puntas y descortezar la parte blanca deslizando el pelapatatas a su alrededor con ligeros movimientos de arriba abajo. Eliminar la base y enjuagar. Con este sistema, se pueden saborear los espárragos enteros y no sólo las puntas.

CALABAZA

Con un cuchillo grande de cocina, utilizando en caso necesario un picacarnes, cortar primero la calabaza por la mitad y después en cuartos, subdividiendo finalmente estos últimos en rajas. Eliminar los extremos y las semillas del interior con la pulpa que las envuelve (1). Si es necesario, para preparar sopas o arroces, cortar la calabaza con un cuchillo mediano (2) y cortarlo posteriormente en pequeños dados.

1

2

ALCACHOFAS

Quitar las hojas exteriores más coriáceas (1). Con un cuchillo de cocina, cercenar la cola de la base y las puntas de las hojas espinosas aproximadamente hasta tres cuartos de la alcachofa (2). Si hay que cocer entera la alcachofa, eliminar la parte interior lanosa y espinosa, utilizando el cuchillo de hoja curva (3). Si, por el contrario, hay que cortarla en trozos, se corta verticalmente por la mitad y después en cuartos.

Eliminar la parte fibrosa interior con un cuchillo de hoja curva y cortarla después a voluntad. Para utilizar también los tallos, eliminar el extremo correoso y mondarlos (4). Para utilizar sólo el fondo, es necesario «tornear» la alcachofa: se corta el tallo en línea recta y las hojas casi hasta el extremo de la base. Eliminar la parte fibrosa interior, las partes coriáceas y los filamentos de la base.

1

2

3

4

HINOJOS

Con un cuchillo de cocina, cortar la base coriácea y terrosa y el extremo de hojas verdes. Quitar también las hojas exteriores secas, duras y marchitas. Deslizar el pelapatatas de abajo arriba, eliminando los filamentos de la superficie externa (1). Separar las hojas y enjuagarlas bien bajo el agua fría del grifo para limpiar la tierra alojada en su interior. Secar, cortar en cuatro partes en sentido longitudinal y eliminar con un cuchillo la parte coriácea interior hacia la base (2). Si se sirven en pebre, dejarlos en rajas; de lo contrario, para la ensalada cortarlos en finas tiras verticales.

1

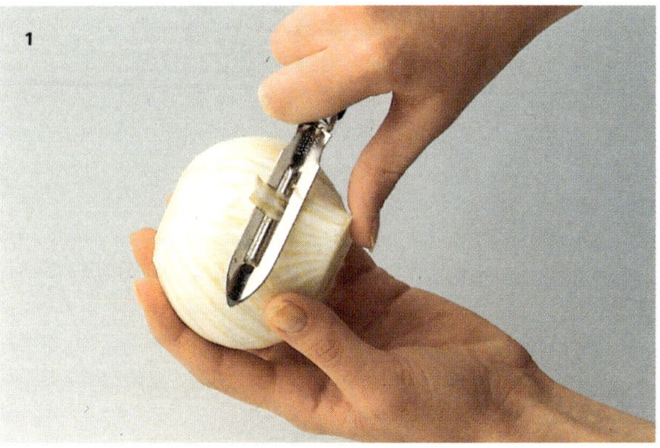

2

COLIFLOR

Retirar las hojas verdes exteriores con un cuchillo; después, con un cuchillo más grande de cocina, retirar el tallo duro. Rascar las partes negras y terrosas de las flores con la punta del cuchillo. Si hay que cocerla entera, practicar un corte en forma de cruz en la base (1) e introducirla simplemente en agua fría para lavarla. Si, por el contrario, hay que dividirla en cabezuelas, cortarla por la mitad primero en sentido vertical y después en cuartos; eliminar a continuación la parte coriácea interior del troncho (2) con un cuchillo y separar los tallos tiernos y las flores.

1

2

COLES VERDES O ROJAS, COLES DE BRUSELAS

Eliminar las hojas exteriores más duras y marchitas, cortar verticalmente la col en cuatro partes (1) y eliminar la parte dura del troncho (2). Lavar en agua fría acidulada con algunas gotas de vinagre y cortarla después a voluntad.
En las coles de Bruselas, por el contrario, sólo hay que eliminar la base y las eventuales hojas externas marchitas.

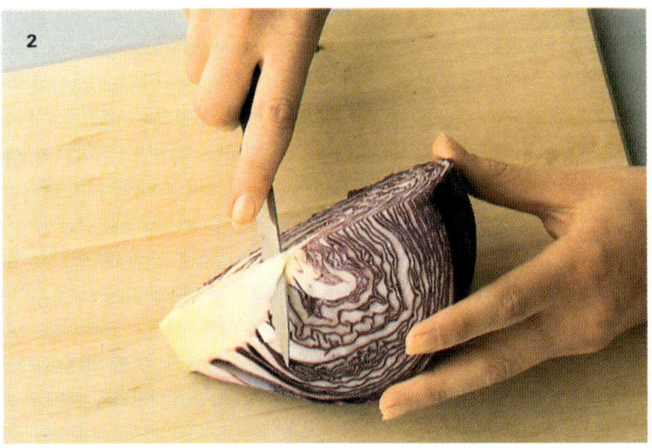

SETAS

Eliminar la tierra y la arena con el correspondiente cepillo (1). Sujetar la seta con la mano izquierda y cortar con un cuchillo al sesgo. (2). Rascar el sombrerillo de la seta. Eliminar las partes oscuras o machucadas. Enjuagarla lo más rápidamente bajo el grifo de agua fría para conservar su fragancia. Si se trata, por el contrario, de colmenillas de sombrerillo alveolado o esponjos o de cantarelas de laminillas anchas, hay que lavarlas cuidadosa y repetidamente.

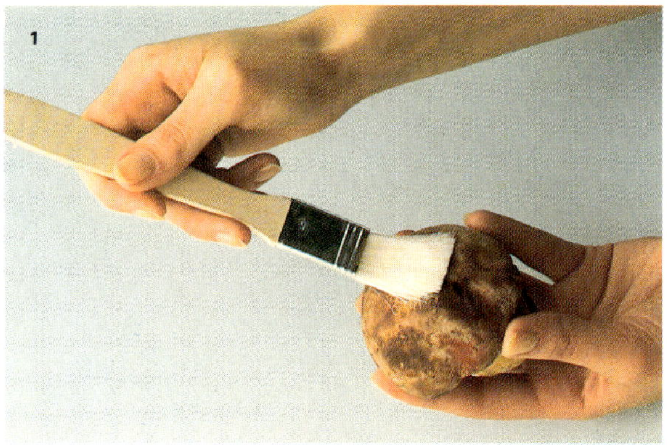

ESPINACAS

Cortar las plantitas a 2-3 dedos de la raíz, conservando únicamente los tallos tiernos y las hojas (1).
Lavarlas repetidamente en abundante agua fría para eliminar cualquier resto de tierra. Si las espinacas van a consumirse crudas en ensalada, escurrirlas en la centrifugadora, seleccionando después las hojas más tiernas; de lo contrario, escurrirlas sólo un poco y proceder a la cocción. Para utilizar también la base de la espinaca, eliminar el extremo terroso con un cuchillo, cuidando de que no se separen los tallos. Practicar después una incisión en forma de cruz en la base con 3 cortes (2), manteniendo en todo momento el ramito compacto.

1

2

ENDIBIA BELGA

Eliminar las posibles hojas exteriores machucadas.
Con la punta de un cuchillo, extraer un pequeño cono del centro de la base (1-2), dejando un delgado borde a su alrededor para mantener compacta la hortaliza. Hay que eliminar el corazón del tallo porque es amargo.

1

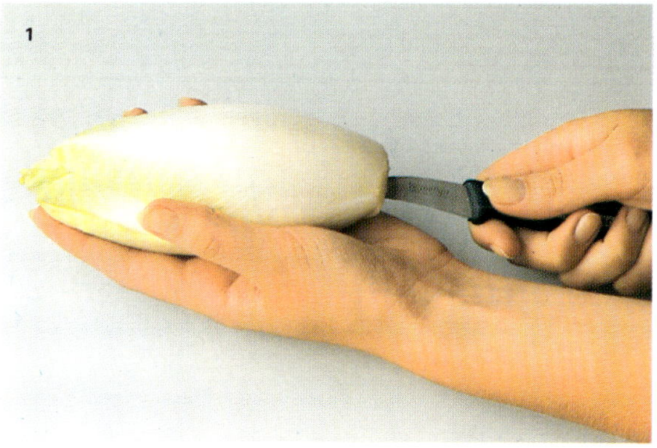

2

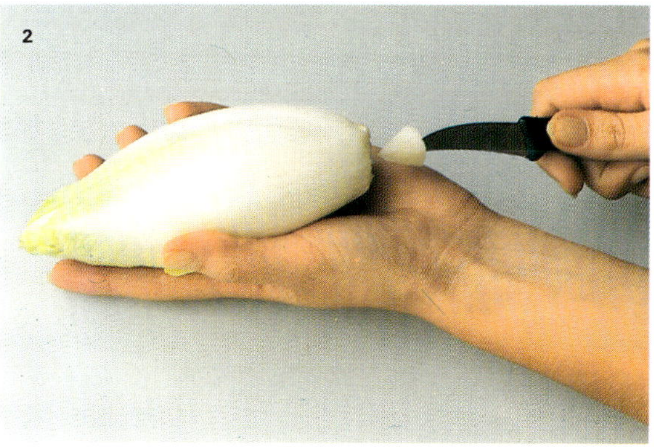

LECHUGA, ACHICORIA, ESCAROLA

Cortar el troncho de tal modo que se separen todas las hojas (1). Desechar las exteriores machucadas o marchitas. Cortar las hojas grandes a lo largo de la nervadura para dividirlas en dos (2) y dejar enteras las más pequeñas. Lavarlas varias veces en agua fría para eliminar cualquier resto de tierra o de pequeños insectos y pasarlas después por la centrifugadora, que permite escurrirlas a la perfección sin machucarlas. Si la ensalada no se sirve en seguida, se conservará en un recipiente hermético para que se mantenga fresca y crujiente.

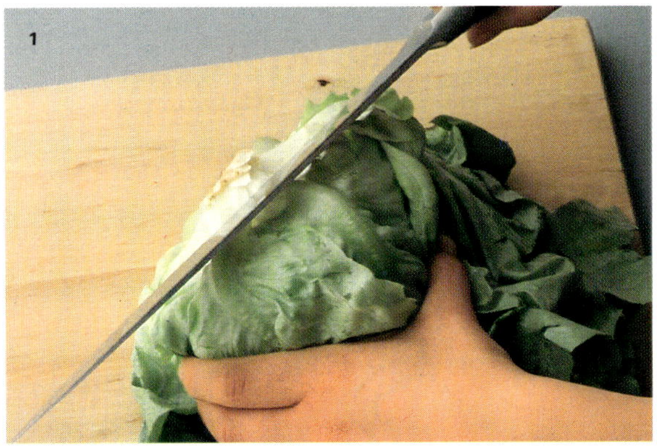

ACHICORIA AMARGA

Con un cuchillo cortar el troncho al sesgo, conservando una parte del mismo ya que éste confiere a las ensaladas un especial sabor ligeramente amargo. Para los soufflés o los arroces se utilizan por el contrario solamente las hojas.

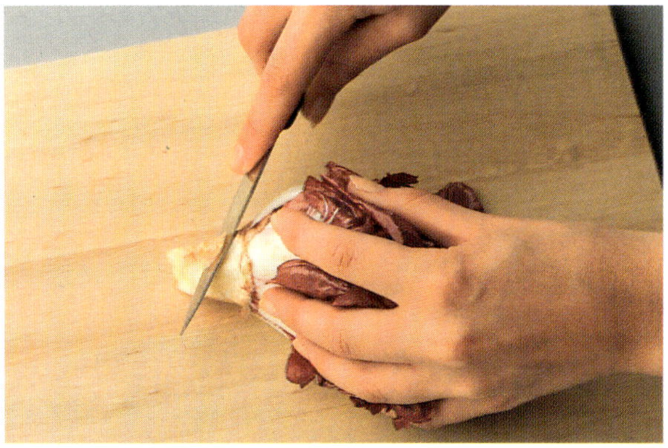

JUDÍAS, GUISANTES MOLLARES, HABICHUELAS

Con un cuchillo, separar y tirar del pedúnculo sin romperlo hacia la juntura hasta alcanzar el filamento exterior y tirar cuidadosamente hacia abajo para eliminarlo. Cortar el extremo.

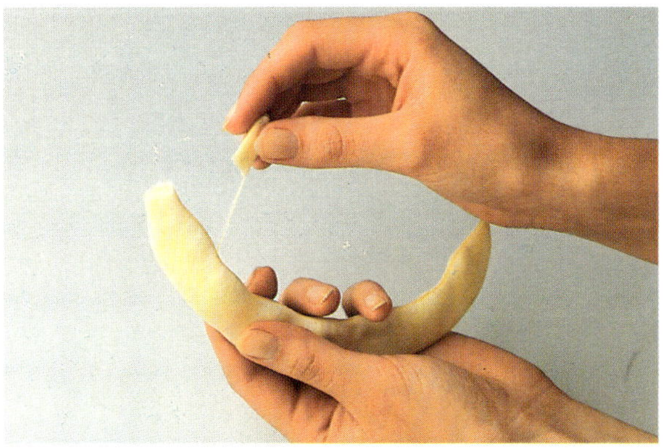

GUISANTES, JUDÍAS FINAS, HABAS

Asir la vaina con la mano izquierda, con la juntura dirigida hacia el interior (1). Ejercer una ligera presión sobre la juntura con el pulgar de la mano derecha, abrirla con una uña y, deslizando el pulgar de arriba abaja, desgranarla (2) recogiendo las semillas en un cuenco. Las habas, después de la cocción, se pueden pelar de una en una, tomándolas entre el índice y el pulgar y ejerciendo presión para separar la piel coriácea.

RÁBANO SILVESTRE O CREN

Cortar el trozo que haga falta y pelarlo en sentido vertical, procediendo de arriba a abajo. Rallarlo con el rallador, procurando protegerse los ojos como en el caso de la cebolla. Si se ralla en el momento del uso, conserva intacto todo su picante aroma; pero también se puede rallar toda la raíz y conservarla en vinagre; guardándola en la nevera estará siempre lista para su uso. Cuando está mellada, la raíz tiende a secarse y hay que consumirla en seguida.

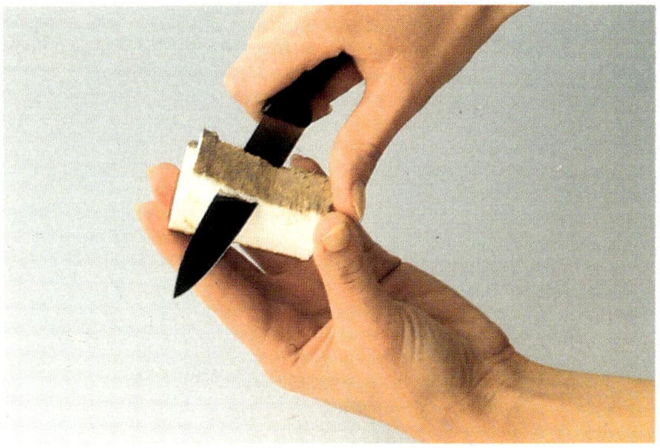

LEGUMBRES SECAS

Algunos tipos de lentejas pequeñas o descortezadas no se tienen que poner en remojo sino que basta con lavarlos cuidadosamente. Las judías, los garbanzos y las lentejas corrientes se tienen que mantener en remojo toda la noche antes de su cocción.

CORTAR

Para cortar las hortalizas en rodajas finas se usan el cuchillo para verduras de hoja estrecha o el cuchillo para picar. Mantener la hoja perpendicular a la tabla de picar, sujetando firmemente la hortaliza con la mano izquierda y, con los dedos doblados para no cortarse, hacerlos retroceder a medida que avanza la hoja (1).

Para conseguir bastoncitos, cortar la hortaliza longitudinalmente, seguir cortando estas partes longitudinalmente y subdividirlas en segmentos (2).

Según el grosor, el corte recibe en la cocina distintas denominaciones; las más habituales son: «a chiffonade» (tiras finas para verduras de hoja) y «a la juliana» (lonjas finísimas para hortalizas más consistentes).

Para cortar las hortalizas rápidamente en los grosores deseados, pero perfectamente iguales, se puede usar un cortaverduras de hoja regulable. Para obtener cubitos, cortar la hortaliza en sentido longitudinal con el grosor deseado y después en sentido contrario (3-4).

1

2

3

4

PICAR

El sistema más fácil es usar la tajadera en forma de media luna (1): existe una variedad pequeña de doble hoja para picar hierbas, ajo, chalotes y cebolla en pequeñas cantidades y en muy poco tiempo. Los cocineros profesionales, en cambio, lo pican todo con el cuchillo por ser un sistema mucho menos difícil de lo que parece. Se sujeta con la mano derecha el mango de un cuchillo grande de cocina y, tomando el extremo con la punta de los dedos de la mano izquierda, se lo hace oscilar arriba y abajo, desplazándolo hacia adelante y hacia atrás (2). De vez en cuando, reunir las verduras hacia el centro de la tajadera y repetir la operación hasta conseguir un picado muy fino.

1

2

TORNEAR

Significa conferir a una hortaliza una forma determinada. Para ello hay que utilizar un cuchillo de hoja recta. Para tornear las zanahorias, por ejemplo, primero hay que limpiarlas y cortarlas en trozos de una longitud aproximada de 5 cm, los cuales, según el grosor de la zanahoria, podrán subdividirse por la mitad en sentido longitudinal e incluso en cuartos (1). Trabajando con el cuchillo, redondear los ángulos para conseguir una zanahoria en forma de aceituna (2). La misma operación se puede efectuar con las patatas, las cuales, según su tamaño y una vez torneadas, se denominan: patatas vapor, castillo, fondant, cocotte.

1

2

VACIAR

Es una operación que se realiza principalmente con las patatas o con las calabazas pequeñas para obtener trozos en forma de bolitas. Sujetar firmemente la hortaliza con la mano izquierda. Tomar el vaciador con la mano derecha, hundirlo con fuerza imprimiéndole un movimiento rotatorio y extraer una bolita (1). Repetir la operación hasta el agotamiento de las hortalizas. Utilizando vaciadores de forma ovalada, lisa o acanalada, se obtendrán distintas formas (2).

ACANALAR

Con el rayalimones lateral o de zester (de 5 orificios) efectuar alrededor de la hortaliza en sentido longitudinal y de arriba abajo unas pequeñas acanaladuras a intervalos regulares (1). Cortar después la hortaliza en rodajas, cuya circunferencia será acanalada (2) y tendrá un agradable efecto decorativo como guarnición de ensaladas o de platos principales.

CORTES ESPECIALES PARA GUARNICIONES

La presentación de un plato es el preludio de su éxito: guarnecerlo de manera apetecible y elegante es, por consiguiente, de la máxima importancia, sobre todo en las ocasiones especiales. Con tal fin, los chefs profesionales cincelan hábilmente cualquier hortaliza y la transforman, confiriéndole forma de red, de cangrejo, de mariposa: pequeñas obras maestras en las cuales el color, la forma y la consistencia se realzan de un modo agradable. Pero también en casa, con algún truquito y un poco de imaginación y buena voluntad, podemos sorprender a los invitados con guarniciones de efecto seguro a pesar de su sencillez y escasa dificultad. Por ejemplo, se pueden conseguir unas encantadoras mariposas, recortando dos triángulos iguales de una raja de limón, juntándolos y colocándoles encima dos tiras de pimiento rojo separadas como si fueran antenas; un decorativo penacho, desflecando el extremo de un cebollino; o unos atónitos pececillos con la boca abierta, recortando un triángulo de un extremo de unos cuantos guisantes mollares.
Cuando hay prisa, podemos limitarnos a guarnecer el plato con un ramito de perejil o de albahaca para conferirle un toque de frescor.

En capullo de rosa
Pelar un tomate en espiral sin apartar en ningún momento la hoja del cuchillo (1). Enrollar la monda sobre sí misma en forma de capullo (2) y adornar con albahaca.

1

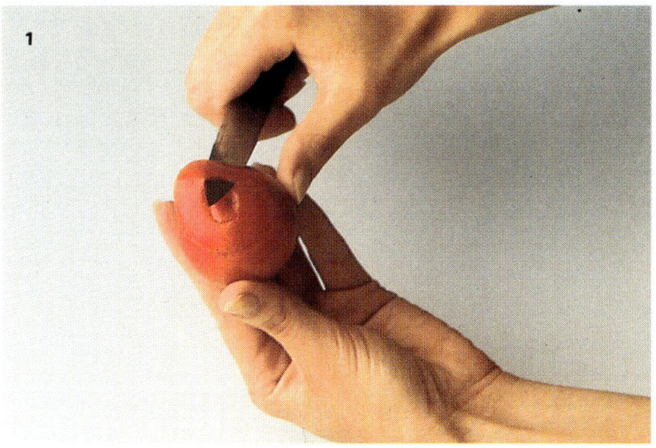

2

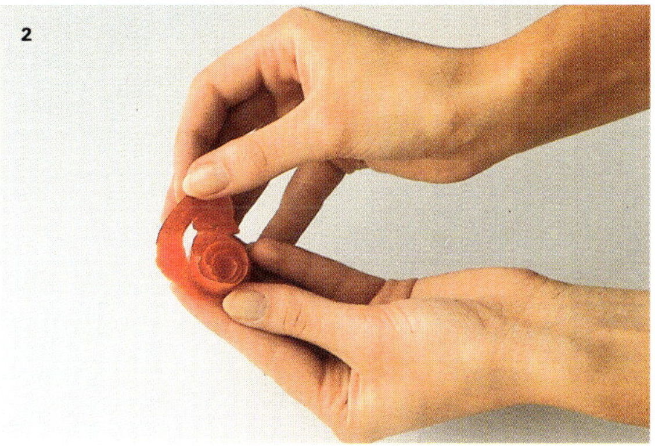

Manojitos de zanahoria
Pelar las zanahorias, cortarlas longitudinalmente en tiras finas (1). Cortar el extremo verde de un cebollino en tiras de 10-15 cm de longitud y 1 cm de anchura. Introducir las zanahorias y los cebollinos en agua hirviendo salada durante 30 segundos y escurrirlos. Atar los manojitos de zanahoria con las cintas de cebollino (2).

Flores de rabanitos
Para obtener un tulipán, practicar 5 incisiones en la monda y separar las rajas sin despegarlas de la base (1). Para conseguir una rosa, eliminar el extremo y cortar lateralmente 5 rajitas de rábano sin separarlas de la base (2).

Abanicos de pepino

Cortar en sentido diagonal una sección (de aproximadamente 3 cm) de un pepino cortado por la mitad en sentido longitudinal, formando unos pequeños bloques de siete rajitas (1) sin separarlas de la base. Doblarlas una sí y otra no según la ilustración (2).

Flores de pimiento

Eliminar la punta del pimiento (1) y cortarlo alrededor, deteniéndose a 1 cm del pedúnculo para conseguir de este modo unas tiras semejantes a finos pétalos (2). Enjuagarlo bajo el agua fría del grifo y eliminar las semillas del interior. Introducir las flores de pimiento en agua y hielo para que se abran.

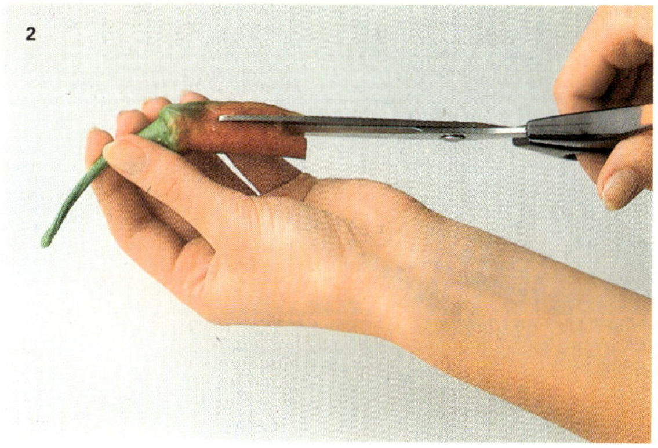

·LA COCCIÓN·

Existen distintos métodos para cocinar las verduras y en cada uno de ellos es conveniente utilizar utensilios específicos: para hervir se necesita una olla de acero inoxidable (1); para los espárragos, la correspondiente olla con cestillo interior (2); para estofar, una cacerola de acero inoxidable o de cobre estañado con tapa (3); para saltear, una sartén antiadherente o de hierro bruñido (4) o bien un wok chino (5) con su pequeña pala de acero (6).

Para recoger las albóndigas es útil un colador de mango largo (7) mientras que para cocer al vapor es indispensable la correspondiente olla (8) con cestillo interior (9); para freír, utilizar la freidora con cestillo (10); para parrillar, la parilla antiadherente (11); para gratinar al horno se necesitan bandejas de acero (12) o resistentes al calor (13); para el souflé, los moldes de aluminio (14) o resistentes al calor (15). Finalmente, para la salsa de tomate y para hervir legumbres se usa una cazuela de barro (16).

COCER AL VAPOR

Las verduras se cuecen en el correspondiente cestito de la olla sin entrar en contacto con el agua, gracias a lo cual la dispersión de sales minerales y agua es mínima. Se trata, por consiguiente, del método de cocción más sano y aconsejable porque, además, conserva intacto todo el sabor de la hortaliza.

HERVIR Y SUMERGIR EN AGUA HIRVIENDO

Las verduras se cuecen en abundante agua salada en ebullición y después se escurren. Es un tipo de cocción que da lugar a una pérdida de vitaminas y sales minerales, por lo cual es preferible usarla lo menos posible. Las hortalizas se sumergen en agua salada en ebullición durante pocos segundos o minutos para poder pelarlas fácilmente.

ESTOFAR

Las verduras se cuecen despacio en la olla destapada con muy poca agua o, como en el caso de las espinacas, de la lechuga y de la acedera, incluso sin la adición de agua, conservando los valores nutritivos y el sabor. Antes de introducir las verduras en la cacerola, se puede fundir en ella, si se desea, un poco de mantequilla para realzar el sabor.

SALTEAR

Se calienta el aceite en la sartén o en el wok y, cuando empieza a hervir, se saltean en él las verduras a fuego vivo para que conserven la consistencia y el color. Es el sistema típico de la cocina oriental.

FREÍR

Se calienta una buena cantidad de aceite a 180 °C y se fríen en él las verduras al natural o bien inmersas en pasta de harina y agua durante breves minutos, dándoles la vuelta a mitad de cocción. Lo importante es mantener constante la temperatura del aceite. Alrededor de la superficie de las verduras se tiene que formar una fina costra dorada y homogénea.

A LA PARRILLA

Las verduras se untan con aceite, sal y pimienta, se aromatizan al gusto y se cuecen durante pocos segundos, primero por un lado y después por el otro sobre una parrilla previamente calentada. Utilizando una parrilla antiadherente, se pueden asar al natural sin untarlas. La cocción debe ser breve y a fuego vivo, de tal manera que se forme una fina costra en la parte exterior y se conserve la consistencia interior. El mejor resultado se obtiene a la brasa con una parrilla cerrada; este tipo de cocción realza cualquier variedad de verdura.

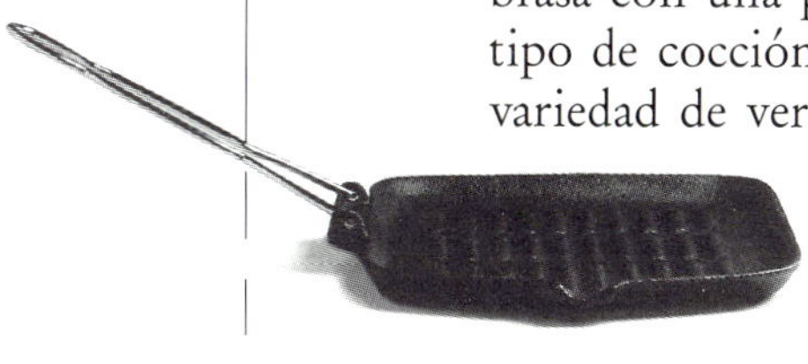

AL GRATÉN

Después de una previa cocción al vapor o en agua salada en ebullición, las verduras se colocan en una sola capa sobre una bandeja untada de mantequilla, se cubren con bechamel u otras salsas o simplemente se rocían con copitos de mantequilla y se espolvorean con queso rallado o pan rallado; después, se cuecen al horno para que se forme sobre la superficie una fina costra dorada. Algunas hortalizas como los tomates y las berenjenas cortadas en lonchas finas se pueden gratinar crudas y aromatizar al gusto.

AL MICROONDAS

Es el sistema de cocción más moderno, rápido y sano. Las hortalizas se cuecen en pocos minutos sin agua ni condimento, conservando perfectamente la consistencia y los valores nutritivos. Otra gran ventaja consiste en poder usar para la cocción las bandejas de servir o los platos individuales que permanecen fríos y se pueden llevar directamente a la mesa. Para acelerar y uniformar los tiempos de cocción, los alimentos se cubren con una película transparente adhesiva en la cual se habrán practicado unos pequeños orificios.

·Las salsas clásicas·
y las preparaciones básicas

Para conferir a la ensalada de cada día un sabor distinto o para saborear las crudités en pebre, se pueden utilizar infinitas variaciones de los clásicos condimentos: a la vinagreta, *a base de aceite y vinagre, o a la* citronette, *a base de aceite y limón. Basta añadir, según el estado de ánimo del momento, hierbas aromáticas, especias, nata, yogur o incluso queso. El condimento siempre se tiene que preparar aparte, emulsionándolo cuidadosamente con una pequeña espátula o en el correspondiente mezclador, y llevarlo a la mesa para aliñar la ensalada en el último momento. En el caso de las verduras cocidas, por el contrario, aparte el sencillo e insuperable aceite de oliva virgen, la elección es muy variada: desde las salsas «holandesas» a base de mantequilla y huevo, a las mayonesas a base de aceite y huevo, a las exóticas salsas orientales y a las blancas (bechamel a base de leche, ligeras a base de caldo) para gratinar. Algunas salsas resultan especialmente indicadas para realzar al máximo el sabor de ciertas verduras; otras combinan muy bien con las verduras frías y otras con las calientes. Una sencilla verdura cocida al vapor o en el microondas, servida con la salsa adecuada, puede convertirse en un plato sublime.*

Citronette

3 cucharaditas de zumo de limón

5 cucharadas de aceite

sal y pimienta blanca

En un cuenco disolver bien media cucharadita de sal en el limón y emulsionar poco a poco el aceite, mezclando con una pequeña espátula. Añadir la pimienta al final.

Vinagreta

2 cucharadas escasas de vinagre

1/4 de cucharadita de mostaza en polvo

6 cucharadas de aceite

sal y pimienta

Ingredientes opcionales:

1/4 de diente de ajo majado

1 cuchara de hierbas frescas picadas, o bien

una buena pizca de hierbas aromáticas secas

Colocar en un cuenco el vinagre con 1/2 cucharadita de sal y la mostaza, y mezclar con una pequeña espátula para amalgamar bien. Añadir el aceite poco a poco hasta conseguir una emulsión. Pimentar y, si se desea, realzar el sabor con los ingredientes opcionales. Servir en seguida.

Salsa mayonesa

3 yemas de huevo

1 cucharadita de mostaza de Dijon

salsa Worcestershire

3, 5-4 decilitros de aceite de oliva ligero

1 limón

vinagre

sal y pimienta

Introducir en la batidora las yemas de huevo con la media cucharadita de sal, la mostaza y unas gotitas de Worcestershire. Batir a alta velocidad, añadiendo un hilillo de aceite hasta que, en poco más de un minuto, la mayonesa aumente de volumen y empiece a espesar. Añadir el zumo de limón, algunas gotitas de vinagre y batir de nuevo durante unos cuantos segundos. Rectificar de sal, pimentar y acidular ulteriormente en caso necesario. Trasladar a la salsera y poner en el frigorífico, protegiendo la salsa con película adhesiva. Si se desea enriquecerla con hierbas aromáticas picadas (perejil, albahaca, ajo moruno), amalgamarlas en el último momento, antes de servir.
Para conseguir una mayonesa más ligera, utilizar dos huevos enteros en lugar de tres yemas; para una mayonesa agripicante, añadir algunas cucharadas de yogur y unas gotas de tabasco.

SALSA LIGERA

30 g de mantequilla
30 g de harina
4,5 del de caldo de pollo
sal y pimienta blanca

Para gratinar. Llevar el caldo a ebullición en una olla pequeña. Fundir la mantequilla en otra olla pequeña de triple fondo a fuego lento. Añadir la harina y mezclar con cuchara de madera durante un par de minutos, procurando que no adquiera color. Retirar del fuego y verter todo el caldo hirviente, mezclando enérgicamente con una espátula hasta obtener una crema líquida y homogénea. Volver a colocar a fuego medio, mezclando ininterrumpidamente con la espátula hasta que se reanude la ebullición. Bajar la llama y, sin dejar de mezclar, dejar hervir a fuego lento durante un minuto más. Retirar del fuego, rectificar de sal y pimienta.
Si la salsa resultara demasiado espesa, diluirla con caldo hirviente añadido poco a poco y cuidadosamente amalgamado con la espátula.

SALSA BECHAMEL

30 g de mantequilla
30 g de harina
4,5 del de leche hirviente
nuez moscada
sal y pimienta blanca

Para gratinar. Seguir el mismo procedimiento que en la ligera (véase arriba), añadiendo la pimienta y la nuez moscada en el último momento. Si la salsa quedara demasiado espesa amalgamarla con un poco más de leche hirviente.

CRÊPES

2,7 dcl de leche fría
220 g de harina tamizada
4 huevos
4 cucharadas de mantequilla derretida
2 cucharadas de aceite
sal

Receta para aproximadamente 18 crêpes de 18 cm de diámetro. Verter la leche con la misma cantidad de agua helada en la batidora y añadir la harina tamizada con media cucharadita de sal. Añadir los huevos enteros y la mantequilla. Cubrir y batir a alta velocidad durante 1 minuto. Destapar y desprender con la espátula de goma la harina que haya quedado pegada a la pared en algunos puntos. Volver a tapar y batir por espacio de otro medio minuto. Retirar el vaso y poner en el frigorífico durante 6 horas por lo menos antes de freír las crêpes.
Untar ligeramente de aceite la sartén de teflon (sólo la primera vez, después ya no será necesario) y calentarla a fuego bastante vivo. Verter en el centro una cucharada escasa de pasta y, sujetando el mango, hacer girar la sartén sobre la llama para repartir el contenido en una capa delga-

da. Desprender los bordes de la pasta con la espátula de teflon, darle la vuelta con la espátula y freírla por el otro lado durante pocos segundos. Deslizar la crêpe sobre un plato. La primera siempre tiende a quebrarse y difícilmente sale bien. Repetir la operación hasta que se termine la pasta, procurando que el fuego sea medio o lento y que la temperatura de la sartén se mantenga costante. Esperar unos segundos entre la cocción de una crêpe y la siguiente para permitir que la sartén vuelva a calentarse. Las crêpes se pueden preparar por adelantado y poner en el frigorífico, protegidas por película transparente, o incluso congelar, ya subdivididas en las porciones deseadas.

GHEE O MANTEQUILLA CLARIFICADA

Fundir la mantequilla al baño maría o en una olla de triple fondo a fuego lento y dejar hervir suavemente durante unos diez minutos hasta que el suero cuaje en el fondo y la mantequilla se clarifique. Retirar del fuego, dejar reposar un minuto y filtrar a través de una gasa fina. Conservar en un recipiente hermético refrigerado o a temperatura ambiente. Se usa principalmente en la cocina india, pero también se puede utilizar en cualquier cocción a temperatura elevada pues, a diferencia de la mantequilla normal, no se quema. Sirve también para untar bandejas y moldes para cocciones al horno.

COURT-BOUILLON AL VINAGRE

3 chalotes
20 tallos de perejil
2 ramitas de tomillo
1 hoja de laurel
5 dl de vinagre
1 del de aceite de oliva extra virgen
mezcla de sal y pimienta en grano

Para verduras en aceite. Cortar en rodajas el chalote y los tallos de perejil y ponerlos en una cacerola con 10 granos de pimienta, el tomillo y el laurel envueltos en una gasa. Añadir 4 dl de agua, el vinagre y 1 cucharadita de sal marina. Llevar a ebullición a fuego lento, cocer las verduras de modo que queden enteras y escurrirlas. Disponerlas en capas en un recipiente de vidrio, empapándolas con abundante aceite de oliva extra virgen y procurando que la última capa quede bien cubierta. Conservar a temperatura ambiente con el recipiente herméticamente cerrado.

CALDO DE CARNE

700 g de culata de ternera
1 puerro
1 cebolla pequeña
1 zanahoria
1 nabo
1 nervadura de apio verde incluidas las hojas
algunos tallos de perejil sin hojas
1 hoja de laurel
clavos
sal y pimienta en grano

Pelar las verduras y lavarlas. Practicar una incisión en forma de cruz en los dos extremos de la cebolla y embucharle 2 clavos. Colocar todos los ingredientes en una olla grande y añadir 2 litros de agua fría, 5 granos de pimienta y 1 cucharadita de sal gruesa. Tapar y llevar a ebullición. Espumar la superficie, bajar la llama, volver a tapar y dejar hervir a fuego lento durante unas 3 horas. Pasar por un colador de malla fina colocado sobre una sopera o, mejor todavía, por un pasapuré revestido de una tela fina o una gasa. Rectificar de sal, enfriar y dejar toda una noche en el frigorífico. La grasa formará una capa amarilla en la superficie; retirarla inmediatamente antes de que se deshaga a temperatura ambiental. De esta manera, se consigue un caldo perfectamente desgrasado. La carne que no se consume caliente y reción cocida se puede guardar en el frigorífico y cortarla al día siguiente en finas lonchas para servirla con un condimento de tallos de alcachofas, queso de oveja, ajo y perejil, aliñado con aceite de oliva extra virgen.

JUGO DE CARNE

1 cucharadita de extracto de carne

1/4 de cucharadita de almidón

Para guarnición o condimento. Disolver en una olla pequeña el extracto de carne en 2 dcl de agua caliente. Añadir el almidón previamente disuelto en una tacita con una cucharada de agua fría. Mezclando a fuego lento, llevar a ebullición y hervir durante medio minuto hasta que el jugo adquiera una consistencia cremosa.
Para guarnición de superficies gratinadas con un dibujo en rombos, verter el jugo en una alcuza de aceite de pico largo y muy fino: de esta manera, se podrá repartir en un riachuelo delgado y uniforme.

FUMET DE PESCADO

1 kg aproximado de cabezas, espinas y recortaduras de pescado

3 chalotes grandes

1 zanahoria pequeña

1 nervadura de apio

20 tallos de perejil

2 ramitas de tomillo

1 hoja de laurel

5 dcl de vino blanco

sal y 10 g de pimienta mixta

Lavar cuidadosamente los restos de pescado, fragmentar los más grandes y colocarlos en una olla grande con 1,5 l de agua y 1/2 cucharadita de sal. Llevar a ebullición a fuego lento, espumando de vez en cuando la superficie a medida que vayan aflorando las impurezas. Entre tanto, cortar en finas rodajas el chalote, la zanahoria, el apio y los tallos de perejil y añadirlos a la olla junto con el vino y los demás ingredientes. Hervir a fuego moderado durante 30 minutos con la olla destapada. Colocar un lienzo limpio, mojado y escurrido en el interior del pasapuré y filtrar el fumet. Rectificar de sal, dejar enfriar a temperatura ambiental y, si no se utiliza inmediatamente, guardar en un recipiente hermético en el frigorífico.

FUMET DE MARISCOS

1 kg de cabezas y caparazones de langostinos o gambas

1 cebollino grande

1 zanahoria

1 tallo pequeño de apio

20 tallos de perejil

1 pimiento verde fresco y picante

2 ramitas de tomillo

1 hoja de laurel

1 pizca de semillas de hinojo

1/4 de cucharadita de curry en polvo

2 dl de Martini dry o de vino blanco seco

sal y 10 g de granos de pimienta

Cortar el cebollino, la zanahoria, el apio, los tallos de perejil y el pimiento en finas rodajas y colocarlos junto con los demás ingredientes en una cazuela con 1 l de agua fría y 1/2 cucharadita de sal marina. Llevar a ebullición a fuego lento y dejar hervir con la cacerola destapada y a fuego moderado durante 20 minutos.
Filtrar, aplastando bien las cabezas de los crustáceos para extraer todo el jugo. Rectificar de sal, dejar enfriar a temperatura ambiente y, si no se utiliza inmediatamente, guardar en la nevera en un recipiente hermético.

Las hortalizas se conservan en el correspondiente compartimiento del frigorífico a temperatura moderada. Los supermercados modernos ya los predisponen de manera ideal para conservar su frescura el mayor tiempo posible, presentándolos en bandejitas de poliestirol y en una sola capa, protegidos del aire y la humedad mediante una película envolvente.
Las verduras cocidas también se oxidan y se deterioran en contacto con el aire: hay que guardarlas en la nevera en recipientes herméticos y perfectamente aislantes.
Las hortalizas congeladas pueden conservarse en el congelador durante varios meses y algunas de ellas, las menos delicadas en cuanto al sabor y la consistencia como, por ejemplo, las legumbres o las patatas, dan unos resultados muy aceptables.
Quien tenga un huerto puede verse en la necesidad de congelar las hortalizas para conservarlas. Exceptuando algunas que se pueden congelar crudas (cebolla picada, apio, setas, tomates, pimientos, hierbas aromáticas), las hortalizas precisan de una cocción preliminar de aproximadamente 5 minutos y, a ser posible, al vapor. Después, se colocan en un pasapuré sumergido en agua helada para que se enfríen rápidamente y, a continuación, se escurren cuidadosamente en una centrifugadora. Tras lo cual, se introducen en los adecuados recipientes de aluminio con tapas apilables, procurando no dejar huecos de aire en su interior. Antes de introducirlos en el congelador, hay que aplicarles una etiqueta con la indicación del contenido y la fecha de preparación. Esta última es importante, pues las hortalizas se deben consumir dentro de un plazo máximo de 8 meses.

Cómo congelar las verduras crudas

Setas: rascarlas con un cuchillo y eliminar la raíz. Pasarles por encima un paño húmedo para acabar de limpiarlas, pero sin lavarlas. Introducirlas en saquitos de polietileno, cerrarlos herméticamente y aplicar la etiqueta de identificación con la fecha. Hay que consumirlas en un plazo de 3 meses.

Tomates: elegir tomates maduros y bien compactos. Lavarlos y secarlos con cuidado. Alinearlos en una sola capa en una bandeja de poliestirol y precongelarlos para que permanezcan bien separados el uno del otro. Introducirlos en saquitos de polietileno y aplicar la etiqueta con la fecha. Deben consumirse dentro de un plazo de 8 meses.

Pimientos: lavarlos, secarlos y eliminar las semillas y el pedúnculo. Seguir el mismo procedimiento anteriormente indicado para los tomates.

Apio: eliminar la base y los filamentos de las nervaduras, deslizando por encima el pelapatatas de hoja oscilante y rascando cualquier resto de tierra. Congelar las nervaduras enteras que, una vez descongeladas, sólo se podrán usar para guisar, pero nunca para ensaladas.

Para obtener un buen resultado, es preferible no descongelar las verduras antes de cocinarlas e iniciar la cocción cuando todavía están congeladas. Si se descongelan, aunque sólo sea parcialmente, a temperatura ambiental, conviene no sacarlas de su envoltura para que no entren en contacto con el aire.

Los platos cocinados pueden pasar directamente del congelador al horno.

·CONSEJOS ÚTILES·

• Lavar las hortalizas con cuidado, pero con rapidez, sin dejarlas demasiado en remojo, y cocerlas lo mínimo indispensable en muy poca agua para evitar que las sales minerales y las vitaminas se pierdan en exceso.

• El agua de coccción de las verduras, que contiene valiosas sustancias nutritivas, nunca se debe tirar: es un delicioso caldo vegetal con el que se pueden enriquecer toda clase de sopas y arroces.

• Las alcachofas limpias y cortadas se oxidan y ennegrecen en contacto con el aire. Si no se procede inmediatamente a la cocción, mantenerlas sumergidas en poca cantidad de agua fría acidulada con zumo de limón.

• El olor de la cebolla, como el del ajo, es penetrante y persistente: para picarlos es necesario utilizar por tanto una pequeña tajadera destinada exclusivamente a este uso. Para evitar el molesto lagrimeo de los ojos durante dicha operación, el sistema más práctico, aunque un poco cómico, consiste en utilizar gafas de submarinismo. El mismo sistema puede utilizarse para rallar el rábano silvestre.

• Es muy útil guardar siempre en el congelador pequeñas cantidades de cebolla picada (o una mezcla de cebolla, zanahoria y apio para sofritos). Para congelar, se puede usar una cubitera destinada exclusivamente a este uso: cuando se forman los cubitos, se desprenden y se introducen en un saquito de polietileno. Cuando se necesitan pequeñas cantidades de cebolla, basta con sacar del congelador los cubitos necesarios.

• Resulta muy útil tener siempre perejil ya picado en el congelador: se guarda en un pequeño recipiente hermético y se rasca cada vez la cantidad necesaria.

• De las espinacas se puede usar todo, no sólo las hojas. Las sales minerales y las vitaminas se concentran precisamente en la base de la planta: por este motivo, hay que conservar la base aparte para dar sabor a las sopas o las tortillas.

• Para eliminar el sabor algunas veces amargo de las berenjenas y los pepinos, extenderlos después de cortarlos sobre un lienzo en una sola capa, espolvorearlos con un poco de sal y dejar que se escurran de 30 minutos a 1 hora. Superponer finalmente otro lienzo y secar cuidadosamente, ejerciendo presión con la palma de la mano.

• Al cortar las berenjenas para los estofados de carne o los guisos, es aconsejable dejar algunos restos de piel para poder identificarlas y conferir color al plato.

• Cuando se cortan o se vacían los tomates con el vaciador para rellenarlos, los restos, en lugar de eliminarlos, se pueden recoger en un cuenco y pasarlos por el tamiz para dar sabor a las sopas o las salsas.

• Para reducir durante la cocción el olor desagradable de la col y la coliflor causado por el azufre que contienen, se pueden añadir unas gotas de vinagre en el agua o bien un trozo de pan duro. Con este sistema se podrá evitar también que la col roja cambie de color con la cocción.

• Para conservar el color verde intenso de algunas hortalizas como, por ejemplo, las judías tiernas, y evitar que se oscurezcan durante la cocción, el mejor sistema es el de cocerlas poco rato en abundante agua salada en ebullición y con la olla destapada.

• Las ortigas se tienen que sumergir siempre en agua hirviendo antes de proceder a la cocción ya que, de lo contrario, podrían resultar tóxicas.

·Hortalizas de hoja y de nervadura·

Jugo de apio, zanahorias y manzanas verdes*

p. 49
Preparación: 15 minutos
Dificultad: mínima
Aperitivo

Bocadillos de berros

p. 49
Preparación: 15 minutos
Dificultad: mínima
Refrigerio

Pastel relleno de col rizada a la hindú

Paratha

p. 49
Preparación: 25minutos
Cocción: 3-4 minutos
Dificultad: media
Refrigerio

Ensalaca Piccinardi*

p. 50
Preparación: 25 minutos
Dificultad: mínima
Entremés o refrigerio

Pastel de espinacas y acelgas*

p. 50
Preparación: 1 hora y 30 minutos
Cocción: 30 minutos
Dificultad: elevada
Entremés o refrigerio

Rollitos de col china

p. 51
Preparación: 30 minutos
Cocción: 20 minutos
Dificultad: elevada
Entremés o refrigerio

Tallos de apio al roquefort

p. 52
Preparación: 20 minutos
Dificultad: mínima
Entremés

Ensalada César*

p. 52
Preparación: 20 minutos
Dificultad: mínima
Entremés

Ensalada Gourmande*

p. 52
Preparación: 20 minutos
Dificultad: mínima
Entremés

Ensalada Aida*

p. 53
Preparación: 40 minutos
Dificultad: media
Entremés

Ensalada belga con colas de langostinos*

p. 53
Preparación: 45 minutos
Dificultad: media
Entremés

Hojas de vid rellenas a la turca

p. 53
Preparación: 1 hora
Cocción: 1 hora
Dificultad: elevada
Entremés

Ensalada Doretta*

p. 54
Preparación: 20 minutos
Dificultad: mínima
Entremés

Ensalada de cogollos de lechuga en salsa roquefort

p. 54
Preparación: 10 minutos
Dificultad: mínima
Entremés o acompañamiento

Ensalada de hinojos, naranjas y nueces

p. 55
Preparación: 20 minutos
Dificultad: media
Entremés

Orecchiette con grelos

Rollitos de berzas a la milanesa

MENESTRA A LA GENOVESA
p. 61
Preparación: 35 minutos
Cocción: 50 minutos
Dificultad: mínima
Primer plato

CREMA DE COLIFLOR*
p. 61
Preparación: 15 minutos
Cocción: 30 minutos
Dificultad: mínima
Primer plato

CREMA DE COLIFLOR AL CURRY*
p. 62
Preparación: 15 minutos
Cocción: 30 minutos
Dificultad: mínima
Primer plato

SOPA DE CHOUCROUTE
Sauerkrautsuppe
p. 62
Preparación: 5 minutos
Cocción: 30 minutos
Dificultad: mínima
Primer plato

SOPA RECALENTADA*
p. 62
Preparación: 30 minutos
Cocción: 2 horas y 45 minutos
Dificultad: mínima
Primer plato

CREMA DE BERZAS
p. 63
Preparación: 25 minutos
Cocción: 50 minutos
Dificultad: mínima
Primer plato

ARROZ CON ACHICORIA*
p. 64
Preparación: 15 minutos
Cocción: 20 minutos
Dificultad: media
Primer plato

ARROZ CON ORTIGAS
p. 64
Preparación: 15 minutos
Cocción: 20 minutos
Dificultad: mínima
Primer plato

ENSALADA AGRIDULCE
p. 55
Preparación: 15 minutos
Dificultad: mínima
Entremés o acompañamiento

ENSALADA AGRIDULCE DE ESPINACAS TIERNAS*
p. 55
Preparación: 15 minutos
Dificultad: mínima
Entremés o acompañamiento

ESPINACAS Y YOGUR A LA IRANÍ
Borani
p. 56
Preparación: 25 minutos
Dificultad: mínima
Entremés

ESPINACAS A LA JAPONESA
Horenso no Ohitashi
p. 56
Preparación: 15 minutos
Cocción: 2 minutos
Dificultad: mínima
Entremés o acompañamiento

MINIFLAN DE ESPINACAS*
p. 56
Preparación: 15 minutos
Cocción: 30 minutos
Dificultad: mínima
Entremés o acompañamiento

COLES DE BRUSELAS AL CILANTRO
p. 57
Preparación: 12 minutos
Cocción: 20 minutos
Dificultad: mínima
Entremés caliente o acompañamiento

ENSALADA DE ORUGA Y ALCACHOFAS CON HUEVOS PASADOS POR AGUA*
p. 57
Preparación: 15 minutos
Dificultad: mínima
Entremés o plato único

SOPA DE ACHICORIA Y COLAS DE LANGOSTINOS*
p. 58
Preparación: 30 minutos
Cocción: 5 minutos
Dificultad: media
Primer plato

SOPA DE ENDIBIAS
Endiviensuppe
p. 58
Preparación: 10 minutos
Cocción: 30 minutos
Dificultad: mínima
Primer plato

SOPA CHINA DE BERROS
p. 58
Preparación: 15 minutos
Cocción: 2 minutos
Dificultad: mínima
Primer plato

CREMA DE BERROS*
p. 59
Preparación: 15 minutos
Cocción: 15 minutos
Dificultad: media
Primer plato

SOPA DE ESPINACAS Y ACEDERA A LA RUSA
Sči
p. 59
Preparación: 40 minutos
Cocción: 40 minutos
Dificultad: media
Primer plato

SOPA DE ESPINACAS Y HUEVOS A LA JAPONESA
p. 60
Preparación: 15 minutos
Cocción: 15 minutos
Dificultad: media
Primer plato

MENESTRA DE REMOLACHA Y COL
p. 60
Preparación: 15 minutos
Cocción: 20 minutos
Dificultad: mínima
Primer plato

SOPA DE ORTIGAS
p. 61
Preparación: 20 minutos
Cocción: 30 minutos
Dificultad: mínima
Primer plato

Coliflor y arroz al gratén*
p. 64
Preparación: 20 minutos
Cocción: 40 minutos
Dificultad: media
Primer plato

Pasta y coliflor*
p. 65
Preparación: 15 minutos
Cocción: 15 minutos
Dificultad: media
Primer plato

Orecchiette con grelos
p. 65
Preparación: 15 minutos
Cocción: 30 minutos
Dificultad: mínima
Primer plato

Tallarines verdes en salsa de nueces*
p. 66
Preparación: 1 hora,
más 1 hora para el secado
Cocción: 2-3 minutos
Dificultad: elevada
Primer plato

Pennette en revoltillo*
p. 66
Preparación: 20 minutos
Cocción: 12 minutos
Dificultad: mínima
Primer plato

Mallevati sardos*
p. 67
Preparación: 45 minutos
Cocción: 15 minutos
Dificultad: media
Primer plato

Penne y brécoles a la «arrabbiata»*
p. 67
Preparación: 25 minutos
Cocción: 20 minutos
Dificultad: mínima
Primer plato

Tallarines con pesto de oruga
p. 68
Preparación: 10 minutos
Cocción: 3 minutos
Dificultad: mínima
Primer plato

Raviolis de lechuta*
p. 68
Preparación: 1 hora
Cocción: 5 minutos
Dificultad: media
Primer plato

Ñoquis de oruga Aimo y Nadia
p. 69
Preparación: 1 hora y 15 minutos
Cocción: 20 minutos
Dificultad: elevada
Primer plato

Pansotti con salsa de nueces*
p. 70
Preparación: 1 hora
Cocción: 10 minutos
Dificultad: elevada
Primer plato

Pizza de escarola a la napolitana*
p. 70
Preparación: 35 minutos
Cocción: 15 minutos
Dificultad: media
Primer plato

Pizza de escarola a la pullesa*
p. 71
Preparación: 35 minutos
Cocción: 30 minutos
Dificultad: media
Primer plato

Lasañitas gratinadas con achicoria*
p. 72
Preparación: 1 hora
más una noche de reposo
Cocción: 15 minutos
Dificultad: elevada
Primer plato o plato único

Lechugas rellenas*
p. 73
Preparación: 40 minutos
Cocción: 6 minutos
Dificultad: media
Segundo plato

Pastel de endibia belga con salsa de tomate
p. 74
Preparación: 30 minutos
Cocción: 40 minutos
Dificultad: media
Segundo plato

Escarola con judías
p. 75
Preparación: 10 minutos
Cocción: 2 horas y 30 minutos
Dificultad: mínima
Segundo plato

Achicoria a la parrilla con bacon y requesón
p. 75
Preparación: 20 minutos
Cocción: 15 minutos
Dificultad: mínima
Segundo plato

Remolachas al gratén
p. 76
Preparación: 35 minutos
Cocción: 30 minutos
Dificultad: media
Segundo plato

Gratén de hinojos y lechuga*
p. 76
Preparación: 25 minutos
Cocción: 20 minutos
Dificultad: media
Segundo plato

Pastel de espinacas, alcachofas e hinojos
p. 77
Preparación: 35 minutos
Cocción: 25 minutos
Dificultad: mínima
Segundo plato

Ensalada de hinojos y espinacas con medallones de ternera y requesón
p. 78
Preparación: 25 minutos
Dificultad: mínima
Segundo plato

Soufflé de espinacas*
p. 78
Preparación: 45 minutos
Cocción: 35 minutos
Dificultad: elevada
Segundo plato

Espinacas, huevos y carne de cerdo con jengibre*
p. 79
Preparación: 25 minutos
Cocción: 5 minutos
Dificultad: media
Segundo plato

Hojaldre de espinacas a la griega*
Spanakópita
p. 80
Preparación: 20 minutos
Cocción: 20 minutos
Dificultad: media
Segundo plato

Berzas con especias a la hindú
Masala Gobhi
p. 81
Preparación: 20 minutos
Cocción: 20 minutos
Dificultad: media
Segundo plato

Rollitos de berzas a la milanesa
p. 82
Preparación: 50 minutos
Cocción: 40 minutos
Dificultad: elevada
Segundo plato

Coliflor a la fu-yung
p. 82
Preparación: 25 minutos
Cocción: 5 minutos
Dificultad: media
Segundo plato

Coliflor a la polaca*
p. 83
Preparación: 15 minutos
Cocción: 20 minutos
Dificultad: mínima
Segundo plato

Timbal de coliflor*
p. 83
Preparación: 40 minutos
Cocción: 35 minutos
Dificultad: media
Segundo plato

Terrina de brécoles verdes con langostinos*
p. 84
Preparación: 1 hora y 15 minutos
Cocción: 40 minutos
Dificultad: elevada
Segundo plato

Brécol al vapor con salsa maltesa
p. 84
Preparación: 30 minutos
Cocción: 15 minutos
Dificultad: media
Segundo plato

Coles de bruselas con salsa holandesa
p. 85
Preparación: 30 minutos
Cocción: 10-12 minutos
Dificultad: elevada
Segundo plato

Lechuga estofada
p. 85
Preparación: 15 minutos
Cocción: 20 minutos
Dificultad: mínima
Acompañamiento

Lechuga salteada en salsa de ostras*
p. 86
Preparación: 10 minutos
Cocción: 5 minutos
Dificultad: mínima
Acompañamiento

Achicoria a la romana
p. 86
Preparación: 10 minutos
Cocción: 10 minutos
Dificultad: mínima
Acompañamiento

Endibias belgas a la flamenca*
p. 86
Preparación: 5 minutos
Cocción: 20 minutos
Dificultad: mínima
Acompañamiento

Escarola braseada con aceitunas*
p. 87
Preparación: 15 minutos
Cocción: 1 hora
Dificultad: mínima
Acompañamiento

Achicoria a la trevisana*
p. 87
Preparación: 10 minutos
Cocción: 15-20 minutos
Dificultad: mínima
Acompañamiento

Achicoria de hoja fina y habas a la pullesa
p. 87
Preparación: 15 minutos
Cocción: 30 minutos
Dificultad: mínima
Acompañamiento

Espinacas con especias a la hindú
p. 88
Preparación: 25 minutos
Cocción: 15 minutos
Dificultad: mínima
Acompañamiento

Espinacas con mantequilla y chalotes
p. 88
Preparación: 25 minutos
Cocción: 5 minutos
Dificultad: mínima
Acompañamiento

Espinacas y arroz a la hindú
p. 88
Preparación: 25 minutos
Cocción: 30 minutos
Dificultad: media
Acompañamiento

Hierba de los canónigos hervida
p. 89
Preparación: 10 minutos
Cocción: 8- minutos
Dificultad: mínima
Acompañamiento

Hierba de los canónigos, con ajo y aceite
p. 89
Preparación: 10 minutos
Cocción: 5 minutos
Dificultad: mínima
Acompañamiento

Grelos estofados a la pullesa
p. 89
Preparación: 15 minutos
Cocción: 20 minutos
Dificultad: mínima
Acompañamiento

Apio a la japonesa
Selori no Kimpira
p. 90
Preparación: 15 minutos
Cocción: 3 minutos
Dificultad: mínima
Acompañamiento

Hinojos al gratén
p. 90
Preparación: 20 minutos
Cocción: 25 minutos
Dificultad: mínima
Acompañamiento

Hinojos al curry
p. 91
Preparación: 15 minutos
Cocción: 25 minutos
Dificultad: mínima
Acompañamiento

Coliflor y patatas a la hindú
p. 91
Preparación: 20 minutos
Cocción: 10 minutos
Dificultad: media
Acompañamiento

Ensalada de refuerzo a la napolitana*
p. 92
Preparación: 15 minutos
Cocción: 20 minutos
Dificultad: mínima
Acompañamiento

Repollo agridulce a la pequinesa
p. 92
Preparación: 10 minutos
Cocción: 8 minutos
Dificultad: mínima
Acompañamiento

Gratén de hinojos y lechuga

Braseado de coles rojas y manzanas*
Rotkraut
p. 93
Preparación: 15 minutos
Cocción: 40 minutos
Dificultad: mínima
Acompañamiento

Coles de bruselas con sésamo
p. 93
Preparación: 5 minutos
Cocción: 20 minutos
Dificultad: mínima
Acompañamiento

Puré de brécoles*
p. 93
Preparación: 25 minutos
Cocción: 15 minutos
Dificultad: media
Acompañamiento

Arroz con repollo al estilo de Como*
p. 94
Preparación: 15 minutos
Cocción: 15 minutos
Dificultad: mínima
Acompañamiento

Gratén de cardos
p. 94
Preparación: 25 minutos
Cocción: 2 horas
Dificultad: mínima
Acompañamiento

Hojaldre dulce de espinacas
p. 95
Preparación: 35 minutos
Cocción: 20-25 minutos
Dificultad: media
Postre

Sorbete de ruibarbo a la iraní
Sharbate Rivas
p. 95
Preparación: 20 minutos
Cocción: 30 minutos
Dificultad: mínima
Postre

Tarta de ruibarbo
p. 96
Preparación: 30 minutos
más el tiempo para la maceración
Cocción: 45 minutos
Dificultad: media
Dulce de té

JUGO DE APIO, ZANAHORIAS Y MANZANAS VERDES

4 tallos de apio verde

8 zanahorias

8 manzanas verdes

Eliminar los extremos de los tallos de apio y de las zanahorias; cepillar las verduras bajo el grifo de agua fría y lavarlas cuidadosamente. Cortarlas en trozos grandes. Lavar las manzanas, cortarlas en cuartos y quitar la cola y el cuesco. Pasarlo todo por la licuadora, recoger el jugo en un recipiente y verterlo en vasos altos con cubitos de hielo.

BOCADILLOS DE BERROS

150 g de berros

8 rebanadas de pan de molde

200 g de carne de cerdo asada o bien de jamón cocido en lonchas muy finas

Mantequilla

Mostaza de Dijon

sal y pimienta

Pelar los berros, lavarlos cuidadosamente y escurrirlos en la centrifugadora. Guardarlos en la nevera mientras se preparan los bocadillos.
Cortar los bordes de las rebanadas de pan de molde e igualarlas. Untarlas por un lado con una buena capa de mantequilla y una capa muy fina de mostaza. Sobre 4 de ellas colocar dos lonchitas de carne asada, salar ligeramente y pimentar. Distribuir los berros sobre la carne, reuniéndolos en el centro de tal forma que quepa la mayor cantidad posible. Salar ligeramente y superponer las restantes rebanadas de pan.
Servir con cerveza helada como refrigerio veraniego o bien con el té de la tarde.

PASTEL RELLENO DE COL RIZADA A LA HINDÚ

250 g de harina tamizada (125 g blanca y 125 g integral)

2 cucharadas de ghee (véase p. 37)

230 g de col finamente picada

100 g de panir (véase p. 222) o de requesón

1-2 pimientos verdes picantes picados

2 cucharadas colmadas de coriandro fresco picado

aceite de semillas

sal

Para acompañar

yogur natural

Amalgamar en un cuenco la harina pasada por el tamiz con 3/4 cucharadita de sal y el ghee, añadiendo poco a poco 2 dcl de agua: empastar con las manos hasta obtener una pasta suave. Trabajarla unos cuantos minutos, envolverla en película plástica adhesiva y dejarla en reposo 20 minutos. Picar la col, colocarla en un cuenco grande y espolvorearla con 2 cucharadas de sal. Amalgamar y dejar macerar 15 minutos. Enjuagar la col bajo el grifo de agua fría, escurrirla y estrujarla bien con las manos. Mezclarla en un cuenco con el queso desmenuzado, el pimiento y el coriandro. Rectificar de sal.
Repartir la pasta perfectamente en 10 partes iguales y formar con ellas unas pelotitas. Mientras se trabaja una, proteger las demás con película de plástico para que no se sequen.
Aplanar las pelotitas de una en una y, sobre una superficie ligeramente enharinada, extenderlas en discos delgados de aproximadamente 12 cm de diámetro.
Distribuir sobre 5 discos el relleno de col y queso, cubrirlos con los otros 5, sellando bien los bordes con los dedos. Cocer y servir en seguida porque se tienen que comer calientes y acompañados de yogur natural.

ENSALADA PICCINARDI*

1 granada madura

220 g de cerraja

4 hojas medianas de lechuga

4 rebanadas de pan de molde

8 copos de mantequilla

1 limón

12 lonchas finas de bresaola
(filete de ternera o buey secado y curado parecido a la cecina, especialidad de la Valtelina)

4 lonchitas finas de foiegras trufado

aceite de oliva ligero

sal

Mondar y desgranar la granada y reservar los granos. Lavar y escurrir la cerraja y las hojas de lechuga y reservarlas. Cortar las rebanadas de pan de molde por la mitad en sentido diagonal y tostarlas ligeramente. Disponer los copos de mantequilla y colocarlos en un cuenco pequeño con agua y hielo.

En el momento de servir, aliñar la cerraja con un poco de sal y zumo de limón. Distribuirla en el centro de los platos individuales, cubrirla con 3 lonchas de bresaola la una al lado de la otra y repartir por encima los granos de granada.

A un lado del plato colocar una hoja de lechuga y, en el centro de la hoja, 2 copos de mantequilla y una lonchita de foiegras. Colocar a su lado los triángulos tostados, ligeramente superpuestos. Aliñar la bresaola con un hilillo de aceite y servir en seguida.

—•—

PASTEL DE ESPINACAS Y REMOLACHA

Para la pasta de hojaldre

300 gr de harina

1 dl de aceite

Para el relleno

500 g de espinacas

500 g de remolachas de hoja

1 cebolla

1 hoja de laurel

20 g de mantequilla

9 huevos enteros

6 cucharadas de queso parmesano rallado

1 diente pequeño de ajo majado

1 cucharada de hojas de mejorana picadas

250 g de requesón

aceite

sal y pimienta

Preparar ante todo la pasta. Tamizar la harina en un cuenco grande con una pizca de sal. Formar un hueco en el centro y verter en él 2 dcl de agua hirviente y aceite. Amalgamar la harina gradualmente con las manos y empastar hasta obtener una pasta homogénea y fina, pero sin trabajarla demasiado. Repartirla en seis partes iguales, formar con ellas unas pelotitas, colocarlas en el cuenco en una sola capa y cubrirlas con un lienzo húmedo. Dejar en reposa 1 hora.

Entre tanto, preparar el relleno. Pelar y lavar bien las espinacas y las remolachas, sumergirlas en abundante agua hirviente salada durante 5 minutos y escurrirlas. Dejarlas enfriar, estrujarlas cuidadosamente con las manos y picarlas. Picar la cebolla bien fina y dejarla dorar en la mantequilla y 1 cucharada de aceite con una hoja de laurel. Añadir las verduras picadas, freír a fuego lento durante 5 minutos, removiendo con una cuchara de madera. Retirar del fuego y dejar enfriar.

En un cuenco grande batir 5 huevos con un poco de sal y pimienta. Amalgamar con ellos el queso parmesano, el ajo, la mejorana, el requesón y las verduras. Rectificar de sal y pimienta. Entre tanto, precalentar el horno a 250 °C.

Untar de aceite una bandeja redonda de 26 cm de diámetro y preparar una caña para hinchar la pasta en el último momento. Tomar una pelota

de pasta y tapar nuevamente las demás. Aplanarla en forma de disco y estirarla con las manos, dándole vueltas hasta conseguir que sea muy ancha y delgada. Extender el disco así obtenido en el fondo de la bandeja y levantarle el borde unos 2 cm. Untar la pasta con aceite.
Tomar otra pelota de pasta y repetir la operación, superponiendo el hojaldre al anterior. Untar nuevamente con aceite, tomar otra pelota de pasta estirarla y superponerla, pero sin untarla con aceite. Verter encima el relleno y extenderlo con una espátula en una capa uniforme. Con el dorso de una cuchara formar 4 huecos a distancia regular y romper en su interior los 4 huevos. Salpimentar ligeramente. Estirar otro disco de hojaldre y colocarlo sobre el relleno, levantándolo en el borde de la bandeja; untar con aceite. Estirar el quinto hojaldre, superponerlo al cuarto, untar con aceite y superponer finalmente el último hojaldre. Igualar los bordes de la pasta sobrante con un cuchillo. Insertar la caña entre el relleno y el cuarto hojaldre y soplar a través de ella para introducir la mayor cantidad de aire posible. Retirar la caña y cerrar inmediatamente la pasta. Doblar los bordes de la pasta hacia dentro y cerrarlos, ejerciendo presión con la punta de los dedos o un tenedor. Colocar en seguida en el horno caliente y cocer durante 30 minutos. Servir el pastel templado o incluso frío.

—•—

ROLLITOS DE COL CHINA

8 hojas grandes de col china
2 hojas grandes de algas negras o nuri
120 g de pechuga de pollo deshuesada
120 g de jamón cocido con mucha grasa
1 pizca de glutamato
1 cucharada de Martini dry
sal y pimienta blanca

Para la salsa blanca

2,5 dl de caldo de pollo
1 cucharada rasa de almidón
1 pizca de jengibre en polvo
1 cucharada de Martini dry o de saké
sal y pimienta blanca
1 tomate en capullo de rosa (véase p. 27)
1 hoja de perejil

Pasar el pollo y el jamón por la picadora y picar muy fino sin homogenizar. Trasladar la mezcla a un cuenco y sazonar con sal, glutamato (opcional), pimienta y 1 cucharada de Martini, mezclando cuidadosamente.
Introducir las hojas de col una por una en agua salada hirviendo durante medio minuto y extenderlas para que se sequen sobre un lienzo. Trasladarlas a una tabla de madera y con un cuchillo recortar en forma de V la parte dura interior de la juntura de las hojas ya que ésta impediría envolverlas posteriormente. Superponer 4 hojas alternándolas en sentido contrario para conseguir una superficie sin huecos y repetir la operación con las 4 hojas restantes.
Espolvorear con un poco de almidón. Extender encima dos hojas de algas y colocar una capa gruesa de relleno. Después, envolver las hojas con mucho cuidado para conseguir dos largas cañas de forma ligeramente irregular. Trasladarlas a un plato resistente al calor ligeramente untado de aceite y cocerlas al vapor a fuego vivo durante 20 minutos.
Entre tanto, preparar la salsa. Disolver el almidón en un poco de agua fría y mezclarlo con el caldo. Colocar en una olla pequeña el caldo, la sal, la pimienta, el jengibre, 1 cucharada de Martini y llevar a ebullición, removiendo con una espátula. Dejar hervir 1 minuto o 2 hasta que la salsa empiece a espesar.
Cuando los rollitos estén cocidos, colocarlos de nuevo sobre la tabla de madera, igualar los extremos y cortarlos en trozos gruesos de 2 cm. Disponerlos en círculos concéntricos en el plato de servir caliente, adornando el centro con el tomate trabajado en capullo de rosa y 1 de perejil. Servirlos con el acompañamiento de la salsa.

TALLOS DE APIO AL ROQUEFORT

1 apio blanco
200 g de roquefort
150 g de queso mascarpone
sal y pimienta

Pelar el apio y eliminar los tallos superiores más finos y sin acanaladura interior. Lavar cuidadosamente las nervaduras y pasar el pelapatatas por ambos lados para eliminar los filamentos.
Aplastar el roquefort con un tenedor y amalgamarlo con el mascarpone hasta conseguir una crema. Rectificar de sal y pimentar.
Rellenar la acanaladura interior de los tallos de apio con la crema extendiéndola de manera uniforme. Si no se sirve en seguida junto con el aperitivo, proteger con película adhesiva y dejar en el frigorífico hasta el momento de servir.

—•—

ENSALADA CÉSAR*

1 lechuga iceberg
24 huevos de codorniz en un vasito
5 filetes de anchoa
6 rebanadas de pan de molde integral
aceite de oliva extra virgen
Para la salsa citronette con anchoas
medio diente de ajo
2 cucharadas de zumo de limón
medio filete de anchoa picado
50 g de queso parmesano rallado
6 cucharadas de aceite de oliva extra virgen
pimienta molida

Tras haber lavado y escurrido la lechuga, cortarla en chiffonade (véase p. 24) o desmenuzarla con los dedos. Escurrir los huevos de codorniz y reservarlos; cortar los filetes de anchoa en trocitos. Cortar el pan en daditos, freírlos por todos lados en una sartén antiadherente con un poco de aceite, salarlos ligeramente y reservarlos. Batir todos los ingredientes de la salsa.
En el momento de servir, colocar la lechuga en los platos individuales, repartir uniformemente los trocitos de anchoa, los huevos de codorniz y los picatostes, y regar con la salsa. Las anchoas y el parmesano ya aportan suficiente sal a la ensalada; añadir sal de mesa a voluntad.

—•—

SALADE GOURMANDE

2 endibias belgas pequeñas
1 rábano pequeño
200 g de escarola o lechuga
200 g de judías tiernas hervidas
4 lonchitas de foiegras trufado
Para la salsa vinagreta al Jerez
2 cucharadas de vinagre de jerez
6 cucharadas de aceite de oliva ligero
1 cucharadita de mostaza de Dijon
sal y pimienta
Para acompañar
pan francés caliente

Pelar, lavar y escurrir las verduras. Cortar la endibia belga a la juliana (véase p. 24) en sentido longitudinal, el rábano y la lechuga en trocitos y el foiegras en escamitas. Mezclar las ensaladas, añadiendo las judías en un cuenco grande.
Preparar la salsa en un cuenco aparte: disolver 1 cucharadita rasa de sal y la mostaza en el vinagre, y emulsionar poco a poco con el aceite, mez-

clando con una espátula pequeña. Añadir la pimienta molida en el momento de sazonar la ensalada. Repartirla en los platos individuales, salpicar con las escamitas de foiegras y servirlas enseguida con acompañamiento de pan francés caliente.

ENSALADA AIDA*

2 endibias rizadas

2 huevos duros

2 pimientos asados

1 melón

2 alcachofas

salsa citronette (véase p. 35)

Utilizar sólo el cogollo de las endibias; lavar y escurrir cuidadosamente las hojas y cortarlas en trozos. Pasar los huevos duros por el tamiz y reservarlos. Retirar la piel de los pimientos y cortarlos en tiras. Cortar el melón por la mitad, eliminar las semillas del interior y hacer pelotitas con la pulpa mediante el uso de un vaciador. Pelar las alcachofas y utilizar sólo el corazón cortado a la juliana (véase p. 24) en el último momento. Disponer en los platos individuales una capa de endibia y una capa de alcachofas. Colocar en el centro las bolitas de melón. Alrededor se colocarán las tiras de pimiento y los huevos duros como guarnición. Servir con salsa citronette.

ENSALADA BELGA CON COLAS DE LANGOSTINOS*

3-4 endibias belgas

400 g de colas de langostinos (pueden ser congelados)

Para la salsa citronette a las nueces

60 g de nueces descascarilladas

3 cucharadas de zumo de limón

7 cucharadas de aceite de oliva

media cucharadita de aceite de nueces

1 pizca de azúcar

sal y pimienta blanca

Cocer al vapor las colas de langostinos durante 3-4 minutos y retirar el caparazón. Pelar, lavar y escurrir cuidadosamente las endivias. Arrancar 12 hojas de bordes bien coloreadas e intactos y reservarlas.

Preparación de la salsa. Picar ligeramente 50 g de nueces y reservar. Blanquear las restantes en agua hirviendo durante 2 minutos, escurrirlas y quitarles la piel. Picarlas ligeramente y ponerlas en la batidora junto con el limón, la pimienta y la cucharadita de sal. Batir a alta velocidad, añadiendo aceite en un hilillo hasta conseguir una emulsión. Verter en la salsera.

Colocar en abanico 3 hojas de endibia en cada uno de los 4 platos individuales. Cortar la endibia restante en chiffonade (véase p. 24) y disponerla en el centro. Colocar encima las colas de langostinos y rociar con la salsa de nueces. Distribuir por encima las nueces picadas y servir en seguida.

HOJAS DE VID RELLENAS A LA TURCA

40 hojas de vid frescas y pequeñas. Se pueden sustituir por hojas en conserva

200 g de cebolla

30 g de piñones

100 g de arroz vaporizado

media cucharadita de café de canela en polvo

30 g de pasas de Corinto reblandecidas en agua templada

2 limones en rajas

aceite de oliva

sal y pimienta de Jamaica

Receta para 30 rollitos. Precalentar el horno a 150 °C. Picar la cebolla muy fina. Calentar en una olla pequeña 4 cucharadas de aceite y dorar en él la cebolla mezclando a menudo durante diez minutos hasta que se reblandezca y adquiera color. Añadir los piñones y dejarlos dorar a fuego lento durante 2 minutos.
Añadir el arroz, media cucharadita escasa de sal, la canela, 2 granos de pimienta de Jamaica pulverizada y las pasas bien escurridas, y cocer durante un minuto más.
Entre tanto, llevar a ebullición 2,5 dl de agua y añadirlos al arroz. Tapar el recipiente, reducir la llama al mínimo y cocer durante otros 15 minutos más aproximadamente, hasta que se absorba el agua por completo. Rectificar de sal y dejar enfriar.
Lavar las hojas de vid, sumergirlas en agua hirviendo durante medio minuto, escurrirlas y dejarlas secar sobre un lienzo (si se usan hojas en conserva, bastará escurrirles el líquido).
Untar con aceite una cacerola grande llana resistente al horno (con su tapa correspondiente) y extender 10 hojas en el fondo, formando una sola capa.
Rellenar con arroz las 30 hojas de vid restantes: con la parte de las nervaduras colocada hacia abajo, poner con una cucharadita un poco de pasta en la base de la hoja. Doblar los dos lados hacia adentro, de tal manera que se junten y superpongan ligeramente, y enrollarlos hacia adelante formando un rollito muy estrecho y largo, como un dedo meñique; fijar el extremo con la presión de los dedos (siendo unas hojas un poco ásperas, se juntarán fácilmente). A medida que se vayan haciendo, colocar los rollitos en la cacerola, alineándolos ordenadamente el uno al lado del otro. En caso necesario, hace una segunda capa, untando previamente la capa de abajo con un poco de aceite. Verter sobre la última capa dos cucharadas de aceite y 4 cucharadas de agua fría. Tapar la cacerola y cocer en el horno durante 50 minutos. Servir templados o calientes como entremés con rajas de limón para acidularlos al gusto, acompañados de raki o de ouzo con hielo y agua fría.

ENSALADA DORETTA

2 manojitos de oruga

1 manojo de cerraja pequeño

2 endibias belgas

2 hinojos

2 tomates maduros

8 nueces

2 peras Kaiser

1 limón

salsa citronette con mostaza (véase. p. 78, con la mitad de las cantidades indicadas)

Pelar, lavar y escurrir con cuidado las verduras. Mezclar en un cuenco la oruga y la cerraja. Cortar la endibia belga por la mitad en sentido longitudinal, después por la mitad en sentido contrario y, finalmente, a la juliana (véase p. 24). Hacer lo mismo con el cogollo de los hinojos y mezclarlos en otro cuenco. Cortar los tomates en gajos. Cascar las nueces y desmenuzarlas en trozos no muy pequeños. Mondar las peras, cortarlas en cuartos y después en rajitas. Colocarlas en un cuenco y acidular con un poco de zumo de limón para que no se oscurezcan.
Disponer las verduras en el plato de servir o en bandejitas hondas, haciendo abanicos con una varilla verde de oruga y cerraja, una varilla blanca de hinojo y endibia y una varilla roja de tomate. Colocar en el centro las rajitas de pera acidulada y repartir las nueces por encima. Emulsionar la salsa citronette, regar con ella la ensalada y servir.

ENSALADA DE COGOLLOS DE LECHUGA EN SALSA ROQUEFORT

2 cogollos de lechuga

Para la salsa roquefort

2 cucharadas escasas de vinagre

2 lonchitas de roquefort (aproximadamente 40 g) en daditos

6 cucharadas de aceite de oliva ligero

2 cucharadas de nata

sal y pimienta molida

Lavar la lechuga y escurrirla debidamente en la centrifugadora. Partir por la mitad con las manos las hojas más grandes y repartirlas en los cuencos individuales.

Preparar la salsa: disolver en un cuenco pequeño 3/4 de cucharadita rasa de sal en el vinagre y mezclar el roquefort, desmenuzándolo con un tenedor. Añadir una cucharada de agua y pimentar. Utilizando una espátula pequeña, emulsionar poco a poco el aceite y finalmente la nata. Verter sobre los cogollos de lechuga y servir en seguida.

ENSALADA DE HINOJOS, NARANJAS Y NUECES

4 hinojos

2 naranjas grandes

8 nueces peladas

aceite extra virgen

sal y pimienta blanca

Pelar los hinojos y usar solamente los cogollos. Lavarlos, secarlos y cortarlos en 4 partes en sentido longitudinal y después en rajitas más finas en el mismo sentido.

Repartir en abanico en los platos individuales, espolvorear con sal y pimienta y aliñar con un poco de aceite.

Mondar las naranjas y separar los gajos, eliminando la piel y las semillas. Repartir los gajos en abanico sobre el lecho de hinojos.

Conservar 4 mitades de nuez enteras para la guarnición y picar en trozos grandes las restantes nueces. Repartirlas alrededor de los gajos de naranja, colocar en el centro de cada plato media nuez entera y servir.

ENSALADA AGRIDULCE

4 endibias belgas de tamaño mediano

2 cucharadas colmadas de pasas pequeñas rubias

1 dl de oporto

6 nueces peladas

salsa citronette (véase p. 35)

Reblandecer las pasas en el oporto. Mondar, lavar y secar cuidadosamente las endibias. Cortarlas en cuatro mitades en sentido longitudinal y después en trozos de unos 4 cm. Desmenuzar las nueces.

Disponer la ensalada en las bandejitas individuales con las pasas escurridas y las nueces por encima. Emulsionar la salsa y servir en seguida.

ENSALADA AGRIDULCE DE ESPINACAS TIERNAS

600 g de espinacas

2 cucharadas de pasas

2 cucharadas de piñones

Para la salsa

2 cucharadas de zumo de limón

6 cucharadas de aceite

sal y pimienta blanca

Pelar las espinacas, seleccionando únicamente las hojas más pequeñas y tiernas de tallo fino: deberán quedar unos 330 g aproximadamente. Lavarlas cuidadosamente y escurrirlas en la centrifugadora. Disponerlas en platos individuales y repartirlas equitativamente por encima las pasas y los piñones.
Disolver 3/4 de cucharadita de sal en el limón y emulsionar el aceite poco a poco con una espátula pequeña. Pimentar, verter la salsa sobre la ensalada y servir en seguida.

—•—

ESPINACAS Y YOGUR A LA IRANÍ

Borani

600 g de espinacas

1 chalote mediano

2,5 de yogur griego

2 cucharadas de zumo de lima

1 cucharada colmada de menta fresca o bien media cucharadita de menta seca

sal y pimienta negra

Poner a calentar una abundante cantidad de agua salada. Mondar las espinacas, seleccionando las hojas y los tallos más tiernos (conservar los tallos coriáceos y las bases de las plantillas para otros platos). Lavarlas cuidadosamente varias veces en agua fría e introducirlas después en agua hirviente por espacio de 2 minutos. Escurrirlas, dejarlas enfriar, estrujarlas con las manos para que suelten toda el agua. Picarlas muy finas y colocarlas en un cuenco.
Picar también muy fino el chalote y amalgamarlo con el yogur y media cucharadita de sal, el zumo de lima y una rociada de pimienta negra recién molida. Amalgamar el yogur con las espinacas, tapar y dejar en el friogrífico un par de horas. Servir helado, picando la menta en el último momento y repartiéndola por la superficie.

ESPINACAS A LA JAPONESA

Horenso no Ohitashi

1 kg de espinacas

6 cucharadas de salsa de soja

½ cucharadita de azúcar

1 pizca de ajimoto o glutamato

4 cucharadas de katzuobushi (escamas de pescado) o bien 4 cucharadas de semillas de sésamo claro

Pelar las espinacas y elegir las hojas más pequeñas y tiernas: deberán quedar aproximadamente 600 g. Lavarlas cuidadosamente y sumergirlas en agua hirviente durante 2 minutos: deberán quedar cocidas *al dente*. Escurrirlas y dejarlas enfriar. Entre tanto, preparar la salsa. Colocar en una olla pequeña la salsa de soja con 2 cucharadas de agua, el azúcar y el ajimoto. Mezclar a fuego lento hasta que el azúcar se disuelva por completo y dejar enfriar a temperatura ambiente. Disponer las espinacas en platitos individuales, rociarlas con la salsa y repartir por encima el katzoubushi, sustituible por semillas de sésamo que primero deberán tostarse suavemente en una sartén de teflon para intensificar el aroma y dejarlas crujientes.

—•—

MINIFLAN DE ESPINACAS

75 g de espinacas (peso neto)

1 chalote picado

10 g de mantequilla

4 huevos

1 dl de nata

1,5 dcl de leche

40 g de queso parmesano rallado

sal y pimienta

Receta para 4 moldes de 2 dcl o 6 de 1,4 dcl. Precalentar el horno a 180 °C. Poner a hervir el agua para la cocción en el horno. Sumergir las espinacas en agua hirviente salada durante un par de minutos, escurrirlas y estrujarlas con cuidado. Dorar el chalote en una sartén con la mantequilla y mezclarlo durante un par de minutos con las espinacas para eliminar cualquier resto de agua. Pasarlas por la picadora y reducirlas a una pasta. Untar los moldes de acero con mantequilla. En un cuenco batir brevemente con la espátula 2 yemas de huevo y dos huevos enteros con una punta de sal y un poco de pimienta. Añadir la nata, la leche, las espinacas y el parmesano. Rectificar de sal y pimienta y verter en los moldes.
Llenar una bandeja de horno con agua hirviente hasta la mitad de su capacidad y colocar dentro los moldes, cuidando de que el agua llegue a unos 3/4 del borde de los mismos. Cocer en el horno durante 30 minutos. Dejar enfriar unos minutos, desprender los flanes de los bordes con la hoja de un cuchillo y vaciar directamente los moldes en los platos individuales.

COLES DE BRUSELAS AL CILANTRO

600 g de coles de Bruselas
2 chalotes
15 g de mantequilla
1,5 dcl de nata
¼ de cubito
1 puñado de cilantro fresco
1 pimientito rojo picante
1 lima
sal y pimienta negra

Poner a hervir abundante agua salada en una cacerola grande. Pelar las coles, lavarlas, introducirlas en agua hirviente durante 15 minutos aproximadamente, escurrirlas y cortarlas por la mitad en sentido longitudinal. Picar los chalotes y dorarlos en la mantequilla en el mismo recipiente donde se hayan hervido las coles. Añadir la nata, y el cubito desmenuzado y mezclar bien. Dejar reducir un par de minutos y, entre tanto, lavar y picar el alantro muy fino.
Lavar el pimiento pequeño, eliminar el pedúnculo y las semillas, y picarlo no demasiado fino. Añadir el pimiento a la nata, mezclar y añadir a las coles.
Dejar cocer a fuego lento durante un par de minutos, removiendo con cuidado para que las coles no se deshagan. Rociar con el zumo de lima, mezclar y retirar del fuego. Dejar en reposo 5 minutos, trasladarlas a los platos de servir y espolvorear con el coriandro picado.

ENSALADA DE ORUGA Y ALCACHOFAS CON HUEVOS PASADOS POR AGUA*

250 g de oruga
4 alcachofas frescas y tiernas
4 huevos
1 dl de aceite de oliva extra virgen
1 limón
media cucharadita de pili-pili (véase p. 113)
1 cucharadita de aceite
sal y pimienta

Colocar los huevos en una cacerola y cubrirlos con tres dedos de agua. Llevar a ebullición a fuego lento; cuando hierva el agua, retirar del fuego y escurrirlos. Mientras se enfrían, pelar la oruga, lavarla y escurrirla en la centrifugadora. Preparar la salsa citronette, emulsionando el aceite en el zumo de limón con media cucharadita de sal y pimienta. Pelar las alcachofas, conservando tan sólo la parte central y las hojas tiernas;

lavarlas, secarlas y cortarlas primero en cuartos y después a la juliana (véase p. 24). Pasarlas por la citronette y después colocarlas en el centro del plato de servir; disponer la oruga alrededor en forma de corona.
Descascarar los huevos y repartirlos sobre el lecho de alchafofas. Disolver un poco de pili-pili en 1 cucharada de aceite con una pizca de sal y verter sobre los huevos escalfados. Verter la citronette restante sobre la oruga y servir en seguida.

—•—

SOPA DE ACHICORIA Y COLAS DE LANGOSTINOS

200 g de achicoria
300 g de colas de langostinos
2 cucharadas de aceite
2 dientes de ajo
1 ramita de tomillo
8 dcl de fumet de mariscos (véase p. 38)
sal y pimienta
Para acompañar
picatostes de pan al ajo

Calentar el fumet de mariscos. Retirar los caparazones de las colas de langostinos y, para quitar los intestinos, practicar una pequeña incisión hacia el extremo de la cola, asir el intestino con una pinza pequeña y extraerlo por completo sin romperlo. Salar ligeramente.
Pelar la achicoria y cortarla en chifonnade (véase p. 24). En una cacerola grande hacer dorar suavemente en aceite el ajo majado y la ramita de tomillo durante un par de minutos; añadir las colas de langostinos y freírlas durante 1 minuto. Añadir la achicoria y freírla, removiendo durante un par de minutos. Añadir el caldo caliente, mezclar y hervir a fuego lento durante 1 minuto. Rectificar de sal, pimentar y servir en seguida, acompañando la sopa con picatostes fritos al aceite.

SOPA DE ENDIBIA

1 cabeza de endibia rizada
250 g de guisantes
1 l de caldo de pollo
2 patatas
1 cebolla pequeña
20 g de mantequilla
1 cucharada de aceite
azafrán en hebra
picatostes
sal y pimienta

Hervir los guisantes en el caldo durante 20 minutos aproximadamente hasta que queden muy tiernos y pasarlos después por el pasapuré. Cortar las patatas en daditos, picar la cebolla y las hojas de endibia en chiffonade (véase p. 24).
Dorar la cebolla en una cacerola grande en la mantequilla y el aceite, añadir las patatas y dorarlas brevemente, añadir el puré de guisantes, rectificar de sal, añadir un par de hebras de azafrán y hervir a fuego lento durante unos diez minutos. Pimentar y servir con picatostes.

—•—

SOPA CHINA DE BERROS

1 manojo grande de berros
2 cebollinos finos
120 g de filete en lonchas muy finas
1 cucharada de harina
8 dl de caldo de carne
1 cucharada de salsa de soja
sal y pimienta

Calentar el caldo. Lavar y escurrir los berros. Usar solamente el corazón y los extremos verdes de los cebollinos. Cortarlos finos en sentido longitudinal y después en sentido contrario para obtener unos pequeños segmentos de unos 2 cm.
Cortar las tajadas de filete por la mitad y después a la juliana (véase p. 24). Colocarlas en un cuenco y pasarlas por la harina y 1 cucharita de sal. Cuando hierva el caldo, añadir la salsa de soja, la carne y los berros. Dejar hervir 1 minuto. Añadir el cebollino, hervir durante otro minuto y retirar en seguida del fuego. Rectificar de sal, pimentar y servir.

CREMA DE BERROS

350 g de berros
3 chalotes
30 g de mantequilla
4 cucharadas de harina
1,1 l de caldo
2 yemas de huevo
1,5 dcl de nata
sal
Para acompañar
picatostes fritos en mantequilla

Limpiar los berros, eliminando las raíces y la parte dura de los tallos. Lavarlos y escurrirlos. Calentar el caldo.
Picar los chalotes y freírlos en la mantequilla durante tres minutos, sin que tomen color. Añadir los berros y la sal. Amalgamar, tapar y dejar cocer a fuego lento durante tres minutos hasta que se ablanden los berros. Tamizar la harina sobre la cacerola y mezclarla con los berros, removiendo por espacio de 1 minuto. Retirar del fuego y añadir el caldo, mezclando con una espátula.
Poner de nuevo sobre el fuego, tapar y dejar hervir otros 5 minutos. Apagar y pasar por la batidora hasta conseguir una crema homogénea. Si no se hace en seguida, dejar la escarola destapada y calentar en el último momento.
Batir las yemas de huevo con la nata en un cuenco y añadir poco a poco a la crema hirviente sin dejar de mezclar con la espátula. Poner de nuevo sobre el fuego y calentar a fuego lento durante un par de minutos sin dejar de mezclar, procurando que no hierva, hasta que espese la crema. Retirar inmediatamente del fuego, rectificar de sal y servirla con unos picatostes fritos en mantequilla.

SOPA DE ESPINACAS Y ACEDERAS A LA RUSA
Šči

1 kg de espinacas
250 g de acederas
1 zanahoria mediana picada
1 cebolla grande picada
2 cucharadas de perejil picado
30 g de mantequilla
3 cucharadas de harina
2 hojas de laurel
6 dcl de caldo de carne desgrasado (véase p. 37)
4 huevos duros
sal y pimienta negra en grano
Para la nata agria o smetana
1 dl de nata montada
50 g de queso mascarpone
1 limón

Calentar el caldo. Pelar las espinacas, utilizar sólo las hojas de tallos tiernos y finos y conservar las demás para otros platos. Lavarlas cuidadosamente varias veces y dejarlas hervir durante un par

de minutos en una olla tapada con su propia y una pizca de sal. Escurrirlas, pasarlas un momento bajo el grifo de agua fría y estrujarlas bien con las manos. Pasarlas por la picadora y reducirlas a puré. Pelar las acederas y reservarlas.
Picar la cebolla, la zanahoria y el perejil y freírlos durante 10 minutos en una cacerola grande con 30 g de mantequilla, removiendo a menudo. Retirar la cacerola del fuego y verter en ella de una sola vez el caldo hirviente, removiendo con una espátula para que no se formen grumos. Añadir el puré de espinacas, el laurel y unos cuantos granos de pimienta negra. Hervir a fuego lento durante unos 10 minutos; añadir las hojas de acedera, dejar hervir otros 10 minutos, removiendo de vez en cuando. Retirar del fuego y rectificar de sal.
Cortar en finas rodajas los huevos duros y preparar la nata agria, mezclando en un cuenco la nata, el mascarpone y el zumo de limón. Verter el Šči en las bandejitas individuales, repartir sobre cada una de ellas una cucharada de smetana y un huevo duro cortado y servir en seguida.

SOPA DE ESPINACAS Y HUEVOS A LA JAPONESA

4 manojitos tupidos de espinacas tiernas
8 dl de dashi (caldo de pescado instantáneo)
3 cucharadas de vinagre
1 corteza de limón
4 huevos
1 cucharadita de salsa de soja
sal

Calentar el caldo. Llevar a ebullición 1 litro de agua con el vinagre. Pelar las espinacas, utilizar sólo las hojas y los tallos tiernos y lavarlos cuidadosamente. Introducirlos en una olla de agua salada en ebullición durante medio minuto, escurrirlos y enfriarlos bajo el grifo de agua fría. Cortar una corteza de limón a la juliana (véase p. 24), procurando que quede muy fina.
Cuando hierva el agua acidulada, romper en ella los huevos uno por uno y, al cabo de dos minutos, cuando se solidifique la clara, recogerlos con una espumadera, sacarlos y colocarlos en los cuencos individuales. Repartir las espinacas en 4 partes y colocarlas sobre los huevos. Añadir la salsa de soja al caldo caliente, rectificar de sal y verterlo cuidadosamente sobre los huevos. Distribuir por la superficie la ralladura de limón y servir en seguida.

MENESTRA DE REMOLACHA Y COL

150 g de hojas de remolacha de hoja
150 g de hojas de col
1,2 l de caldo de pollo (véase p. 72)
1 cebolla pequeña
1 manojito de perejil
1 manojito de albahaca
2 cucharadas de aceite de oliva extra virgen
120 g de arroz
20 g de mantequilla
4-5 cucharadas de parmesano rallado
sal y pimienta

Calentar el caldo. Lavar y escurrir y cortas las hojas de las verduras en chiffonade (véase p. 24). Picar la cebolla, el perejil y la albahaca.
Dorar suavemente la cebolla en aceite en una cacerola grande hasta que se ablande y tome un poco de fuego y freír durante un par de minutos, removiendo con la cuchara de madera. Verter una cucharonada de caldo hirviendo, tapar, reducir la llama y dejar hervir a fuego lento unos cuantos minutos.

Añadir el resto del caldo, llevar a ebullición y verter el arroz poco a poco. Mezclar y cocer con la olla destapada durante 13-14 minutos. Cuando el arroz esté *al dente*, retirar del fuego, añadir la picada de perejil y albahaca, la mantequilla cruda y las 4-5 cucharadas de parmesano.
Rectificar de sal, pimentar y servir.

—•—

SOPA DE ORTIGAS

350 g de ortigas (peso neto)
1 corazón de puerro
30 g de mantequilla
1,1 l de caldo de pollo (véase p. 72)
4 cucharadas de harina
1,1 dcl de nata
picatostes fritos con ajo
sal y pimienta

Calentar el caldo y, aparte, calentar agua salada para sumergir en ella las ortigas. Pelar las ortigas y arrancar sólo las puntas para obtener 350 g netos. Sumergirlas en agua hirviendo durante un par de minutos, escurrirlas, pasarlas bajo el grifo de agua fría, estrujarlas y picarlas. Pelar y picar el porro muy fino.
Derretir la mantequilla en una cacerola grande, dorar suavemente el puerro durante 5 minutos y añadir las ortigas durante un par de minutos para que se ablanden sin dejar de remover. Añadir la harina tamizada, tostarla durante 1 minuto y verter a continuación el caldo, removiendo con la espátula para que no se formen grumos. Bajar el fuego al mínimo, tapar y dejar hervir suavemente durante unos 30 minutos.
Con una batidora de inmersión, conseguir una crema homogénea. Añadir la nata, rectificar de sal, pimentar y servir con los picatostes fritos con ajo.

MENESTRA A LA GENOVESA

2 manojos de «preboggion» (borraja y otras hierbas de la Liguria)
200 g de arroz
5 cucharadas de aceite de oliva extra virgen
2 cucharadas de aceite de oliva extra virgen
parmesano rallado
sal

Limpiar y lavar cuidadosamente la borraja y las demás hierbas, escurrirlas y cortarlas en chiffonade (véase p. 24). Colocarlas en una olla, cubrirlas con 1,2 litros de agua, añadir una cucharadita de sal, tapar y cocer a fuego lento durante una media hora aproximada. Entre tanto, preparar el pesto y mezclar 5 cucharadas de pesto con 3 cucharonadas de caldo.
Pasada media hora, llevar a ebullición el caldo vegetal y verter el arroz poco a poco, para no interrumpir la ebullición. Hervir a fuego moderado con la olla destapada durante 10 minutos. Añadir la mitad del pesto mezclado con el caldo y 1 cucharada de aceite y dejar hervir otros 2-3 minutos. Comprobar la cocción del arroz, que deberá quedar *al dente*, retirar del fuego, mezclar el pesto y el aceite restantes, rectificar de sal y servir con parmesano rallado aparte.

—•—

CREMA DE COLIFLOR*

1 coliflor de 800 g aproximadamente
1 tallo de apio
1 cebolla mediana
4 tallos de perejil
8 dl de caldo de pollo (véase p. 72)

2 dl de nata

¾ de cucharadita de almidón

2 yemas de huevo

50 g de queso emmental rallado

sal y pimienta blanca

Para acompañar

Picatostes fritos con mantequilla

Pelar la coliflor y cortarla en trozos: se deberán obtener unos 600 g de peso neto. Pelar el apio y la cebolla y cortarlos en trozos. Lavar los manojitos de perejil, eliminar las hojas y cortarlos no muy finos. Colocar las verduras y el caldo en una cacerola grande. Tapar y dejar cocer unos 25 minutos. Retirar del fuego y batir con una batidora de inmersión hasta conseguir una crema homogénea.
Añadir 1,5 dl de nata en la cual se habrá disuelto el almidón y poner de nuevo sobre llama baja. Mezclar hasta que se alcance la ebullición y empiece a espesar. Esta preparación se puede hacer con antelación y completar en el momento de servir. Batir en un cuenco las yemas con ½ dl de nata y el queso, añadir poco a poco a la crema, mezclando con una espátula para que no se formen grumos. En cuanto la crema empiece a espesar y antes de que alcance nuevamente la ebullición, retirar del fuego y seguir removiendo unos segundos. Rectificar de sal, pimentar y servir con picatostes fritos con mantequilla.

CREMA DE COLIFLOR AL CURRY*

Los mismos ingredientes que en la receta «Crema de colifor» (véase arriba)

2 cucharadas de curry en polvo

1 pimiento rojo seco

2 cucharadas de cilantro fresco picado

ajo

Proceder como en la «Crema de coliflor», añadiendo al caldo 2 cucharadas de curry en polvo y el pimiento desmenuzado. En el momento de servir, espolvorear el cilantro picado. Untar el pan con ajo, cortarlo en daditos y dorarlo en la mantequilla en una sartén antiadherente. La coliflor combina muy bien con el curry.

SOPA DE CHOUCROUTE

Sauerkrautsuppe

250 g de choucroute en conserva

1 l de caldo de pollo

20 g de harina

¾ de cucharadita de semillas de comino

sal y pimienta

Calentar el caldo. Derretir la mantequilla en una cacerola grande y tostar en ella la harina a fuego lento durante un par de minutos. Retirar del fuego y añadir el caldo hirviendo de una sola vez, removiendo con una espátula para que no se formen grumos. Poner de nuevo sobre la llama, añadir la choucroute y el comino, tapar y dejar hervir a fuego lento durante 30 minutos. Rectificar de sal, pimentar y servir bien caliente.

SOPA RECALENTADA*

300 g de col lombarda

1 kg de judías

1 cebolla

3 dientes de ajo

2 puerros

2 tomates de pera

1 zanahoria

1 nervadura de apio verde

1 hueso de jamón

rebanadas de pan seco

aceite de oliva extra virgen

1 ramita de romero

1 ramita de tomillo

sal y pimienta

Picar muy finos los dientes de ajo y la cebolla, dorarlos suavemente en una cacerola grande de barro en 5 cucharadas de aceite de oliva. Picar el corazón de los puerros, la zanahoria, el apio y los tomates y añadirlos a lo anterior. Mezclar y dejar cocer un cuarto de hora, removiendo de vez en cuando. Añadir las judías desgranadas (si fueran secas, calcular aproximadamente unos 600 g y dejarlas en remojo toda la noche en agua fría con una cucharadita de bicarbonato), el hueso de jamón y agua suficiente para cubrir. Tapar y cocer a fuego lento durante 1 hora y 30 minutos. Salar hacia el final de la cocción.
En una pequeña sartén aparte, dorar un diente de ajo majado junto con el romero y el tomillo en 3 cucharadas de aceite durante unos minutos, filtrar después el aceite y reservarlo. Lavar la col y cortar las hojas en chiffonade (véase p. 24). Sacar de la cacerola el hueso de jamón y desecharlo, y reservar en un cuenco una buena cucharonada de judías. Pasar las judías restantes por el pasapuré, verter el puré en la cacerola de barro, y añadir el aceite aromatizado y filtrado junto con la col. Llevar de nuevo a ebullición y hervir a fuego lento durante aproximadamente 1 hora, hasta que la col esté tierna. Rectificar de sal, añadir las judías reservadas y dejar hervir unos cuantos minutos más. Retirar del fuego, pimentar abundantemente y verter en las bandejitas individuales sobre rebanadas de pan duro. La sopa que sobre se puede calentar al horno al día siguiente, añadiéndole un poco de aceite: ésta es la clásica sopa «recalentada».

CREMA DE BERZAS

700 g de berzas

8 dl de caldo

1 diente de ajo

2 manojitos de perejil

2 manojitos de albahaca

1 puerro

1 patata

120 g de salchicha picante

0,5 dcl de nata

30 g de emmental rallado

2 cucharadas de perejil picado

Para acompañar

picatostes fritos en mantequilla

Pelar la berza, cortarla en trozos, eliminar el tallo coriáceo interior, lavarla y escurrirla. Cortarla en chiffonade (véase p. 24) y colocarla en una olla con el caldo, el ajo, las hierbas aromáticas y unos cuantos granos de pimienta.
Pelar y lavar el puerro y cortarlo en rodajas. Mondar la patata y cortarla en trozos. Añadir el puerro y la patata a la olla con media cucharadita de sal y dejar hervir a fuego lento durante 50 minutos. Entre tanto, pelar la salchicha y cortarla en daditos.
Calentar una sartén de teflon y, cuando esté muy caliente, saltear en ella la salchicha durante un par de minutos, mezclando con la correspondiente espátula para que quede crujiente y se elimine el exceso de grasa.
Escurrir la grasa y poner la salchicha a secar sobre papel de cocina.
Cuando la berza esté cocida, reducirla a crema con una batidora de inmersión, rectificar de sal y condimentar con el queso, la nata, el perejil y la salchicha. Servirla caliente, pero no hirviendo, convenientemente acompañada con picatostes fritos en mantequilla.

ARROZ A LA ACHICORIA*

200 g de achicoria
320 g de arroz
60 g de mantequilla
1 cebolla pequeña
1,2 dl de vino blanco seco
60 g de parmesano rallado
sal y pimienta

Calentar el caldo. Pelar la achicoria y desechar las hojas exteriores: se deberán obtener 150 g de hojas tiernas. Lavarlas, escurrirlas en la centrifugadora y cortarlas en chiffonade (véase p. 24). Picar la cebolla muy fina y dorarla en 30 g de mantequilla en una cacerola grande y baja. Añadir la achicoria y freírla, removiendo con una cuchara de madera.
Añadir el arroz, tostarlo durante 1 minuto aproximadamente y apagarlo con el vino. Verter dos cucharones de caldo hirviente y, a medida que se vaya absorbiendo, añadir más, removiendo de vez en cuando. Pasados unos 14 minutos, cuando el arroz esté cocido *al dente*, retirar del fuego y mezclar los restantes 30 g de mantequilla y el queso parmesano. Rectificar de sal, pimentar y servir en seguida.

—•—

ARROZ A LAS ORTIGAS

120 g de puntas de ortiga
320 g de arroz
3 chalotes grandes
60 g de mantequilla
1,2 dl de vino blanco seco
1,5 dl de caldo de pollo (véase p. 72)
parmesano rallado
sal y pimienta

Calentar el caldo. Pelar las ortigas y separar sólo las puntas, de tal forma que se obtengan 120 g de peso neto. Lavarlas y sumergirlas en agua hirviente salada durante 2 minutos. Escurrirlas y picarlas. Picar los chalotes. En una cacerola grande y baja, derretir 30 g de mantequilla y dorar los chalotes durante unos minutos; añadir después las ortigas y freírlas, removiendo durante un par de minutos. Añadir el arroz, tostarlo 2 minutos y apagarlo con el vino.
Cuando se haya evaporado totalmente el vino, verter dos cucharadas de caldo hirviente y, a medida que se vaya absorbiendo durante la cocción, seguir añadiendo cucharonadas, removiendo de vez en cuando para que no se pegue el arroz y procurando que quede bien cremoso. Al cabo de unos 14 minutos, cuando el arroz esté cocido *al dente*, retirar del fuego, y añadir los 30 g de mantequilla restantes y el parmesano. Rectificar de sal, pimentar y servir en seguida.

—•—

COLIFLOR Y ARROZ AL GRATÉN*

1 coliflor pequeña
150 g de arroz vaporizado
80 g de parmesano rallado
7 dl de leche
30 g de harina
80 g de mantequila
media cucharadita de bicarbonato
nuez moscada
sal y pimienta

Pelar la coliflor, lavarla, escurrirla y subdividirla en cabezuelas pequeñas. Sumergirla durante 10 minutos en agua hirviente salada con el bicarbonato hasta que esté hervida *al dente*, y escurrirla con cuidado.
Poner el arroz en una olla pequeña con 2 partes de agua fría y media cucharadita rasa de sal. Tapar

y cocer a fuego lento durante 15 minutos hasta que el arroz quede *al dente* y se haya absorbido el agua. Condimentar con 20 g de mantequilla y 3 cucharadas de parmesano y rectificar de sal. Precalentar el horno a 200 °C.
Preparar una bechamel un poco líquida: llevar a ebullición la leche, disolver 30 g de mantequilla en una olla pequeña y tostar en ella la harina durante 1 o 2 minutos, mezclando a fuego lento. Retirar del fuego y añadir 7 dcl de leche de una sola vez, removiendo enérgicamente con la espátula. Volver a colocar la olla sobre el fuego y, sin dejar de remover, hervir a fuego lento durante 1 o 2 minutos hasta conseguir una salsa homogénea. Condimentar con sal, pimienta, nuez moscada y 3 cucharadas de parmesano.
Untar la bandeja de horno con 10 g de mantequilla y extender en ella el arroz en una capa homogénea. Colocar encima la coliflor, mezclar ligeramente y cubrir con la bechamel. Espolvorear la superficie con el parmesano restante y algunos copos de mantequilla. Gratinar en el horno durante 15 minutos, hasta que se forme una costra ligera sobre toda la superficie. Dejar en reposo 10 minutos antes de servir.

—•—

PASTA Y COLIFLOR

400 g de cabezuelas de coliflor
350 g de pasta de sopa variada
3 dientes grandes de ajo
medio pimiento
6 cucharadas de aceite de oliva extra virgen
parmesano rallado (opcional)
sal y pimienta molida

Poner a calentar abundante agua salada para cocer la pasta. Pelar la coliflor, subdividirla en cabezuelas y pesar 400 g. Lavar las cabezuelas y escurrirlas con cuidado.
En una sartén grande o un wok chino calentar 6 cucharadas de aceite y saltear los dientes de ajo majados y las cabezuelas de coliflor a fuego vivo durante un par de minutos. Bajar la llama, tapar y dejar cocer despacio durante unos 10 minutos, añadiendo el pimiento y media cucharonada del agua de cocción de la pasta.
Echar la pasta y escurrirla muy *al dente*, conservar un par de cucharonadas del agua en un cuenco. Añadir la pasta a la coliflor con una cucharonada del agua de la cocción, mezclar y dejar hervir a fuego lento durante un par de minutos, añadiendo agua de cocción a medida que se vaya evaporando, de tal modo que quede un poco caldoso. Rectificar de sal y pimentar abundantemente. En cuanto la pasta está en su punto, servir en seguida. Si se usa parmesano, mezclarlo con la pasta en la misma sartén una vez apagado el fuego.

—•—

ORECCHIETTE CON GRELOS

400 g de grelos
400 g de orecchiette
4 dientes de ajo
3 pimientos pequeños
aceite de oliva extra virgen
sal y pimienta recién molida

Poner a hervir abundante agua salada en una olla grande. Pelar los grelos, desechando los tallos coráceos y eliminando las venas de las hojas más grandes. Lavarlos, escurrirlos y trocearlos. Cuando hierva el agua, echar las orecchiette de pasta poco a poco para no interrumpir la ebullición. Cocerlas durante 14 minutos, añadir después los grelos, el ajo y el pimiento, y cocer durante unos 11-12 minutos más.
Los grelos deberán quedar *al dente* porque, si hierven demasiado, pierden la consistencia y se deshacen. Cuando las orecchiette estén cocidas, reservar un poco de líquido de cocción y escurrirlo todo.

Pasarlo todo a una bandeja de servir caliente, verter un poco de caldo por encima para que no se seque demasiado y aliñar con aceite y pimienta. Servir en seguida en platos calientes.

—•—

TALLARINES VERDES EN SALSA DE NUECES*

150 g de espinacas (peso neto)
500 g de harina
2 huevos
parmesano rallado
sal
Para la salsa de nueces
500 g de nueces
1 rebanada y media de pan de molde
leche
1 diente pequeño de ajo tierno
mejorana
1 cucharada abundante de piñones
mantequilla
3 cucharadas de aceite de oliva extra virgen
1,6 dl de nata
sal

Pelar y lavar cuidadosamente las espinacas, hervirlas en su propia agua con la olla destapada durante unos minutos. Dejarlas enfriar, estrujarlas bien con las manos y reducirlas a una pasta en la picadora.
Mezclar la harina con los huevos y el puré de espinacas hasta obtener una pasta suave y homogénea. Envolverla en película adhesiva y dejarla en reposo durante 30 minutos por lo menos. Aplanarla después con las manos y extenderla con el rodillo sobre una superficie ligeramente enharinada hasta obtener un hojaldre redondo muy fino. Doblar unos 8 cm hacia adentro los dos bordes contrarios y seguir doblándolos hasta que se junten los dos rollos en el centro. Superponerlos para que formen un solo rollo alargado y, procurando no aplastarlo demasiado, cortarlo en tiras muy finas con cortes muy netos y precisos, empezando por uno de los lados.
A medida que los tallarines estén listos, desenrollarlos para evitar que se peguen. Dejarlos secar en una sola capa durante 1 hora por lo menos: antes de proceder a la cocción, deberán estar secos.
Entre tanto, preparar la salsa de nueces: descascarar las nueces e introducir sus mitades en agua hirviente durante 2-3 minutos para poder quitarles la piel interior con facilidad. Reblandecer el pan de molde en un poco de leche, estrujarlo y pasarlo por la picadora junto con las nueces peladas, el ajo, algunas hojitas de mejorana (una cucharadita rasa), una pizca de sal y los piñones ligeramente tostados con un poco de mantequilla hasta obtener una pasta homogénea. Traspasarla a un cuenco y diluirla con el aceite y la nata. Rectificar de sal.
Cocer los tallarines en abundante agua salada a fuego vivo durante 2-3 minutos; escurrirlos *al dente* y condimentarlos con la salsa de nueces y abundante parmesano rallado.

—•—

PENNETTE EN REVOLTILLO*

150 g de hojas de espinaca
350 g de pennette
60 g de mortadela
2 dcl de bechamel líquida (véase p. 36)
3 filetitos de anchoa picados
3 tomates de pera cortados muy finos
30 g de mantequilla
3 cucharadas de aceite
1 diente de ajo majado
1 hojita de jengibre picada
40 g de parmesano rallado
1 dl de nata
sal y pimienta

Poner a hervir el agua salada para cocer la pasta y hervir en otra olla agua salada para sumergir las espinacas. Pelar, lavar cuidadosamente las espinacas, sumergirlas durante 2 minutos en agua hirviente y escurrirlas. Dejarlas enfriar, estrujarlas con las manos para que suelten el agua y picarlas.
Pasar la mortadela por la picadora e incorporarla a la bechamel. Picar el ajo y el jengibre muy finos. Picar aparte la anchoa. Sumergir en agua caliente los tomates, pelarlos, cortarlos en cuartos y posteriormente en daditos. Cocer las pennette *al dente* y preparar entre tanto el condimento. En una sartén muy grande o en un wok antiadherente dorar suavemente en la mantequilla y el aceite el ajo y el jengibre. Retirar del fuego y añadir la anchoa, removiéndola con la espátula hasta que se disuelva por completo. Poner de nuevo al fuego, saltear las espinacas durante 1 o 2 minutos y mezclar la bechamel, el parmesano y la nata. Añadir las pennette bien escurridas y saltearlas 1 minuto, mezclando con el condimento. Rectificar de sal, pimentar, incorporar los daditos de tomate fresco y servir en seguida.

MALLEVATI SARDOS*

1,2 kg de espinacas
2 huevos
300 g de requesón
60 g de queso de oveja rallado
1 cucharada de harina
nuez moscada
60 g de mantequilla
salvia
sal y pimienta negra molida

Poner a hervir abundante agua salada en una olla grande. Pelar las espinacas, conservando sólo las hojas y los tallos finos y reservando el resto para sopas o tortillas. Lavarlas cuidadosamente varias veces en agua fría y sumergirlas en agua hirviente durante 1 minuto. Recogerlas con una espumadera y dejarlas escurrir en el pasapuré. Conservar el agua de cocción para cocer los «mallevati». Cuando se hayan enfriado las espinacas, estrujarlas con las manos y picarlas muy finas. Colocarlas en una sartén antiadherente de tamaño grande y, removiéndolas con una cucharada a fuego lento, dejarlas secar un par de minutos hasta eliminar cualquier resto de líquido. Traspasarlas a un cuenco grande y dejarlas enfriar.
Batir en un cuenco 1 huevo entero con 1 yema y 1 cucharadita de sal y espolvorear abundantemente con pimienta y nuez moscada molida. Reservar la clara del segundo huevo. Mezclar el requesón con el queso de oveja y los huevos e incorporar esta pasta a las espinacas. Añadir una cucharada de harina y rectificar de sal. Proteger con película adhesiva y dejar un par de horas en el frigorífico.
Llevar de nuevo a ebullición el agua. Con la ayuda de una cuchara mojada, formar con la pasta una especie de croquetas alargadas, introduciendo cada vez las manos en la clara de huevo restante y colocándolas sobre una tabla de madera. Finalizada esta operación, bajar un poco la llama para reducir el hervor, el cual deberá mantenerse muy moderado y constante durante la cocción. Echar los «mallevati» a la olla de uno en uno: primero se hundirán, pero, al cabo de unos 3 minutos, aflorarán de nuevo a la superficie. Recogerlos en seguida con una espumadera, procurando no romperlos y dejarlos escurrir en una escurridora. Colocar los «mallevati» en los platos individuales calientes y aliñar con mantequilla derretida y salvia o bien con una salsa de tomate ligera.

PENNE Y BRÉCOL

500 g de brécoles
320 g de penne

4 dientes de ajo majados

1-2 pimientos pequeños

6 cucharadas de aceite de oliva extra virgen

sal

Poner en el fuego abundante agua salada para la pasta. Pelar los brécoles, desechando la parte dura del centro y de los tallos, y lavarlos en agua fría. Escurrirlos y cortarlos en trozos no demasiado pequeños, procurando que las cabezuelas se mantengan enteras.
Calentar el aceite en un wok o una sartén grande antiadherente, hacer un sofrito con el ajo sin dejarlo quemar, añadir el pimiento y los brécoles. Salarlos ligeramente y saltearlos a fuego vivo durante unos minutos, bajar después la llama al mínimo, tapar y dejarlos cocer en el agua que suelten durante 10-15 minutos, añadiendo un poco de agua si se pegaran y procurando que queden *al dente*.
Cuando hierva el agua, echar las penne y cocerlas *al dente*. Antes de escurrirlas, recoger una cucharonada de agua de cocción y reservarla. Añadir las penne a los brécoles con un poco del agua previamente reservada y amalgamarlos a fuego lento durante medio minuto, levantándolos con la espátula sin mezclarlos ya que, de lo contrario, las cabezuelas de los brécoles se desharían. Rectificar de sal y servir en seguida en platos calientes.

TALLARINES AL PESTO DE ORUGA

1 manojito y medio de oruga

250 g de tallarines frescos

2 tomates medianos maduros

1 diente muy pequeño de ajo

40 g de queso de oveja

6 cucharadas de aceite de oliva extra virgen

sal y pimienta negra

Poner a hervir el agua salada para cocer los tallarines. Entre tanto preparar el pesto. Mondar, lavar y escurrir la oruga en la centrifugadora. Introducir los tomates en agua hirviendo durante 10 segundos, pasarlos en seguida bajo el grifo de agua fría, pelarlos, cortarlos y picarlos no demasiado finos. Pasar la oruga por la picadora con el ajo y el queso de oveja y picarlo todo muy fino, pero sin homogenizar. Traspasar a un cuenco, mezclar el aceite con el tomate picado, pero sin su jugo. Rectificar de sal y moler una generosa cantidad de pimienta.
Cuando hierva el agua, echar los tallarines, mezclar y cocerlos *al dente* durante unos 3 minutos. Conservar una cucharonada del agua de cocción y escurrirlos. Ponerlos de nuevo en la olla, añadirles un poco de agua de cocción para ablandarlos, condimentar con el pesto y servir en seguida.

RAVIOLIS DE LECHUGA*

2 lechugas grandes

200 g de salchicha

200 g de carne de ternera en lonchitas

1 diente de ajo

50 g de jamón cocido

50 g de jamón crudo

algunas hojas de mejorana fresca.

5 cucharadas de parmesano rallado

1 yema de huevo

1 l de caldo de carne desgrasado (véase p. 37)

mantequilla

vinagre

sal y pimienta

Para acompañar

picatostes

Calentar el consomé. Poner al fuego una olla grande con agua y llevarla a ebullición. Pelar la lechuga y lavarla cuidadosamente. Elegir las hojas verdes

claras y de tamaño mediano, reservando las demasiado grandes o demasiado pequeñas: se deberían obtener 350 g de hojas utilizables.
Extender sobre la superficie de trabajo tres lienzos limpios, uno al lado de otro. Sumergir las hojas de lechuga una por una durante 30 segundos en agua hirviendo; extraerlas con una paleta de teflon y disponerlas sobre el lienzo bien extendidas, procurando que no se rompan ni se enrollen por los bordes.
Retirar la piel de la salchicha y sumergirla un par de minutos en agua caliente salada y acidulada con un poco de vinagre; escurrir y reservar. Freír ligeramente las tajadas de ternera en un poco de mantequilla con un diente de ajo; salpimentar y reservar. Cortar el jamón en tiras finas y pasarlo unos segundos por la picadora.
Añadir la salchicha, la carne de tenera y las hojas de mejorana, y picar fino, pero sin mezclarlo demasiado.
Pasarlo todo a un cuenco grande, amalgamar la yema de huevo y el queso parmesano y salpimentar. La pasta deberá quedar espesa y compacta. Doblar las hojas de lechuga de tal forma que la cara interior quede visible y depositar en el centro de cada una 1 o 2 cucharaditas de relleno según su tamaño. Doblar la base de la hoja hacia adentro para que cubra el relleno y doblar después los dos lados para cerrarla por completo, juntando bien los bordes para que los raviolis no se deshagan durante la cocción.
Colocarlos en una cazuela grande y baja en una sola capa, añadir un par de cucharonadas de consomé caliente, tapar y dejar cocer a fuego lento durante unos 5 minutos.
Dorar los picatostes en mantequilla a fuego lento para que queden secos y crujientes.
Pasar cuidadosamente los raviolis con una paleta de teflon a las bandejitas individuales en una sola capa. Distribuir por encima los picatostes, impregnados con el consomé caliente y servirlos inmediatamente a la mesa.

ÑOQUIS DE ORUGA AIMO Y NADIA

4 manojitos de oruga
500 g de patatas rojas
150 g de berros (peso neto)
1 cebollino
1 diente de ajo
1 manojo de hojas de albahaca
aceite de oliva
250 g de harina
3 huevos
nuez moscada
sal y pimienta blanca

Para el ragú de ensaladas

1 diente pequeño de ajo
1 zanahoria pequeña
1 tallo pequeño de apio verde
1 cebollino
1 manojito de perejil
1 manojito de albahaca
1 hoja de laurel
1 manojito de salvia
1 trozo de puerro
1 manojito de cerraja
1 manojito de oruga
1 manojito de lechuguilla
2 tomates maduros
aceite de oliva extra virgen
4 cucharadas de parmesano rallado
sal y pimienta

Receta para 6 personas. Lavar bien las patatas, cepillándolas bajo el grifo de agua fría y cocerlas con muy poca agua en la olla a vapor. Limpiar y lavar la oruga y los berros; introducirlos durante aproximadamente 1 minuto en agua hirvien-

do salada, escurrirlos, estrujarlos bien y picarlos finos.
Picar conjuntamente al ajo, algunas hojas de albahaca y el cebollino y dorarlos brevemente en 2 cucharadas de aceite. Añadir las verduras picadas, salpimentar ligeramente y rallar encima un poco de nuez moscada. Mezclar a fuego lento unos minutos, avivar ligeramente la llama y dejar que se seque un poco la mezcla. Pasarla por la picadora y reducirla a puré.
Cuando estén cocidas las patatas, pelarlas en seguida y pasarlas por el aplastapatatas, recogiéndolas en un cuenco grande. Mezclar con el puré de verduras, la harina pasada por el tamiz, 1 huevo entero y 2 yemas, sal, pimienta y nuez moscada. Hacer unas pelotas como de costumbre y extenderlas en una sola capa sobre un lienzo espolvoreado con harina.
Preparar el ragú. Picar conjuntamente el ajo, la zanahoria, el apio, el cebollino, el perejil y la albahaca; envolver en una gasa el laurel, la salvia y el puerro, que deberán retirarse al término de la cocción. Pelar, lavar y escurrir las lechugillas y picarlas. Pelar y cortar los tomates a trocitos. En una sartén grande, hacer un sofrito con la picada de hortalizas en 3 cucharadas de aceite durante unos diez minutos, removiendo a menudo. Añadir las lechugillas picadas y los tomates, la bolsita de gasa, sal y pimienta y dejar cocer durante 15 minutos.
Cocer los ñoquis en abundante agua salada hirviendo, recogerlos con una espumadera y dejarlos escurrir en la escurridera. Cuando estén todos cocidos, calentar el ragú, añadir los ñoquis y mezclar suavemente a fuego lento. Apagar el fuego, añadir abundante parmesano, mezclar y servir en platos calientes.

—•—

PANSOTTI EN SALSA DE NUECES*

500 g de preboggion (mezcla de hierbas de Liguria)
700 g de borraja y otras hierbas
2 huevos
1 diente pequeño de ajo
90 g de parmesano rallado
150 g de requesón
400 g de harina
0,3 dl de vino blanco
salsa de nueces (véase p. 66)
sal

Pelar y lavar cuidadosamente las verduras y las hierbas, cocerlas durante unos minutos en su propia agua en una olla destapada, dejarlas enfriar, estrujarlas bien y pasarlas por la picadora. Mezclarlas en un cuenco grande con los huevos ligeramente batidos, el ajo picado muy fino, 70 g de parmesano, el requesón y un poco de sal. Proteger la pasta y dejarla en el frigorífico mientras se preparan los ravioli.
Mezclar la harina con el vino, el agua y una pizca de sal. Extender con el rodillo un hojaldre grande y delgado sobre una superficie ligeramente enharinada y cortarlo en rectángulos iguales cuyo lado más largo deberá medir unos 7 cm aproximadamente. Depositar en el centro una cucharadita colmada de relleno, doblar la pasta sobre sí misma y cerrar los bordes. Repetir la operación hasta el agotamiento de los ingredientes.
Coger los pansotti en varias tandas de pocas piezas en abundante agua salada en ebullición durante unos minutos, escurrirlos y condimentarlos con salsa de nueces y el parmesano restante.

—•—

PIZZA DE ESCAROLA A LA NAPOLITANA*

2 escarolas grandes
20 g de levadura fresca
azúcar
500 g de harina

aceite de oliva

2 dientes de ajo majados

1 guindilla

15 aceitunas grandes o 12 más pequeñas deshuesadas

sal y pimienta

Disolver la levadura en un cuenco pequeño con 1 dcl de agua templada y una pizca de azúcar. Dejar fermentar durante unos diez minutos y, entre tanto, tamizar la harina con 1 cucharadita de sal sobre un cuenco grande, formar un hueco en el centro y verter en él el agua con la levadura y 2 cucharadas de aceite.
Amalgamar gradualmente con las manos y trabajar hasta obtener una pasta. Pasarla a una tabla de madera y seguir amasando enérgicamente hasta que quede muy suave. Formar una pelota, colocarla de nuevo en el cuenco, cubrir con un lienzo mojado con agua caliente y bien escurrido, y dejar fermentar durante 30 minutos en un lugar más bien templado y protegido.
Entre tanto, pelar y lavar la escarola y escurrirla cuidadosamente.
Calentar 2 cucharadas de aceite en una sartén grande, dorar en ella el ajo y desecharlo. Colocar en la sartén el pimiento desmenuzado, añadir la escarola con un poco de sal y pimienta y saltearla, removiendo durante unos minutos. Bajar la llama, tapar y dejar cocer a fuego lento durante unos diez minutos. Añadir las aceitunas deshuesadas y mezclar a fuego moderado para que se evapore el exceso de líquido. Rectificar de sal y retirar del fuego.
Precalentar el horno a 250 °C. Cuando la pasta esté bien fermentada, aplastarla formando un disco y estirarla al máximo con las manos.
Extenderla sobre una bandeja de horno bien untada de aceite de unos 30 × 40 cm, aplastarla con los nudillos de los dedos hasta que recubra los bordes del recipiente, eliminando lo que sobre. Colocar encima la escarola en una capa uniforme, regar con un hilillo de aceite de oliva y cocer en el horno durante 15 minutos aproximadamente. Retirar del horno y servir en seguida.

PIZZA DE ESCAROLA A LA PULLESA*

2 escarolas grandes

1,5 dl de caldo de carne (véase p. 37)

2 dientes de ajo

15 aceitunas grandes o 12 más pequeñas deshuesadas

2 cucharadas de alcaparras

2 cucharadas de pasas sultanas

3 cucharadas de piñones

500 g de harina

20 g de levadura fresca

mantequilla

aceite de oliva

azúcar

sal y pimienta

Hacer la pasta de la pizza tal como se indica en la receta anterior y, mientras fermenta, preparar el relleno. Pelar, lavar y cocer las hojas de escarola en el caldo a fuego lento y en una cacerola tapada durante unos 20 minutos, hasta que el líquido se absorba por entero. Calentar 2 cucharadas de aceite de oliva en una sartén, dorar el ajo majado y eliminarlo. Subir un poco la llama y añadir la escarola cocida sin escurrirlo. Subir un poco la llama y añadir la escarola cocida sin escurrirla, mezclar y freír a fuego lento durante 5 minutos. Salpimentar ligeramente y añadir las aceitunas deshuesadas, las alcaparras y las pasas sultanas. Mezclar, tapar y dejar cocer a fuego lento otros 5 minutos.
Tostar los piñones durante un par de minutos en una sartén antiadherente ligeramente untada de mantequilla hasta que adquieran un poco de color y queden crujientes. Mezclarlos con la escarola y retirar en seguida del fuego.
Precalentar el horno a 180 °C. Dividir la pasta fermentada en dos partes iguales, aplanarla con las manos hasta formar dos discos. Estirar uno de ellos hasta que alcance un diámetro de unos 30 cm; extenderlo en una bandeja de horno bien untada de aceite de unos 26 cm de anchura y unos

4 cm de altura; aplanarlo con los nudillos de los dedos para que cubra el fondo y los lados del recipiente, cortando las partes sobrantes. Untar la superficie con un poco de aceite. Rectificar la escarola de sal y pimienta y disponerla en la bandeja en una capa uniforme. Regar con un hilillo de aceite. Formar el segundo disco de pasta, más pequeño que el anterior, y superponerlo a la preparación, doblando el borde alrededor y cerrándolo con la punta de un tenedor. Untar la superficie con un poco de aceite y cocer en el horno durante unos 30 minutos hasta que la pizza se dore. Servirla caliente o templada.

—•—

LASAÑITAS GRATINADAS A LA ACHICORIA*

Para el caldo de pollo

1 pollo de aproximadamente 1,5 kg

1 puerro

2 clavos de especias

1 tallo de apio

1 nabo pequeño

1 zanahoria

tallos de perejil

mondadura de tomate

1 ramita de tomillo

1 hoja de laurel

sal y pimienta en grano

Para las crêpes (véase p. 36)

Para el relleno

1 nabo

2 achicorias

1 cebolla mediana

30 g de mantequilla

1 pollo deshuesado (véase más arriba caldo de pollo)

2 dl de salsa ligera a la nata (véase más abajo)

1,5 de jugo de asado o de carne

sal y pimienta

Para la salsa ligera a la nata

60 g de mantequilla

60 g de harina

1,2 dl de caldo desgrasado

1 dl de nata

nuez moscada

sal y pimienta blanca

Para condimentar

jugo de carne

150 g de queso emmental en lonchitas finas

150 g de parmesano rallado no muy fino

copos de mantequilla

Receta para 8 o 10 personas. El día anterior, cocer el pollo, deshuesarlo y preparar las crêpes. Colocar el pollo en una cacerola grande con 1,6 l de agua, una pizca de sal, el puerro embuchado con 2 clavos de especias y todos los restantes ingredientes del caldo. Tapar y llevar a ebullición a fuego lento. Subir la llama y hervir a fuego moderado durante media hora aproximadamente, espumando la superficie. Cuando el pollo esté cocido, pasarlo a una tabla de madera y dejarlo enfriar antes de deshuesarlo. Filtrar el caldo, colocarlo en la nevera y dejarlo en reposo una noche. Guardar también la carne de pollo.
Preparar la pasta de las crêpes tal como se describe en la p. 36 y ponerla en la nevera durante 6 horas antes de proceder a la cocción. Hacer unas crêpes no demasiado delgadas, utilizando una sartén grande antiadherente del mismo diámetro (aproximadamente 24 cm) que las bandejas de horno que se utilizarán para gratinarlas. Cuando estén cocidas por un lado, separar los bordes con la paleta de teflon y, con la misma paleta, darles rápidamente la vuelta, procurando que no se rompan. Se obtendrán aproximadamente unas diez, 8 de las cuales deberán quedar intactas para poderlas usar. Apilarlas sobre un plato, dejarlas enfriar, envolverlas en película transparente y guardarlas en la nevera.

Al día siguiente, eliminar la capa de grasa que se había formado en la superficie del caldo y filtrarlo de nuevo con una gasa o un colador de malla muy fina. Medir 1,2 dl, rectificar de sal y calentar. Precalentar el horno a 200 °C. Cortar la carne de pollo a la juliana (véase p. 24). Pelar la achicoria, lavarla, escurrirla y cortarla en chiffonade (véase p. 24). Picar la cebolla y dorarla con 30 g de mantequilla en una cacerola grande. Añadir la achicoria, salar ligeramente y freírla a fuego moderado, removiendo durante unos cuantos minutos. Añadir una cucharonada de caldo frío, tapar y dejar cocer a fuego lento durante 5 minutos hasta que el caldo se evapore y la achicoria se ablande. Retirar del fuego y amalgamar con la carne de pollo. Preparar la salsa ligera a la nata, tostando 60 g de harina en 60 g de mantequilla y vertiendo después todo el caldo hirviente de una sola vez fuera del fuego y mezclando con una espátula. Volver a poner sobre el fuego y dejar hervir muy despacio durante unos minutos hasta conseguir una consistencia suave. Añadir la nata, rectificar de sal y pimienta y rallar un poco de nuez moscada. Dejar consumir durante un par de minutos más y retirar del fuego. Mezclar aproximadamente 2 dl con el relleno de pollo y achicoria.
Si no se dispone de jugo de asado sobrante, preparar el jugo de carne (véase p. 38).
Untar con mantequilla dos bandejas de horno redondas de 24 cm de diámetro aproximadamente o bien 2 bandejas ovaladas, en cuyo caso se deberán adaptar las crêpes recortando sus bordes y acercándolos a los costados para que cubran por entero el fondo de la bandeja. Distribuir las crêpes en 2 montones de 4, y dividir la salsa, el relleno y los quesos en 2 partes iguales. Verter en el fondo de cada bandeja una fina capa de salsa ligera y recubrirlo con una crêpe. Verter otra capa de salsa ligera y regar con un hilillo de jugo de carne. Colocar encima un tercio del relleno en una capa uniforme que llegue hasta 2 cm del borde. Distribuir encima una cuarta parte de los quesos y cubrir con una segunda crêpe. Verter otra capa de salsa ligera, regar con un hilillo de jugo de carne, colocar otro tercio del relleno, repartir otra cuarta parte de los quesos y cubrir con una tercera crêpe. Repetir la operación una vez más y cubrir el relleno restante con la última crêpe. Cubrir las dos preparaciones con una buena capa de salsa ligera, extender encima los quesos y regar con finos hilillos transversales de jugo de carne, bien separados unos de otros, primero en un sentido y después en otro, de tal manera que se formen unos rombos. Colocar copitos de mantequilla en el centro de los rombos, poner en el horno y gratinar durante unos 15 minutos hasta que la salsa empiece a hervir y la superficie se dore ligeramente. Dejar unos minutos en reposo y servir.

LECHUGAS RELLENAS

2-3 lechugas
200 g de pechuga de pollo
2 rebanadas de pan de molde
2 dl de leche
1 puñado de setas secas
50 g de jamón cocido
50 g de mortadela
1 diente de ajo
algunas hojas de mejorana
100 g de requesón
50 g de parmesano rallado
3 huevos
4 dcl de salsa de tomate ligera
aceite
sal y pimienta

Poner al fuego una olla grande con agua salada y llevar a ebullición. Pelar la lechuga y lavarla cuidadosamente. Elegir las hojas más grandes (incluso las verdes exteriores, siempre y cuando estén enteras), reservando las medianas y las pequeñas. Se deberían obtener aproximadamente 500 g o 20 hojas utilizables. Extender sobre la superficie de trabajo 3 o 4 lienzos limpios, uno al lado de otro. Sumergir las hojas de lechuga de una en una en agua hirviendo durante unos 30 segundos; sacar-

las con la paleta de teflon y extenderlas sobre el lienzo, procurando que no se rompan y que no se enrollen los bordes.
Freír la pechuga de pollo en un poco de aceite; salpimentar, cortar en tiritas y reservar. Poner el pan de molde a remojar en leche, estrujarlo y reservar. Remojar las setas secas en agua templada, estrujarlas y reservar. Cortar el jamón y la mortadela en tiritas y pasarlos brevemente por la picadora junto con el pollo, las setas, el diente de ajo y la mejorana, procurando no mezclar demasiado la pasta. Pasarlo todo en un cuenco grande y amalgamar con el requesón, los huevos, el parmesano y el pan bien escurrido. Salpimentar.
Disponer las hojas de lechuga con el lado interior hacia arriba y depositar en el centro de cada una de ellas 1 o 2 cucharadas de relleno, según su tamaño. Doblar la base de la hoja hacia adentro para que cubra el relleno y doblar después los dos lados para que lo cubran por completo, juntando bien los bordes para que no se deshagan durante la cocción. Verter la mitad de la salsa de tomate en una cacerola grande, colocar en ella una sola capa de hojas de lechuga rellenas y regar con el resto de la salsa. Tapar y dejar cocer a fuego lento no más de 6 minutos para que la lechuga conserve su consistencia. Sacar los rollitos con la paleta de teflon y depositarlos en los platos individuales, regándolos con su salsa. Servirlos calientes, pero no hirviendo.

—•—

PASTEL DE ENDIBIA BELGA CON SALSA DE TOMATE

1 kg de endibias belgas
60 g de jamón crudo en lonchas
2 huevos
2 chalotes grandes picados
5 dl de leche
2 dl de salsa ligera (véase p. 36)
30 g de parmesano rallado
20 g de emmental rallado
30 g de mantequilla
1 cucharada de aceite de oliva
pan rallado
sal y pimienta blanca

Para la salsa de tomate

2 dientes de ajo
1 ramita de tomillo
50 g de tomates pelados
vino blanco
azúcar
orégano
1 cucharada de aceite de oliva
sal y pimienta

Precalentar el horno a 180 °C, untar un molde de soufflé de 1,2 l de capacidad y espolvorear su interior con pan rallado.
Poner a calentar abundante agua salada para sumergir en ella las endibias. Pelar las endibias, arrancando las hojas, lavarlas, escurrirlas y sumergirlas durante 5 minutos en el agua hirviendo. Escurrirlas con cuidado.
Cortar el jamón a la juliana (véase p. 24). Calentar en una sartén grande antiadherente 30 g de mantequilla con una cucharadita de aceite y dorar los chalotes durante 5 minutos. Añadir el jamón crudo, freír a fuego lento unos segundos y añadir las endibias belgas. Darles un poco de sabor removiendo por espacio de un minuto, avivar un poco el fuego y verter poco a poco la leche. Amalgamar y dejar cocer a fuego lento sin tapar durante unos veinte minutos, removiendo a menudo hasta obtener una pasta densa y cremosa. Salpimentar ligeramente.
Preparar la salsa ligera, procurando que quede más bien espesa. Amalgamar en ella las yemas de los huevos y los dos quesos y pasarlo todo a un cuenco grande, añadiendo la crema de endibias belgas. Rectificar de sal y pimienta.

En un cuenco aparte montar las claras de huevo a punto de nieve con una pizca de sal e incorporarlas a la pasta con una paleta mediante rápidos movimientos sincopados, sin mezclar.
Calentar 3 dedos de agua en una olla de acero inoxidable lo bastante grande como para contener el molde de soufflé. Verter la pasta en el molde, nivelar la superficie con una espátula y espolvorear con pan rallado. Cuando el agua de la olla alcance la ebullición, retirar del fuego, introducir en ella el molde con mucho cuidado, procurando que quede sumergido hasta un poco más de la mitad y cocer en el horno durante unos 40 minutos.
Entre tanto, preparar la salsa de tomate ligera: dorar 2 dientes de ajo en una cucharada de aceite de oliva junto con una ramita de tomillo. Añadir los tomates pelados con una pizca de azúcar y media cucharadita de sal y una rociada de vino blanco. Tapar y cocer a fuego lento durante 20 minutos. Retirar el tomillo y el ajo y batir con una batidora de inmersión. Rectificar de sal, pimentar, añadir 1 dcl de agua y una pizca de orégano y cocer destapado durante un minuto más, sin dejar de remover. La salsa deberá quedar más bien líquida.
Una vez retirado el molde del horno, dejarlo en reposo 5 minutos antes de pasar la hoja de un cuchillo por los bordes y vaciarlo sobre el plato de servir caliente. Verter un poco de salsa y, si se desea, adornarlo en el centro con un ramito de albahaca. Servir con la salsa de tomate aparte.

ESCAROLA Y JUDÍAS

800 g de escarola

500 g de judías secas

2 dientes de ajo sin pelar

2 hojas de salvia

1 cucharadita de bicarbonato

aceite de oliva extra virgen

sal y pimienta

Receta para 6 personas. La víspera poner en remojo las judías en abundante agua fría con el bicarbonato y dejarlas toda la noche. Escurrirlas, medir el volumen en un recipiente y colocarlas en una olla de barro con dos partes de agua. Añadir el ajo y la salvia, tapar y llevar a ebullición a fuego lento.
Cocer muy suavemente durante 2 horas y 30 minutos aproximadamente hasta que las judías estén tiernas, espumando la superficie de vez en cuando. A media cocción, añadir 2 cucharaditas de sal y una cucharada de aceite. Al término de la cocción, retirar la salvia y las mondas del ajo y rectificar de sal.
Pelar la escarola, lavar las hojas en abundante agua fría y sumergirla durante un par de minutos en agua salada hirviendo. Escurrirla y repartirla en las bandejitas individuales, echarle encima un par de cucharonadas de judías y aliñar con un hilillo de aceite y pimienta recién molida. Servir templado.

ACHICORIA A LA PARRILLA CON BACON Y REQUESÓN

4 achicorias

8 lonchas de bacon ahumado

250 g de requesón fresco

1 yema de huevo

5 g de ajo moruno

30 g de queso de oveja fresco

70 g de mantequilla

0,5 dl de aceite de oliva extra virgen

sal y pimienta

Precalentar el horno a 200 °C y preparar la parrilla. Pelar las achicorias, cortarlas por la mitad en sentido longitudinal, lavarlas y escurrirlas con cuidado. Colocarlas una al lado de otra en una bandeja baja de horno, salpimentar y regar con aceite de oliva.

Pasar el requesón por el tamiz, trabajarlo con una cuchara de madera junto con la yema de huevo, el ajo moruno cortado en pequeños segmentos, el queso de oveja rallado, la sal y la pimienta. Con la ayuda de una cuchara formar unos albondigones alargados y disponerlos en un plato.
Alinear las lonchas de bacon en una bandeja y dejarlas unos minutos bajo la parrilla del horno hasta que se doren, queden crujientes y pierdan la grasa. Cocer las achicorias en una parrilla antiadherente muy caliente por espacio de unos minutos, dándoles la vuelta a media cocción, y dejarlas después 5 minutos en una bandeja en el horno caliente.
En una bandeja de horno baja de servir, alinear dos achicorias dobladas por la mitad, colocar encima una loncha de bacon y dos albondigones al lado, y repetir la operación hasta agotar los ingredientes. Dejar la bandeja en el horno un par de minutos; derretir la mantequilla en una olla pequeña y regar los albondigones con requesón. Servir en seguida en platos calientes.

—•—

REMOLACHAS AL GRATÉN

600 g de remolachas de nervadura
60 g de champiñones
50 g de mantequilla
1 cucharada de aceite
1 chalote grande picado
media cucharada de perejil picado
4 dcl de bechamel (véase p. 36) o de salsa ligera (véase p. 36)
2 yemas de huevo
40 g de emmental rallado
4 cucharadas de pan de molde rallado
6 cucharadas de parmesano rallado
sal y pimienta

Precalentar el horno a 200 °C. Poner a hervir abundante agua salada. Pelar las remolachas, reservando la parte verde para otros platos, lavarlas y cortarlas en trocitos de unos 6 cm. Hervirlas en el agua salada durante unos 15-20 minutos y escurrirlas: deberán quedar tiernas, pero conservar cierta consistencia.
Pelar y lavar los champiñones, picarlos muy finos y estrujarlos con un lienzo limpio para extraer todo el líquido. Calentar en una sartén pequeña antiadherente 10 g de mantequilla y 1 cucharada de aceite, freír el chalote y sofreír brevemente los champiñones sin dejar de remover. Salpimentar y espolvorear con perejil.
Preparar una bechamel o una salsa ligera, dejándola más bien líquida. En cuanto alcance una consistencia cremosa, retirarla del fuego y, batiendo con una espátula, incorporar poco a poco las dos yemas de huevo, el queso y los champiñones. Verter una fina capa de salsa en una bandeja de horno ancha y baja, colocar en ella las remolachas ligeramente superpuestas unas encima de otras y regar con la salsa restante. Freír durante unos segundos la miga de pan rallado en 20 g de mantequilla, dejar enfriar, amalgamar con el parmesano y verter sobre la preparación. Derretir los 20 g de mantequilla restantes y regar. Gratinar al horno durante unos diez minutos hasta que la superficie quede dorada y crujiente.

—•—

GRATÉN DE HINOJOS

800 g de hinojos
2 lechugas
2 cucharadas de harina
50 g de mantequilla
4 dl de leche
80 g de parmesano rallado
1 yema de huevo
pan rallado
nuez moscada
sal y pimienta

Precalentar el horno a 200 °C. Limpiar la lechuga, cortarla en cuartos y hervirla 5 minutos en agua salada. Escurrir y reservar. Limpiar los hinojos, cortarlos en gajos finos y hervirlos durante 15 minutos en agua salada. Escurrir y reservar. Preparar una bechamel con 2 cucharadas de harina, 30 g de mantequilla y 4 dl de leche hirviente (véase procedimiento en p. 36); condimentar con un poco de sal, pimienta y nuez moscada. Retirar del fuego y amalgamar con la mitad del parmesano y la yema de huevo, batiendo con la espátula. Rectificar de sal.
Untar con mantequilla una bandeja ovalada de horno y disponer las verduras en tiras alternas en una sola capa. Cubrir uniformemente con la bechamel y espolvorear con el parmesano restante y un poco de pan rallado. Distribuir la mantequilla restante en copos.
Cocer en el horno durante 20 minutos, poniendo en marcha el grill durante los últimos 3 minutos de cocción para que se forme una ligera costra dorada.

—•—

PASTEL DE ESPINACAS, ALCACHOFAS E HINOJOS

600 g de espinacas

300 g de alcachofas

500 g de hinojos

2 dl de caldo

400 g de requesón

100 g de mascarpone

800 g de parmesano rallado

2 huevos

300 g de pasta de hojaldre congelada

150 g de queso tierno de oveja en lonchas finas

1 manojito de ajo moruno

2 dientes de ajo

aceite

nuez moscada

sal y pimienta

Para la salsa de alcachofas

2 chalotes grandes picados

4 corazones de alcachofa cortados

1 ramita de tomillo

20 g de mantequilla

aceite de oliva

1,5 l de caldo

1 dl de nata

zumo de limón

sal y pimienta

Receta para 10-12 personas. Precalentar el horno a 220 °C. Poner a calentar abundante agua salada en una olla grande. Pelar las espinacas (reservando los tallos coriáceos y la base de las plantitas para otras preparaciones) y lavar repetidamente las hojas con agua fría. Escurrirlas (se utilizarán aproximadamente 350 g) y sumergirlas en agua hirviendo durante 2 minutos. Escurrirlas, estrujarlas y pasarlas por la sartén con 2 cucharadas de aceite y 1 diente de ajo. Freírlas un momento para que tomen sabor y dejarlas enfriar.
Pelar las alcachofas, utilizando sólo la parte tierna. Lavarlas, secarlas primero en cuartos y después en trozos más pequeños en sentido longitudinal. Pasarlas también por la sartén con 2 cucharadas de aceite y 1 diente de ajo, salarlas ligeramente y dejar que tomen sabor durante 7 minutos con la sartén tapada, añadiendo un poco de agua. Escurrirlas y reservarlas.
Pelar los hinojos, lavarlos y cortarlos en sentido longitudinal y después a la juliana (véase p. 24). Estofarlos durante unos diez minutos con un poco de caldo en una sartén tapada hasta que queden tiernos. En un cuenco amalgamar el requesón, el mascarpone y el parmesano rallado con la yema de un huevo, un poco de sal, nuez moscada, pimienta y ajo moruno.
Extender el hojaldre congelado hasta conseguir un disco de unos 4 mm de grosor y unos 34 cm de diámetro. Forrar con él una bandeja de 26 cm de diámetro, dejando que la pasta sobrante sobre-

salga por los bordes. Extender una capa de relleno y disponer encima de ella las espinacas. Distribuir por encima las lonchitas de queso de oveja, cubrir con una capa de alcachofas, otra capa de queso de oveja, una capa de hinojos y el relleno restante. Extender con el rodillo un disco de hojaldre de 26 cm de diámetro (el mismo que el de la bandeja) y cubrir el relleno. Doblar sobre sus bordes la pasta del disco inferior y cerrarla bien todo alrededor con la punta de un tenedor. Pincelar con huevo batido. Cocer al horno durante 20-25 minutos.
Entre tanto, preparar la salsa de alcachofas. Dorar el chalote en la mantequilla con 1 cucharada de aceite durante 5 minutos, amalgamar las alcachofas y el tomillo y freír suavemente durante 5 minutos sin dejar de remover. Añadir el caldo, tapar y estofar a fuego lento durante 15 minutos. Retirar el tomillo y reducirlo todo a puré con una batidora de inmersión. Diluir la nata, salpimentar y acidular con unas gotas de limón.

ENSALADA DE HINOJOS Y ESPINACAS CON MEDALLONES DE TERNERA Y REQUESÓN

2 hinojos
200 g de espinacas tiernas (peso neto)
500 g de bistecs de tenera
300 g de requesón
30 g de ajo moruno
sal y pimienta
Para la salsa mostaza
2 dl de aceite de oliva extra virgen
1 limón grande
1 cucharadita y media de mostaza de Dijon
2 cucharadas de perejil picado
sal y pimienta blanca

Receta para 8 personas. Hacer cortar en la carnicería unos bistecs muy finos de ternera. Seleccionar los brotes más tiernos de las espinacas, de tal modo que se obtengan 200 g netos. Lavarlas repetidamente en agua fría y escurrirlas en la escurridera.
Pelar los hinojos, lavarlos y cortarlos en trozos longitudinales. Pasar el requesón por el tamiz, trabajarlo con un poco de sal y pimienta y amalgamar la hierba cebollera cortada en minúsculos segmentos. Extender un bistec sobre una tabla de madera, colocarle encima una capa de requesón, superponer otro bistec y enrollar. Repetir la operación hasta el agotamiento de los ingredientes; alinear los rollitos en una bandeja, sellarlos con película transparente adhesiva y dejarlos unos diez minutos en el frigorífico para poder cortarlos con más facilidad.
Preparar la salsa disolviendo la mostaza, la sal y la pimienta en el zumo de limón y emulsionar el aceite con la mezcla, utilizando una espátula. Añadir el perejil y mezclar.
Cortar los trozos de hinojo en sentido longitudinal en rajas muy finas y sazonarlos en un cuenco aparte con un poco de salsa citronette. Sacar los rodillos de carne del frigorífico y cortarlos en rodajas de aproximadamente un dedo de grosor, usando a ser posible un cuchillo eléctrico o bien un cuchillo de cocina muy afilado. Disponer los medallones de carne y requesón alrededor de las verduras, regar con un hilillo de aceite y espolvorear con un poco de pimienta blanca. Servir en seguida.

SOUFFLÉ DE ESPINACAS*

200 g de hojas de espinacas (peso neto)
1 chalote grande
50 g de mantequilla
60 g de jamón cocido
2,5 dl de leche
45 g de harina
5 huevos
media cucharada de crémor tártaro

60 g de queso emmental rallado

2 cucharadas de parmesano rallado

nuez moscada

sal y pimienta

Para acompañar

salsa muselina (véase p. 107)

Precalentar el horno a 200 °C. Lavar cuidadosamente las espinacas dejarlas cocer en su propia agua en una olla destapada durante unos minutos, esperar a que se enfríen, estrujarlas bien con las manos y picarlas muy finas.
Freír el chalote en 15 g de mantequilla, en una sartén antiadherente, durante un par de minutos, añadir el jamón y freírlo otro par de minutos. Incorporar las espinacas picadas, salar ligeramente y mezclar a fuego lento durante unos minutos hasta que se sequen por completo. Retirar del fuego y reservar.
Preparar la base para el soufflé. Calentar la leche, disolver 30 g de mantequilla en una olla pequeña y tostar en ella la harina durante un par de minutos a fuego lento. Retirar del fuego y verter la leche hirviendo toda de una vez. Batir enérgicamente con una espátula para que no se formen grumos. Volver a poner a fuego moderado y, sin dejar de remover, cocer la bechamel 1 o 2 minutos hasta que adquiera una consistencia muy espesa.
Retirar del fuego, salpimentar y rallar encima un poco de nuez moscada. Romper 4 huevos y separar las yemas de las claras. Añadir poco a poco las yemas a la bechamel, removiendo con la espátula. Incorporar las espinacas con el jamón y rectificar de sal. Esta preparación se puede hacer de antemano.
Añadir una clara de huevo a las anteriores y montarlas a punto de nieve, incorporando el crémor tártaro en cuanto empiecen a formar un poco de espuma. Añadir ¼ de los huevos montados a la base del soufflé junto con el emmental rallado; reservar una cucharada para espolvorear la superficie del soufflé. Incorporar los restantes ¾ de las claras con una paleta, levantando la bechamel con movimientos rápidos, pero sin mezclar, ya que, de lo contrario, la preparación se desinflaría.

Untar con mantequilla un molde de soufflé de 1,2 l de capacidad, espolvorear su interior con el parmesano rallado y verter la pasta. Aplanar la superficie con la paleta, espolvorearla con el emmental previamente reservado y colocar en el horno. Bajar en seguida la temperatura del horno a 190 °C y cocer sin volver a abrir la portezuela durante 25-30 minutos, hasta que el soufflé se haya esponjado y haya adquirido color. Servir en seguida con salsa muselina.

ESPINACAS, HUEVOS Y CERDO AL JENGIBRE

200 g de espinacas

4 huevos

120 g de lonjitas muy finas de carne de cerdo

1 cucharada y media de maizena

1 cucharada y media de saké o Martini dry

60 g de orejas de Judas u otras setas frescas

60 g de brotes de bambú en conserva

1 lonja de 1 cm de grosor de jengibre fresco

1 puerro pequeño

1 cucharada y media de salsa de soja

1 cucharada de azúcar

2 cucharadas de caldo

6 cucharadas de aceite de semillas

vinagre

glutamato

levadura en polvo

sal y pimienta

Para acompañar

arroz al vapor (véase p. 126)

Preparar en primer lugar el adobo de la carne. Mezclar en un cuenco medio huevo ligeramente batido con una pizca de sal, pimienta, levadura

en polvo, glutamato, 1 cucharada de maizena y 1 cucharadita de saké o Martini dry.
Cortar las lonjitas de cerdo a la juliana (véase p. 24), mezclarlas cuidadosamente con el adobo y dejar en reposo unos diez minutos.
Pelar las espinacas, conservando únicamente las hojas, lavarlas y escurrirlas bien. Cortarlas por la mitad a lo largo de la vena central.
Pelar y lavar las setas y secarlas con papel de cocina. Cortar las setas y los brotes de bambú a la juliana. Mondar el jengibre y el porro, conservando tan sólo el corazón tierno. Picar conjuntamente muy finos el jengibre y el puerro. Añadir otros 3 huevos al medio huevo restante, incorporar un poco de sal y el glutamato y batir unos segundos.
Preparar la salsa para el condimento final. Disolver media cucharada de maizena en 1 cucharada de agua fría y añadirle en un cuendo 1 cucharada y media de salsa de soja, 1 cucharada de saké o de Martini dry, 1 cucharada de vinagre, 1 cucharada de azúcar, 2 cucharadas de caldo y una pizca de glutamato.
Veinte minutos antes de servir a la mesa, cocer el arroz al vapor (véase p. 126) y dejarlo en reposo mientras se procede a la cocción.
Calentar en un wok 5 cucharadas de aceite de semillas. Calentar una bandeja de servir y tenerlo a mano. Cuando el aceite esté muy caliente saltear en él la carne de cerdo con el bambú durante 1 minuto y ½, procurando separar con la paleta las tiritas de carne que se peguen. Recoger con una espumadera y pasarlo a la bandeja calentada.
Añadir otra cucharada de aceite al wok y, cuando esté caliente, pero no hirviendo, echar los huevos y freírlos unos segundos hasta que se hinche y condense la clara, sacarlos en seguida con la espumadera, escurrirlos bien y colocarlos sobre la carne de cerdo y los brotes de bambú.
En el aceite restante saltear durante ½ minuto el puerro y el jengibre. Incorporar las espinacas, saltearlas medio minuto y añadir la salsa, removiendo otro medio minuto hasta que hierva y se condense. Añadir todo el contenido de la bandeja de servir, amalgamar unos segundos y servir en seguida, con arroz al vapor.

HOJALDRE DE ESPINACAS A LA GRIEGA*

Spanakopita

600 g de espinacas (peso neto)
2 cebollas medianas
3 cucharadas de eneldo picado
3 cucharadas de perejil picado
250 g de queso fresco
5 huevos
5 cucharadas de nata
2 hojas de 250 g cada una de pasta de hojaldre congelada
4 cucharadas de aceite de oliva
sal y pimienta

Receta para 8 personas. Precalentar el horno a 200° C. Lavar cuidadosamente las espinacas y dejarlas cocer en su propia agua en una olla destapada durante unos minutos. Dejarlas enfriar, estrujarlas bien con las manos y picarlas muy finas. Picar muy finos y por separado las cebollas, el eneldo, el perejil y el queso fresco. Batir ligeramente los huevos en un cuenco grande con un poco de sal y pimienta recién molida.
Calentar 4 cucharadas de aceite en una cacerola y dorar la cebolla. Añadir las espinacas picadas, salarlas, mezclarlas y cocerlas tapadas durante 5 minutos a fuego lento. Incorporar el eneldo y el perejil y dejar consumir, mezclando a fuego moderado durante un par de minutos para eliminar el exceso de líquido. Verter la nata, mezclar y dejar templar. Amalgamar las espinacas con los huevos y el queso, rectificar de sal y pimentar.
Extender la una después de la otra las hojas de hojaldre con el rodillo sobre una superficie ligeramente enharinada, agrandándolas un poco. Extender una hoja sobre la placa del horno y cortarla lontitudinalmente por la mitad. Verter la mitad del relleno sobre la mitad y superponer la otra, sellando bien los bordes con la punta de un tenedor para que no sobresalga el relleno durante la cocción. Repetir la operación con la segun-

da hoja de pasta. Batir en un cuenco pequeño el huevo restante y pincelar los hojaldres.
Cocer en el horno durante unos 20 minutos.

—•—

BERZAS CON ESPECIAS A LA HINDÚ
Masala Gobhi

500 g de berzas

1 patata pequeña

3 dientes de ajo

1-2 pimientos verdes pequeños picantes

1 trozo de jengibre fresco de 2 cm

1 cucharadita de semillas de comino

1 cucharadita de semillas de cilantro

media cucharadita de semillas de mostaza negra

3 cucharadas de cilantro fresco picado

5 cucharadas de ghee o de mantequilla clarificada (véase p. 37)

Para los chapati o pan hindú

250 g de harina integral

100 g de harina blanca

1 cucharada de ghee o de mantequilla clarificada (véase p. 37)

Receta para 6 personas. Pelar las berzas y cortarlas en tiritas o en chiffonade (véase p. 24). Mondar las patatas y las cebollas y picarlas gruesas. Picar los pimientos verdes. Pelar el jengibre y picarlo.
Pulverizar en la picadora 1 cucharada de semillas de cilantro, 1 cucharada rasa de semillas de comino y 2 guindillas. Pasarlos por el tamiz y recogerlo todo en un cuenco, incorporando el polvo de mango.
Calentar 2 cucharadas de mantequilla clarificada en una cacerola grande y sofreír en ella durante unos pocos segundos las semillas de coriandro y las de comino, procurando que no se quemen. Añadir los pimientos verdes picados y el jengibre picado y sofreír durante 30 segundos, mezclando con una cuchara de madera. Añadir las especias en polvo, sofreír unos segundos e incorporar todas las verduras.
Amalgamar, bajar la llama, tapar y cocer a fuego lento durante unos 25 minutos hasta que las verduras estén tiernas pero conservando la consistencia. Durante la cocción, remover de vez en cuando y, si fuera necesario, añadir un poco de agua o caldo. Salar, amalgamar, espolvorear con coriandro fresco picado.
Entre tanto, preparar el chapati o pan hindú. Tamizar las dos harinas en una cacerola grande. Formar un hueco en el centro y verter en él el ghee y 1,7 dl de agua templada. Amasar con las manos hasta obtener una pasta suave y trabajarla durante 6 minutos. Cubrir con un lienzo mojado y bien escurrido y dejar en reposo 30 minutos. Amasar de nuevo y subdividir en 15 pelotitas iguales. Aplanarlas con las manos, formando unas pequeñas hogazas redondas y extenderlas después con el rodillo sobre una superficie ligeramente enharinada hasta obtener un disco delgado de unos 14 cm de diámetro. Como alternativa, se pueden extender los discos de pasta, volteándolos y estirándolos con las manos enharinadas. Lo importante es cocerlos en seguida a medida que estén listos, sin dejarlos secar.
Calentar al máximo una placa o una sartén muy grande de hierro colado. Tomar un chapati, sacudir el exceso de harina y cocerlo 1 minuto por un lado. Darle la vuelta y cocerlo medio minuto por el otro lado. Levantarlo y colocarlo un momento directamente sobre la llama baja: se hinchará inmediatamente. Repetir la operación por el otro lado.
Amontonar los chapati sobre un lienzo y envolverlos para que conserven el calor. Servirlos en seguida.
En caso de emergencia, se pueden volver a calentar envueltos herméticamente en una hoja de aluminio durante unos 10 minutos en el horno a 220 °C, aunque es preferible consumirlos recién hechos.

ROLLITOS DE BERZAS A LA MILANESA

1 berza grande
300 g de carne de cerdo asada, picada
100 g de jamón cocido picado
80 g de salami crudo picado
50 g de parmesano rallado
1 huevo
1 diente de ajo picado
2 cucharadas de perejil picado
2 cucharadas de bechamel (véase p. 36)
1 cebolla pequeña picada
40 g de bacon picado
nuez moscada
3 hojas de salvia
1 dcl de vino blanco
mantequilla
sal y pimienta

Separar las hojas más grandes de la berza y sumergirlas de una en una en abundante agua salada hirviente durante 2 minutos. Extenderlas boca abajo sobre una tabla de madera y eliminar la nervadura coriácea central con un cuchillo. Repetir la operación hasta obtener unas treinta hojas aproximadamente.

En un cuenco grande amalgamar los ingredientes del relleno: la carne asada de cerdo, el jamón, el salami, el parmesano, el perejil, el ajo, 1 huevo y la bechamel, procurando que quede bastante blando y añadiendo, en caso necesario, un poco más de bechamel. Sazonar con sal, pimienta y nuez moscada. Formar con las manos unas croquetas alargadas y envolverlas por entero en las hojas de berza, utilizando incluso dos en caso necesario. Cerrarlas de un extremo al otro con un palillo.

Freír en una sartén grande la cebolla con el bacon y 3 hojas de salvia. Incorporar los rollitos en una sola capa y freírlos a fuego moderado, dándoles cuidadosamente la vuelta con la paleta de teflon durante unos minutos hasta que tomen color por ambos lados. Apagar con 1 dcl de vino blanco, bajar la llama, tapar y estofar a fuego lento durante aproximadamente media hora hasta que los rollitos estén muy tiernos. Servir, si se desea, con puré de patatas.

—•—

COLIFLOR A LA FU-YUNG

500 g de cabezuelas de coliflor peladas
120 g de pechuga de pollo picada
1 cucharada de harina
media cucharadita de glutamato monosódico
2 claras de huevo
1,5 dcl de caldo de pollo
aceite de semillas
sal y pimienta
2 lonchas de jamón cocido
2 cebollinos
Para acompañar
arroz al vapor (véase p. 126)

Poner a hervir abundante agua salada para la coliflor. Pelarla y cortarla en cabezuelas. Lavarla y sumergirla durante 5 minutos en el agua en ebullición. Escurrirla y dejarla enfriar. Amalgamar en un cuenco el pollo picado con una cucharadita rasa de sal, la harina, el glutamato, las claras de huevo y el caldo.

Calentar en un wok 3 cucharadas de aceite de semillas y saltear en él durante 2 minutos las cabezuelas de coliflor, salándolas ligeramente. Recogerlas con la espumadera y pasarlas a un cuenco caliente.

Verter la mezcla de pollo en el aceite que haya quedado y remover a fuego medio durante un par de minutos hasta que se condense y se convierta en crema. Echar nuevamente en la olla la coliflor, bajar la llama y amalgamar, removiendo por espacio de 1 o 2 minutos. Traspasar a la bandeja de servir caliente y adornar con el jamón y el verde de los cebollinos cortados a la juliana (véase p. 24). Servir con arroz al vapor.

COLIFLOR A LA POLACA*

1 coliflor mediana
2 cucharadas de perejil picado
4 lonchas de jamón cocido
4 huevos duros
1 limón
60 g de mantequilla
4 cucharadas de pan rallado fresco
1,5 dl de nata
bicarbonato
sal y pimienta

Poner a hervir abundante agua salada en una olla grande. Pelar la coliflor, eliminando las hojas exteriores y el extremo coriáceo. Practicar un corte bastante profundo en forma de cruz en la base del tallo. Lavar la coliflor y sumergirla entera en el agua hirviendo, añadiendo una pizca de bicarbonato para atenuar el olor durante la cocción. Tapar y dejar hervir a fuego lento durante 17-20 minutos, según el tamaño de la coliflor.
Entre tanto, preparar la salsa para el condimento. Picar fino y por separado el perejil, el jamón y los huevos duros, y exprimir el limón. Disolver en la olla pequeña la mantequilla y tostar en ella el pan rallado durante 1 o 2 minutos hasta que tome ligeramente color. Amalgamar el zumo del limón y la nata y retirar del fuego.
Cuando la coliflor esté cocida, sacarla de la olla sin deshacerla, escurrirla y colocarla sobre una bandeja y servir caliente. Calentar la salsa, añadir el jamón, los huevos y el perejil. Salpimentar generosamente y regar la coliflor, reservando un poco de salsa para servir aparte. Servir en seguida en platos calientes.

TIMBAL DE COLIFLOR

1 coliflor pequeña
90 g de pan rallado
1 pizca de bicarbonato
1 cebolla mediana
5 huevos
60 g de emmental rallado
2,4 dl de leche
75 g de mantequilla
nuez moscada
sal y pimienta
Para acompañar
salsa pizzaiola cruda (véase p. 258)

Receta para 6 personas. Precalentar el horno a 165° C. Untar un molde de soufflé de ¼ l de capacidad y espolvorear con pan rallado. Calentar abundante agua salada con una pizca de bicarbonato en una olla grande.
Pelar la coliflor, lavarla y cortarla en trozos más bien pequeños. Hervirla durante unos 13 minutos y escurrirla con cuidado. Pesar 500 g (y guardar el resto para otras preparaciones). Aplastarla con un tenedor en un cuenco grande.
Picar la cebolla muy fina y freírla en 15 g de mantequilla, removiendo con una cuchara de madera durante unos 10 minutos sin que tome color. Echarla en un cuenco grande, añadirle una pizca de sal y pimienta molida y rallar encima la nuez moscada. Romper los huevos en la mezcla y batirlos ligeramente. Amalgamar con el queso y 60 g de pan rallado. Calentar la leche con 60 g de mantequilla y, cuando hierva, añadirla a los huevos

poco a poco en un hilillo muy fino, mezclando con la espátula para que no se formen grumos. Incorporar la coliflor aplastada y rectificar de sal y pimienta. Esta preparación se puede hacer previamente y poner después en el horno 45 minutos antes de servir a la mesa.
Verter la pasta en el molde, espolvorear con un poco de pan rallado y cocer en el horno durante 30-40 minutos hasta que, pinchando con un palillo, éste salga seco. Dejar en reposo 10 minutos antes de vaciar sobre una bandeja de servir. Rociar con un poco de salsa y servir la restante aparte. Acompañar, si se desea, con guisantes finos con jamón y albahaca.

—•—

TERRINA DE BRÉCOLES VERDES CON LANGOSTINOS

300 g de cabezas de brécoles verdes (peso neto)
700 g de colas de langostinos descongeladas
1,5 dl de fumet de mariscos (véase p. 38)
800 g de filetes de lenguado
3 huevos
6 dcl de nata
pimentón
zumo de limón
sal y pimienta

Receta para 8-10 personas. Retirar el caparazón de las colas de langostinos, extraer los intestinos y cocer las colas durante 2 minutos con un poco de fumet de mariscos en una sartén tapada. Escurrirlas y reservarlas.
Cocer las cabezuelas de brécol *al dente* en abundante agua salada, escurrirlas y pasarlas en seguida bajo el grifo de agua fría. Escurrir de nuevo con cuidado y dejar enfriar. Precalentar el horno a 150 °C.
Cortar los filetes de lenguado en trocitos y reducirlos a puré en la picadora. Poner en la batidora 2 yemas de huevo y tres claras y montarlas a alta velocidad durante 1 o 2 minutos hasta que se inflen, incorporar la nata poco a poco y montarlo todo, añadiendo sal, pimienta y un poco de pimentón. Retirar el vaso de la batidora y traspasar la mitad del contenido a un cuenco. Añadir la mitad del puré de lenguado al vaso de la batidora y batir unos segundos. Salpimentar y acidular con un poco de zumo de limón. Traspasar el contenido a otro cuento y repetir la operación con el resto de la crema de huevos y el puré de pescado (esta operación se tiene que efectuar en dos tiempos debido a la limitada capacidad de la batidora). Mezclar toda la pasta, rectificar de sabor, proteger con película transparente y dejar 15 minutos en el frigorífico.
Disponer una terrina de fondo ovalado de 2,5 l de capacidad. Traspasar la pasta a cucharadas a una manga de repostería de pico grueso y liso y tapizar el interior de la terrina. Alinear las colas de langostinos junto a los bordes con el extremo dirigido hacia arriba a modo de media luna. Añadir más pasta de pescado alrededor y disponer en el centro las cabezuelas de brécol dirigidas hacia abajo. Terminar, cubriéndolo todo con la pasta restante y alisar la superficie. Sacudir ligeramente la terrina, colocarla en una bandeja grande de horno con 2 dedos de agua hirviendo y cocerla al horno al baño María durante 40 minutos.
Se vacía en seguida y se sirve caliente. Se puede acompañar con una salsa ligera hecha con el fumet de mariscos o con una salsa pizzaiola (véase p. 258).

—•—

BRÉCOL AL VAPOR CON SALSA MALTESA

800 g de brécol
Para la salsa maltesa
200 g de mantequilla

3 yemas de huevo
5 cucharadas de zumo de naranja
1 cucharada de zumo de limón
corteza rallada de 1 naranja
sal

Pelar el brécol y cocerlo en el horno microondas o al vapor, ligeramente espolvoreado de sal durante 12-15 minutos.
Preparar la salsa guardar 30 g de mantequilla en daditos en la nevera y derretir los otros 170 g; batir con la espátula las yemas en una olla pequeña de triple fondo hasta que estén cremosas y añadir 1 cucharada de zumo de limón, 1 cucharada de zumo de naranja y una pizca de sal. Incorporar la mitad de los daditos de mantequilla y calentar a fuego muy lento o, para mayor precaución, al baño María, removiendo sin interrupción. Retirar la salsa del fuego en cuanto empiece a espesar y añadir en seguida los restantes daditos de mantequilla y después muy poco a poco la mantequilla derretida, primero gotita a gotita y después en un hilillo muy fino hasta obtener una salsa cremosa y compacta como la mayonesa. Amalgamar gradualmente con 4 cucharadas de zumo de naranja y finalmente con la ralladura. Servir el brécol en los platos individuales, regándolos con la salsa caliente.

COLES DE BRUSELAS CON SALSA HOLANDESA

500 g de coles de Bruselas
Para la salsa holandesa
1 dcl de vinagre
1 chalote picado
1 ramita de tomillo
210 g de mantequilla
3 yemas de huevo
zumo de limón
sal y pimienta negra en grano

Pelar las colas de Bruselas y cocerlas en el microndas o al vapor ligeramente espolvoreadas de sal. Preparar la salsa holandesa: poner en una olla pequeña el vinagre con el chalote picado, los granos de pimienta y la ramita de tomillo y hacerlo hervir hasta que se reduzca a un par de cucharadas. Reservar.
Preparar la mantequilla, guardando 30 g en daditos en el frigorífico y derritiendo los restantes 180 g. Poner las yemas de huevo en una olla pequeña de triple fondo y batirlos con la espátula hasta que queden cremosos. Incorporar gradualmente 1 cucharada de agua helada y una pizca de sal, amalgamando con la espátula. Añadir la mitad de los daditos de mantequilla y calentar la olla a fuego muy lento (o, para mayor precaución, al baño María) y mezclar sin interrupción, incorporando poco a poco la reducción de vinagre hasta que espese la crema. Retirar inmediatamente del fuego, añadir los restantes daditos de mantequilla y, sin dejar de remover, verter la mantequilla derretida gradualmente, primero de gota en gota y después en un hilillo muy fino hasta conseguir una salsa cremosa y compacta como la mayonesa. Rectificar de sal, pimentar y acidular al gusto con zumo de limón.
Servir las coles de Bruselas con la salsa holandesa caliente, pero no hirviendo. También se puede preparar con una hora de adelanto, conservándola al baño María en agua moderadamente caliente.

LECHUGA ESTOFADA

2 lechugas
2 cebollinos
1 cucharadita de almidón
1 dcl de leche
1 cubito de caldo
3 cucharadas de nata
pimienta negra

Eliminar las hojas exteriores de la lechuga, lavarlas cuidadosamente en abundante agua fría y cortarlas longitudinalmente en 4 partes. Cortar el corazón de los cebollinos en finas rodajas. Disolver el almidón en la leche fría.
Poner las lechugas y la leche en una cacerola baja, añadir el cubito, tapar y dejar estofar a fuego lento durante unos veinte minutos. Incorporar la nata y retirar del fuego. Pimentar ligeramente y servir en seguida.

LECHUGA SALTEADA EN SALSA DE OSTRAS*

2 lechugas

3 cucharadas de aceite de semillas

Para la salsa de ostras

2 cucharadas colmadas de salsa china de ostras

1 cucharada colmada de salsa de soja

2 cucharadas de saké o de Martini dry

4 cucharadas de caldo frío

media cucharadita de almidón

1 pizca de glutamato

Poner a hervir abundante agua salada en una olla grande. pelar las lechugas dejándolas enteras, cortarlas lontitudinalmente por la mitad, lavarlas y escurrirlas cuidadosamente, volver a cortarlas por la mitad en sentido longitudinal y cortar después los cuartos por la mitad en sentido contrario.
Cuando hierva el agua, echar las lechugas a la olla, hervirlas unos minutos y escurrirlas en seguida.
Preparar la salsa amalgamando los ingredientes en un cuenco.
Calentar el aceite en un wok grande y, cuando esté muy caliente, echar la lechuga y saltearla un par de minutos a fuego vivo, con la ayuda de una paleta. Traspasar la lechuga a la bandeja de servir, bajar un poco la llama y verter la salsa en el wok, rascando los restos de cocción del fondo con la paleta.
Llevar a ebullición y, si la salsa resultara demasiado espesa, alargarla con un poco de caldo. La lechuga deberá quedar crujiente y *al dente*.

ACHICORIA A LA ROMANA

1 kg de achicoria

3 cucharadas de aceite de oliva extra virgen

2 dientes de ajo

1 guindilla

sal

Pelar la achicoria, lavarla cuidadosamente y sumergirla en agua hirviendo durante 2 minutos. Escurrirla y estrujarla con cuidado.
Calentar el aceite en una sartén antiadherente, añadir el ajo majado y la guindilla desmenuzada. Freír durante medio minuto y añadir la achicoria. Amalgamar y freír a fuego lento durante 5 minutos, removiendo de vez en cuando. Servir caliente.

ENDIBIAS BELGAS A LA FLAMENCA

8 endibias belgas

60 g de mantequilla

3 dcl de caldo

2 cucharaditas de azúcar de caña

2 limones

sal y pimienta blanca

Pelar las endibias, eliminando los extremos amargos del tallo, lavarlas y secarlas cuidadosamente. Cortarlas por la mitad en sentido longitudinal (si las endibias son grandes, subdividirlas ulteriormente en cuartos). Calentar la mantequilla repartida en dos cacerolas grandes y bajas y, cuando se reduzca la espuma, colocar las endibias en una sola capa y dorarlas a fuego lento durante unos 2 minutos. Darles delicadamente la vuelta con la paleta de teflon y dorarlas por el otro lado. Cuando estén uniformemente doradas, tapar, bajar la llama y estofar a fuego lento durante 5 minutos. Disolver el azúcar en el zumo de limón, repartirlo sobre las endibias, subir ligeramente la llama y dejar consumir y caramelar durante unos 2 minutos más, separando las endibias con la paleta para que no se peguen. Rectificar de sal, pimentar y servir.

ESCAROLA BRASEADA A LAS ACEITUNAS*

2 kg de escarola

4 dientes de ajo

1 cubito de caldo

24 aceitunas pequeñas deshuesadas

4 cucharadas de aceite de oliva extra virgen

sal y pimienta negra en grano

Pelar y lavar la escarola y traspasarla a una olla grande de triple fondo, sin escurrirla. Si no cabe toda, añadirla a medida que la cocción vaya reduciendo el volumen.

Incorporar 5 dcl de agua, 8 granos de pimienta negra y el cubito.

Tapar y cocer a fuego lento durante unos 50 minutos, removiendo de vez en cuando. Añadir el aceite y las aceitunas deshuesadas, salar ligeramente y cocer con la olla tapada otros 10 minutos más. Rectificar de sal y dejar en reposo en la olla destapada durante unos 15 minutos antes de servir a la mesa.

ACHICORIA A LA TREVISANA*

6 achicorias rojas

mantequilla

sal y pimienta

Pelar las achicorias, lavarlas y escurrirlas. Cortarlas en cuartos en sentido longitudinal. Disolver dos copitos de mantequilla en una sartén grande antiadherente, extender en ella las achicorias en una sola capa y salar ligeramente. Bajar la llama al mínimo, tapar y estofar a fuego lento. Darles al vuelta al cabo de 10 minutos, salpimentar con moderación, tapar y cocer durante unos 10 minutos más hasta que estén tiernas. Servirlas calientes.

Si se puede cocer a la brasa en una parrilla, se obtienen unos resultados excelentes. En este caso, secar bien los trozos de achicoria con papel de cocina, pincelarlos con aceite, sal y pimienta y cocerlos a la brasa, dándoles la vuelta un par de veces.

ESCAROLA DE HOJA FINA Y HABAS A LA PULLESA

1 kg de escarola de hoja fina

400 g de habas desgranadas

aceite de oliva extra virgen

sal y pimienta

Calentar abundante agua salada en una olla grande. Pelar la escarola conservando tan sólo las hojas y las nervaduras tiernas, cortarla en trozos de unos 5 cm, lavarla y escurrirla. Cuando hierva el agua, echarla en la olla y hervirla 15 minutos. Añadir las habas desgranadas y cocer otros 15 minutos hasta que estén tiernas. Escurrirlo todo y traspasar a la bandeja de servir. Sazonar con aceite de oliva y pimienta recién molida y servir templado.

ESPINACAS A LA HINDÚ CON MANTEQUILLA Y ESPECIAS

1,2 kg de espinacas
2 cebollas medianas
1 laminita de jengibre fresco picada
1-2 pimientitos verdes picantes
5 cucharadas de ghee o mantequilla clarificada (véase p. 37)
1 cucharadita rasa de azúcar de caña
1 dl de caldo
media cucharadita rasa de garam masala en polvo
sal
Para acompañar
arroz pilaf

Pelar las espinacas, eligiendo sólo las hojas, y lavarlas varias veces en agua fría. Escurrirlas en la centrifugadora y cortarlas después en chiffonade (véase p. 24).
Picar muy finas las cebollas, el jengibre y los pimientitos. Dorarlos 5 minutos en una cazuela en la mantequilla clarificada, añadir las espinacas con la sal y el azúcar. Freír a fuego moderado removiendo durante 2-3 minutos y añadir después el caldo, amalgamar, tapar y cocer a fuego lento 5 minutos.
Destapar, remover unos segundos a fuego moderado para que se seque y retirar del fuego. Espolvorear con garam masala, rectificar de sal y servir con el arroz pilaf.

—•—

ESPINACAS CON MANTEQUILLA Y CHALOTES

1,2 kg de espinacas
4 chalotes
40 g de mantequilla
sal y pimienta

Elegir las hojas tiernas de las espinacas, reservando las coriáceas, los tallos y la base de las plantillas para otras preparaciones, como tortillas o sopas. Lavarlas cuidadosamente varias veces y escurrirlas un poco.
Pelar y picar los chalotes y dorarlos en una cacerola grande con 40 g de mantequilla. Añadir las espinacas, salarlas ligeramente, amalgamar, tapar y cocer a fuego lento un par de minutos: deberán quedar *al dente*. Rectificar de sal, pimentar y servir.

—•—

ESPINACAS Y ARROZ A LA HINDÚ

1,2 kg de espinacas
320 g de arroz Patna
2 cebollas
6 cucharadas de ghee o mantequilla clarificada (véase p. 37)
1 cucharadita de garam masala en polvo
sal

Receta para 6 personas. Poner a calentar abundante agua salada en una olla grande. Limpiar las espinacas, eligiendo las hojas tiernas y reservando las coriáceas, los tallos y la base de las plantitas para otras preparaciones como tortillas o sopas. Se deberán obtener aproximadamente 600 g de espinacas utilizables. Sumergir las espinacas en agua hirviente durante 1 minuto escaso y escurrirlas.
Mientras se enfrían, lavar el arroz en un cuenco grande bajo el grifo de agua fría, dejando que corra el agua hasta que quede clara en el cuenco, sin el menor resto de almidón. Escurrir el arroz. Estrujar las espinacas y picarlas muy finas. Picar muy finas las cebollas y clarificar la mantequilla. Dorar las cebollas en una cacerola grande de acero inoxidable con la mantequilla clarificada

durante 5 minutos, mezclando con una cuchara de madera hasta que tomen ligeramente color. Añadir las espinacas y el garam masala y saltearlos a fuego moderado durante 2 o 3 minutos. Retirar del fuego, añadir el arroz con 5 dcl de agua y 1 cucharadita de sal. Amalgamar, poner de nuevo al fuego y llevar a ebullición. Bajar el fuego al mínimo, tapar y cocer durante 15-20 minutos hasta que el arroz esté tierno y el agua se haya absorbido por completo. Dejar en reposo en la cacerola tapada durante 10 minutos, después removerlo un poco con un tenedor y rectificar de sal, teniendo en cuenta que el arroz que acompaña a los platos hindús, fuertemente condimentados con especias picantes, tiene que ser necesariamente un poco insípido.

HIERBA DE LOS CANÓNIGOS HERVIDA

700 g de hierba de los canónigos
aceite de oliva extra virgen
1 limón
sal

Poner a hervir abundante agua salada en una olla grande. Limpiar y lavar cuidadosamente la hierba de los canónigos y escurrirla. Cuando hierva el agua, echar la hierba y mezclar con un tenedor. Hervir a fuego vivo y con la olla destapada durante 8-10 minutos, procurando que quede *al dente*. Escurrir y servir caliente o templada, regada con un hilillo de aceite y un poco de zumo de limón.

HIERBA DE LOS CANÓNIGOS CON AJO Y ACEITE

600 g de hierba de los canónigos
4 cucharadas de aceite de oliva extra virgen
4 dientes de ajo
1 guindilla
sal

Limpiar y lavar cuidadosamente la hierba de los canónigos. Escurrirla en la centrifugadora. Calentar el aceite en una cacerola grande y dorar el ajo. Desmenuzar la guindilla, mezclar y añadir la hierba de los canónigos. Saltear a fuego vivo durante unos 5 minutos para que quede *al dente*. Salar y servir bien caliente.

GRELOS ESTOFADOS A LA PULLESA

2 kg de grelos
1 cebolla grande
3,5 dcl de caldo
1 dcl de aceite de oliva extra virgen
sal y pimienta en grano
Para acompañar
queso de oveja fresco
pan rústico

Pelar los grelos, lavarlos y cortarlos en trocitos. Pelar la cebolla, cortarla por la mitad en sentido longitudinal y cortarla después en laminillas lo más finas posible.

Poner en una cacerola grande (a ser posible, de barro) los grelos y la cebolla cortada con el caldo, una pizca de sal y unos cuantos granos de pimienta. Llevar a ebullición, tapar y cocer durante 15 minutos a fuego lento.

Regar con 1 dl de aceite de oliva, subir la llama y cocer con la cacerola destapada durante unos 10 minutos más hasta que los grelos estén cocidos, pero sin perder la consistencia. Servir con el jugo de cocción, acompañados de queso fresco de oveja y pan rústico.

GRATÉN DE APIO Y MÉDULA DE BUEY*

2 tallos de apio blanco (900 g)
2 dl de caldo de pollo
2 cucharadas de Martini dry
1 chalote picado
media cucharadita de almidón
50 g de mantequilla
40 g de parmesano rallado
70 g de médula de buey
sal y pimienta blanca

Precalentar el horno a 200 °C. Eliminar la base y las hojas del apio, separar las nervaduras y pasar el pelapatatas para eliminar cuidadosamente todos los filamentos coriáceos. Desechar los tallos excesivamente finos. Cortar las nervaduras en trozos de unos 4 cm, ponerlos en una cacerola grande baja, regarlos con el caldo, taparlos y estofar durante unos 7 minutos hasta que queden *al dente*. Escurrirlos y recoger el caldo en una olla pequeña.
Añadir el Martini, el chalote y el tomillo y reducir el caldo a la mitad. Disolver una pizca de almidón en un poco de agua fría, amalgamarla con el caldo y, sin dejar de mezclar, cocer durante 1 minuto hasta obtener una salsita ligeramente cremosa.
Untar con mantequilla una bandeja de horno grande y baja y disponer los trozos de apio en una sola capa superponiéndolos ligeramente unos encima de otros.
Derretir 40 g de mantequilla en una olla pequeña y verterla sobre el apio. Espolvorear con emmental y parmesano y pimentar.
Cortar la médula en rodajas (si es una sola caña) o picarla y repartirla sobre la superficie. Regar con la salsita, poner al horno y gratinar durante unos 10 minutos hasta que los quesos y la médula se disuelvan y se forme una costrita dorada sobre la superficie. Servir caliente.

APIO A LA JAPONESA
Selori no Kimpira

2 tallos grandes de apio verde
1 cucharada colmada de aceite de semillas
1 cucharada de salsa de soja
2 cucharadas de saké o Martini dry
1 pizca de azúcar
1 pizca de ajinomoto o glutamato

Pelar los tallos de apio, eliminando la base y las hojas. Lavarlos cuidadosamente, cepillándolos bajo el grifo de agua fría. Rascarlos con el pelapatatas en profundidad para eliminar toda la superficie coriácea. Cortarlos por la mitad en sentido longitudinal y de nuevo por la mitad, subdividiéndolos en bastoncillos de unos 5 cm de longitud y ½ cm de grosor.
Calentar el aceite en una sartén pequeña antiadherente y saltear el apio durante minuto y medio. Regar con la salsa de soja y el saké y subir un poco la llama para que se evapore un poco el líquido. Condimentar con una pizca de azúcar y una pizca de ajinomoto, amalgamar y repartir en 4 platitos individuales, a ser posible de forma rectangular. Es exquisito, tanto caliente como frío, acompañado de arroz.

—•—

HINOJOS AL GRATÉN

6 hinojos
1 diente de ajo majado
1 ramita de tomillo
40 g de parmesano
pan rallado
60 g de mantequilla
sal y pimienta
Para acompañar
rösti al chalote (véase p. 195)
puré de brécol véase p. 193)

Precalentar el horno a 200 °C. Disponer la olla para la cocción al vapor. Pelar los hinojos deshechando las hojas coriáceas, pasarles por encima el pelapatatas, lavarlos y cortarlos en trozos grandes en sentido longitudinal. Cocerlos *al dente* en la olla al vapor durante 10 minutos.
Derretir 40 g de mantequilla en una cacerola grande resistente al horno y freír suavemente los hinojos con un diente de ajo y una ramita de tomillo. Salpimentarlos y dorarlos por ambos lados. Espolvorearlos con el parmesano y un poco de pan rallado, adornar con unos copitos de mantequilla y gratinar en el horno durante 5 minutos. Servir en seguida como acompañamiento de *rösti* al chalote y puré de grelos.

HINOJOS AL CURRY

6 hinojos

1 diente de ajo

tomillo

2 dcl de caldo

2 cucharadas de curry en polvo

40 g de parmesano rallado

pan rallado

50 g de mantequilla

sal y pimienta

Para acompañar

Tortillas de patata rallada con salsa de manzana

Disponer una olla de cocción al vapor. Precalentar el horno a 180 °C. Pelar los hinojos, lavarlos y cortarlos en rajas grandes en sentido longitudinal. Cocerlos *al dente* en la olla de vapor durante unos 10 minutos.
Derretir en una bandeja de horno 30 g de mantequilla y dorar suavemente durante 5 minutos los hinojos con un diente de ajo y una ramita de tomillo por ambos lados hasta que tomen un poco de color. Salpimentar y regar con el caldo en el cual se habrá disuelto el curry. Estofar suavemente con el recipiente tapado durante 5 minutos.
Espolvorear con parmesano y un poco de pan rallado, repartir por encima algunos copitos de mantequilla y gratinar 5 minutos en el horno. Servirlos calientes como acompañamiento de unas tortitas de patata rallada con salsa de manzana. Se pueden preparar previamente y gratinar en el horno durante unos 10 minutos en el último momento.

COLIFLOR Y PATATAS A LA HINDÚ

1 coliflor pequeña

1 cucharadita y ½ de comino en polvo

1 cucharadita de semillas de comino

1 pimientito verde fresco picante picado

media cucharadita de cilantro en polvo

media cucharadita de cúrcuma en polvo

5 cucharadas de aceite de semillas

sal y pimienta

Para acompañar

chapati o pan hindú *(véase p. 81)*

Pelar la coliflor, lavarla, cortarla en cabezuelas, conservando los tallos menos tiernos para otras preparaciones. Cortar las patatas en daditos. Tostar en una sartén pequeña antiadherente media cucharadita de comino en polvo, mezclando a fuego moderado durante 1 minuto y reservar. Calentar en una sartén grande antiadherente 5 cucharadas de aceite y, cuando esté caliente, sofreír una cucharadita de semillas de comino durante tres segundos. Añadir en seguida las cabezuelas de coliflor y saltearlas un par de minutos a fuego moderado. Bajar la llama, tapar y estofar durante unos 7 minutos hasta que la coliflor esté *al dente*. Amalgamar en una tacita 1 cucharadita de sal, el pimientito picado, el comino en polvo tostado, me-

dia cucharadita de cilantro en polvo, 1 cucharadita de comino en polvo, media cucharadita de cúrcuma en polvo y una generosa rociada de pimienta recién molida.
Incorporar las patatas a la coliflor, sazonar con la mezcla de especies y dejar que tomen sabor a fuego lento durante unos 4 minutos, removiendo de vez en cuando con la paleta de teflon y cuidando de levantar las patatas sin deshacerlas hasta que se calienten por todos lados. Servir en seguida y acompañado de chapati.

ENSALADA DE REFUERZO A LA NAPOLITANA*

1 coliflor

9 aceitunas verdes

9 aceitunas negras

6 pepinillos encurtidos

6 filetitos de anchoa

1 pimiento encurtido

2 cucharadas de alcaparras

aceite de oliva extra virgen

vinagre

sal y pimienta

Poner a calentar abundante agua salada. Pelar la coliflor, cortarla en 4 y, cuando hierva el agua, cocerla durante 15-20 minutos hasta que esté blanda, pero conserve una cierta consistencia. Escurrirla en seguida y dejarla enfriar.
Deshuesar todas las aceitunas, cortar los pepinillos en rodajas grandes, las anchoas a trocitos y el pimiento a tiras cortas. Subdividir la colifor en cabezuelas y cortar el resto en trozos. Amalgamarlo con las alcaparras y todos los restantes ingredientes en una ensaladera grande; aliñar con aceite y un poco de vinagre. Rectificar de sal y pimentar.

REPOLLO AGRIDULCE A LA PEQUINESA

1 repollo chino de aproximadamente 1 kg

1 laminita de jengibre fresco picada

1 guindilla

4 cucharadas de aceite de semillas

1 dcl de caldo

sal

Para la salsa

1 cucharada y media de salsa de soja

3 cucharadas de vinagre

3 cucharadas de saké o de Martini dry

2 cucharadas de azúcar

4 cucharadas de zumo de mandarina

medio cubito desmenuzado

Para acompañar

arroz al vapor (véase p. 126)

Eliminar la base del repollo y deshechar las hojas grandes exteriores para obtener unos 800 g de hojas tiernas. Lavarlas, escurrirlas y cortarlas en trozos de unos 4 cm.
Disolver la harina en la salsa de soja en un cuenco y amalgamar cuidadosamente todos los demás ingredientes de la salsa (vinagre, saké o Martini, azúcar, zumo de mandarina, cubito desmenuzado).
Calentar el aceite en el wok o en una cacerola grande, sofreír el jengibre unos segundos, desmenuzar la guindilla, añadir el repollo y saltearlo a fuego vivo un par de minutos, removiendo con una paleta.
Añadir el caldo, amalgamar, tapar y bajar la llama. Estofar 5 minutos y después incorporar la salsa. Subir ligeramente la llama y remover durante un minuto hasta que se amalgame y espese.
Rectificar de sal y servir a la mesa acompañado de arroz al vapor.

BRASEADO DE COL ROJA Y MANZANAS*
Rotkraut

1 col roja

4 manzanas

1 cebolla pequeña

30 g de mantequilla

1 cucharadita de aceite

2 dcl de vino tinto

1 trocito de corteza de cerdo

vinagre

sal y pimienta

Pelar la col, cortarla en cuartos, deshechar la parte coriácea del tallo y cortarla en tiritas longitudinales. Mondar las manzanas, cortarlas en cuartos, quitar el cuesco y cortarlas en láminas. Amalgamar en un cuenco grande la col con las manzanas, salar y rociar con un poco de vinagre. Amalgamar de nuevo y dejar en adobo 15 minutos.
Entre tanto, picar la cebolla y freírla a fuego lento en aceite en una cacerola grande hasta que se ablande. Incorporar la col con las manzanas y la corteza, remover y regar con el vino. Tapar y brasear a fuego lento durante unos 40 minutos, añadiendo agua en caso necesario, hasta que la col se ablande. Rectificar de sal y pimentar. Servir caliente.

COLES DE BRUSELAS AL SÉSAMO

600 g de coles de Bruselas

2 cucharadas de semillas de sésamo claro

30 g de mantequilla

sal y pimienta blanca

Poner a hervir agua salada en una olla grande. Pelar las coles y, cuando hierva el agua, echarlas en la olla y dejarlas cocer destapadas y a fuego vivo durante 15 minutos. Escurrirlas.
Tostar las semillas de sésamo durante 1 u 2 minutos en una sartén grande antiadherente a fuego moderado, removiendo para que no se quemen. Retirar en seguida del fuego.
Calentar la mantequilla en la misma olla en la que se hayan cocido las coles y, cuando se reduzca la espuma, incorporar las coles y amalgamarlas, dándoles delicadamente la vuelta por todos lados a fuego lento durante 2-3 minutos, y traspasarlas a la bandeja de servir. Espolvorear con el sésamo tostado, pimentar y servir en seguida.

PURÉ DE BRÉCOL*

1,2 kg de brécol

3 chalotes

½ diente de ajo

40 g de mantequilla

1 dl de caldo

nuez moscada

30 g de emmental rallado

1,5 dl de nata montada

sal y pimienta

Pelar los brécoles conservando tan sólo 150 g de cabezuelas y los tallos tiernos, que deberán pesar unos 450 g (utilizar el resto para otras preparaciones). Picar los tallos en trozos gruesos.
Picar conjuntamente el chalote y el ajo y sofreírlos en una cacerola con 15 g de mantequilla. Añadir los tallos de brécol troceados, sofreírlos un par de minutos sin dejar de remover, incorporar el caldo y estofar suavemente unos diez minutos hasta que estén muy tiernos y el caldo se haya consumido por completo. Pasarlos por la batidora

y reducirlos a pure. Salpimentar y rallar por encima un poco de nuez moscada.
Hervir *al dente* en agua salada las cabezuelas reservadas, escurrirlas y pasarlas bajo el grifo de agua fría. Escurrir de nuevo con cuidado y picarlas muy finas.
Poco antes de servir, calentar el puré de brécol y amalgamar con las cabezuelas picadas. Retirar del fuego, añadir 25 g de mantequilla y 30 g de emmental, rectificar de sal y pimienta e incorporar la nata montada.

ARROZ CON REPOLLO AL ESTILO DE COMO*

8 hojas de repollo
3 patatas
200 g de arroz
2 lonchas de bacon bastante gruesas
algunas hojas de salvia
30 g de mantequilla
1 cucharada de aceite
5 cucharadas de parmesano rallado
sal y pimienta

Poner a hervir el agua con un poco de sal. Lavar las hojas de repollo y cortarlas en chiffonade (véase p. 24). Pelar las patatas y cortarlas en dados. Echar el repollo y las patatas en el agua hirviente y cocerlos 2 minutos. Añadir después el arroz en lluvia fina y cocerlo *al dente* durante unos 14 minutos. Escurrir y dejar enfriar. Esta preparación se puede hacer previamente y dejar en el frigorífico: el resultado será mejor.
Cuidar, sin embargo, de que, en el momento de mezclar con el condimento el arroz y el repollo no estén helados.
Cortar el bacon en daditos y sofreírlo en la mantequilla y el aceite durante un par de minutos con unas hojas de salvia, removiendo hasta que esté dorado y crujiente sin que se queme la mantequilla. Incorporar el arroz y las verduras, subir la llama y saltear un par de minutos para que se impregnen de jugo y el arroz se caliente y quede crujiente. Condimentar con parmesano y servir en seguida en platos calientes. Se acompaña tradicionalmente de filetes de perca enharinados y fritos en mantequilla y aceite.

GRATÉN DE CARDOS

1 kg de cardos consistentes y carnosos
1 limón
blanco de cocción (véase p. 164)
60 g de parmesano en laminitas finas
60 g de emmental en laminitas finas
50 g de mantequilla en copitos
70 g de trufa blanca (opcional)
sal y pimienta blanca

Preparar el blanco de cocción para los cardos. Poner a calentar a fuego lento, removiendo de vez en cuando. Pelar y lavar los cardos, pasarles cuidadosamente por encima el pelapatatas para eliminar los filamentos, cortarlos en trozos de unos 6 cm e irlos sumergiendo en agua acidulada con zumo de limón. Cuando el líquido de cocción empiece a hervir, escurrir los cardos y echarlos a la olla, cuidando de que queden bien cubiertos. Hervirlos a fuego lento durante 1 hora y ½ o 2 hasta que queden tiernos y escurrirlos.
Precalentar el horno a 200 °C. Untar de mantequilla una bandeja grande de horno de bordes bajos y colocar una capa de cardos. Espolvorear por encima la mitad del parmesano y la mitad del emmental cortados en laminitas finas con el cortatrufas y salpicar de copitos de mantequilla y, si se desea, con la trufa, y cocer en el horno durante unos 10 minutos hasta que el queso se derrita y forme una costrita dorada en la superficie. Servir en seguida.

HOJALDRE DULCE DE ESPINACAS

1 kg de espinacas
1 lámina de jengibre fresco picado muy fino
35 g de mantequilla
30 g de pasas
1 dl de ron
5 huevos
100 g de azúcar de caña
4 granos de pimienta de Jamaica pulverizados
nuez moscada
1 limón pequeño
30 piñones
2 dl de nata
2 hojas de 250 g cada una de pasta de hojaldre congelada
1 cucharada y media de semillas de sésamo

Para acompañar
nata ligeramente montada (opcional)

Pelar y lavar cuidadosamente las espinacas sin escurrirlas demasiado. Elegir sólo las hojas tiernas y guardar los tallos coriáceos y la base de la plantita para otras preparaciones. Cocerlas en una cacerola grande antiadherente en su propia agua durante un par de minutos a fuego moderado; echarlas en un pasapuré y pasarlas bajo el grifo de agua fría. Estrujarlas cuidadosamente y picarlas muy finas.
Picar el jengibre. Calentar 25 g de mantequilla en una sartén antiadherente y tostar el jengibre unos segundos sin dejar de remover; añadir las espinacas y, removiendo, freírlas un par de minutos. Retirar del fuego y dejar enfriar.
Poner las pasas en un cuenco pequeño, rociarlas con ron y dejarlas macerar 15 minutos.
En un cuenco grande batir 4 huevos con el azúcar, añadir la pimienta de Jamaica en polvo y rallar por encima un poco de nuez moscada y la corteza del limón.
Tostar los piñones en una sartén pequeña antiadherente con un copito de mantequilla a fuego medio durante unos segundos hasta que queden crujientes y tomen color. Añadir a los huevos, la nata, las espinacas, las pasas reblandecidas con ron y los piñones. Precalentar el horno a 200 °C. Extender las hojas de pasta con el rodillo para agrandarlas ligeramente. Colocar una de las hojas en la placa del horno. Echarle la mezcla por encima y repatirla con la hoja de un cuchillo o una espátula y cerrar los bordes, ejerciendo presión con la punta de un tenedor. Batir 1 huevo en un cuenco y pincelar la superficie. Espolvorear con las semillas de sésamo y cocer en el horno durante 20-25 minutos hasta que la superficie tome color y el hojaldre esté crujiente. Dejar en reposo 10 minutos antes de servir, acompañado, si se desea, de nata ligeramente montada.

SORBETE DE RUIBARBO A LA IRANÍ
Sharbate Rivas

1 kg de ruibarbo
500 g de azúcar
hielo finamente picado

Para adornar
cerecitas de cóctel
hojitas de poleo

Pelar el ruibarbo, pasar el pelapatatas por las nervaduras para eliminar los filamentos fibrosos, lavarlo y cortarlo en trocitos. Ponerlo en una cacerola de triple fondo con 5 dcl de agua. Llevar a ebullición, tapar y hervir durante 25 minutos a fuego lento. Pasarlo todo por un tamiz de malla fina o por el pasapuré y recoger el jugo de ruibarbo en un recipiente de medición. Añadir agua hasta que se alcancen los 4 dl y echar de nuevo en la cacerola. Incorporar el azúcar y remover a fuego moderado hasta que se disuelva por completo. Hervir el jarabe a fuego vivo durante unos 6 minutos, hasta que el termómetro especial

para jarabes indique los 220 °C o, a falta de este último, hasta que, dejando caer una gota en una escudilla de agua fría, se forme una ampolla espesa. Retirar del fuego y dejar enfriar.
En el momento de servir, verter 1 dl de jarabe en vasos altos de tamaño grande, añadir un dcl de agua helada y llenar con hielo finamente picado. Adornar con cerecitas de cóctel y hojas de poleo y servir sobre platitos con cucharas largas de bar.

TARTA DE RUIBARBO

600 g de ruibarbo
350 g de azúcar
1 cucharadita rasa de canela
150 g de mantequilla
3 huevos enteres
220 g de harina
1 cucharadita de levadura en polvo
4 cucharadas de leche
1 limón
sal

La noche anterior, pelar el ruibarbo, eliminando las nervaduras coriáceas exteriores y conservando 600 g de nervaduras tiernas. Pasar el pelapatatas para eliminar los filamentos, lavarlo, y cortar las nervaduras más grandes por la mitad en sentido longitudinal de tal forma que todas tengan el mismo grosor. Cortarlas en trozos idénticos de 3-4 cm. Colocar el ruibarbo en capas en un cuenco grande, recubrirlo con 200 g de azúcar y espolvorearlo uniformemente con la canela. Dejar en maceración a temperatura ambiental durante toda la noche.
Al día siguiente, precalentar el horno a 190 °C. Trabajar la mantequilla con 150 g de azúcar hasta obtener una crema suave y espumosa e incorporar los huevos a la misma. Tamizar encima la harina con la levadura y una pizca de sal; amalgamar cuidadosamente, añadiendo la leche, el zumo y la corteza de limón.
Untar con mantequilla una bandeja de horno redonda de unos 24 cm de diámetro. Escurrir el ruibarbo y eliminar el agua que se habrá formado. Retirar 200 g, picarlos muy finos y amalgamarlos a la mezcla. Verterlos en la bandeja de horno y nivelar la superficie con la hoja de un cuchillo. Cubrirlo todo con los trocitos de ruibarbo restantes, alineándolos ordenadamente en círculos concéntricos, partiendo del borde exterior.
Cocer en el horno durante 45 minutos y dejar enfriar unos minutos antes de sacar la tarta de la bandeja. Servirla templada o fría con el desayuno de la mañana o el té de la tarde.

·HORTALIZAS DE BROTE Y DE FRUTO·

Verduritas rellenas a la provenzal

Minipizzas de berenjenas

Langosta a la catalana*

p. 140
Preparación: 30 minutos, más el tiempo de descongelación
Cocción: 10 minutos
Dificultad: media
Segundo plato

Aguacate y pollo con calabacines fritos y ensalada

p. 141
Preparación: 1 hora
Cocción: 1 hora
Dificultad: media
Segundo plato

Tempura con salsa Tentsuyu*

p. 141
Preparación: 30 minutos, más 1 hora para la refrigeración
Cocción: 30 minutos
Dificultad: elevada
Segundo plato

Calabacines a la húngara con salsa al eneldo

Gefüllter Kurbiss mit Dillsauce

p. 142
Preparación: 40 minutos
Cocción: 50 minutos
Dificultad: media
Segundo plato

Calabacines rellenos a la iraní

Dolmeh Kadu

p. 143
Preparación: 30 minutos
Cocción: 20-25 minutos
Dificultad: media
Segundo plato

Buñuelos de calabacines*

Mucver

p. 143
Preparación: 25 minutos
Cocción: unos cuantos minutos
Dificultad: media
Segundo plato

Alcachofas húmedas

p. 144
Preparación: 30 minutos
Cocción: 15 minutos
Dificultad: mínima
Acompañamiento

Fondos de alcachofas con salsa Mornay*

p. 144
Preparación: 30 minutos
Cocción: 50 minutos
Dificultad: media
Acompañamiento

Crema de tomate

Alcachofas al estilo judío

p. 145
Preparación: 20 minutos
Cocción: 15 minutos
Dificultad: media
Acompañamiento

Fondos de alcachofas al estilo véneto*

p. 145
Preparación: 40 minutos
Cocción: 20 minutos
Dificultad: media
Acompañamiento

Tomates a la romana

p. 145
Preparación: unos minutos
Cocción: 50 minutos
Dificultad: mínima
Acompañamiento

Gratén de tomates a la napolitana

p. 146
Preparación: 10 minutos
Cocción: 30 minutos
Dificultad: mínima
Acompañamiento

Berenjenas al horno

p. 146
Preparación: 10 minutos
Cocción: 35 minutos
Dificultad: mínima
Acompañamiento

Ensalada de berenjenas a la napolitana

p. 146
Preparación: 20 minutos, más 30 minutos de reposo
Cocción: 2 minutos
Dificultad: mínima
Acompañamiento

Berenjenas y yogur a la hindú

Raita

p. 147
Preparación: 15 minutos
Cocción: 10 minutos
Dificultad: mínima
Acompañamiento

Berenjenas fritas con salsa de miso

Nasu no Miso Kake

p. 147
Preparación: 15 minutos, más 20 minutos para el remojo
Cocción: 5 minutos aproximadamente
Dificultad: media
Acompañamiento

Berenjenas en daditos*

p. 148
Preparación: 10 minutos
Cocción: 20 minutos
Dificultad: mínima
Acompañamiento

Pimientos al gratén*

p. 148
Preparación: 40 minutos, más 1 hora para la refrigeración
Cocción: 55 minutos
Dificultad: media
Acompañamiento

Pimientos agrios

p. 149
Preparación: 15 minutos
Cocción: 20 minutos
Dificultad: mínima
Acompañamiento

Pepinos con yogur

Cacik o zaziki

p. 149
Preparación: 15 minutos
Dificultad: mínima
Acompañamiento

Calabacines a la pullesa

p. 149
Preparación: 15 minutos
Cocción: 10 minutos
Dificultad: media
Acompañamiento

Puré de calabacines

p. 150
Preparación: 15 minutos
Cocción: 20 minutos
Dificultad: mínima
Acompañamiento

Calabacines a la rusa

p. 150
Preparación: 15 minutos
Cocción: 15 minutos
Dificultad: media
Acompañamiento

Crema de aguacate

p. 150
Preparación: 15 minutos, más 1 hora para la refrigeración
Dificultad: mínima
Postre

Helado de aguacate

p. 151
Preparación: 40 minutos, más 2 horas para la refrigeración
Dificultad: mínima
Postre

Calabaza confitada

p. 151
Preparación: 30 minutos, más 24 horas para el remojo, más 7 días de reposo
Cocción: 40 minutos
Dificultad: mínima
Postre

Tarta de calabaza con galletas de almendras amargas

p. 151
Preparación: 20 minutos
Cocción: 50 minutos
Dificultad: mínima
Postre

Dulce de calabaza a la turca

Kabak Tatlisi

p. 152
Preparación: 20 minutos, más 24 horas de reposo
Cocción: 45 minutos
Dificultad: mínima
Postre

ALCACHOFAS EN ACEITE

20 o más alcachofas espinosas

1 limón

aceite de oliva

1 l de caldo corto al vinagre (véase p. 37)

Preparar un cuenco grande lleno hasta la mitad con agua fría acidulada con el zumo de limón. Pelar las alcachofas, conservando tan sólo el corazón, y cortarlas en cuartos en sentido longitudinal o, si son grandes, en 6 partes. Conforme estén listas, sumergirlas en seguida en el agua acidulada para que no se oscurezcan.
Llevar a ebullición el caldo corto durante 12-15 minutos, procurando que conserven la consistencia. Escurrirlas con ciudado y disponerlas en capas en los correspondientes tarros de vidrio, regándolas con abundante aceite de oliva y procurando que la última capa quede bien cubierta y no permanezca en contacto con el aire. Cerrar herméticamente los tarros y conservarlos a temperatura ambiental. Dejarlos una o dos semanas en reposo antes de consumir. Con este sistema se puede preparar cualquier otra verdura en aceite y tenerla a punto como sabroso acompañamiento de los entremeses.

—•—

TOMATES EN ACEITE CON QUESO Y PAN DE CEBOLLA

500 g de tomates secos

vinagre blanco

hojas de laurel

aceite de oliva

ajo

filetitos de anchoa

aceitunas negras deshuesadas

guindillas

orégano

alcaparras

Para acompañar

Vermentino o Torbato

queso dulce sardo

pan carasau sardo

Los tomates se tienen que preparar por lo menos con 2 semanas de antelación y dejarlos en reposo. Ponerlos en un cuenco y cubrirlos por completo con vinagre. Dejarlos en remojo 2 horas, escurrirlos y colocarlos sobre papel de cocina para eliminar el vinagre.
Forrar con hojas de laurel las paredes de cuatro recipientes de vidrio para verduras en aceite, depositar una capa de tomates en el fondo, regar con aceite y distribuir algunos trocitos de ajo, de anchoas, de aceitunas, de guindillas, una pizca de orégano y unas cuantas alcaparras. Superponer otra capa de tomates y repetir la operación hasta agotar los ingredientes, procurando que los recipientes queden casi llenos y que la última capa quede totalmente cubierta por el aceite y no se formen vacíos de aire. Cerrar herméticamente los recipientes y servirlos con Vermentino u Torbato frío, acompañados de queso dulce sardo en daditos y pan sardo caliente regado con un poco de aceite. Para calentar el pan de modo que quede crujiente, precalentar el horno a 200 °C, apagarlo e introducir el pan durante quince minutos.

—•—

ENSALADA DE BROTES DE SOJA, PEPINILLO Y CANGREJO

Kani to Momiyashi

350 g de momiyashi o brotes de soja

1 pepinillo mediano

200 g de pulpa de cangrejo

Para la salsa sambai zu

2 cucharadas de salsa de soja

2 cucharadas de vinagre japonés

(o bien de vinagre blanco con 1 cucharada de azúcar)

6 cucharadas de aceite de semillas

sal y pimienta molida

Poner a hervir 2 l de agua con 2 cucharadas de sal. Desechar los brotes amarillentos y marchitos; introducirlos en un pasapuré y lavarlos bajo el agua del grifo. Cuando hierva el agua, echarlos en la olla y dejarlos hervir 2-3 minutos. Deberán quedar muy *al dente*. Escurrirlos en seguida y dejarlos enfriar en el pasapurés.
Entre tanto, lavar el pepinillo, cortar sus dos extremos para obtener un cilindro y pasar el pelapatatas para eliminar las protuberancias. Cortarlo por la mitad y mondarlo en sentido longitudinal en tiras de algo más de 1/2 cm. Cortar la mondadura a la juliana (véase p. 24) y sumergirla en un cuenco con agua helada. Picar en trozos más bien gruesos la pulpa de cangrejo y amalgamarla en un cuenco grande con el pepino y los brotes, que deberán removerse con las manos para no machacarlos. Tapar y dejar en el frigorífico por lo menos 1 hora antes de servir y colocar la ensalada en los platos individuales.
Preparar la salsa en el último momento: mezclar en un cuenco el vinagre con 2 pizcas de sal y la salsa de soja y emulsionar en ella el aceite poco a poco, batiendo con una pequeña espátula. Pimentar y servir en seguida.

—•—

ESPÁRRAGOS CON SALSA BEARNESA A LA NATA

800 g de espárragos grandes

Para la salsa bearnesa a la nata

0,6 dl de vinagre

0,6 dl de Martini dry

1 chalote mediano picado

media cucharada de estragón seco

3 yemas de huevo

180 g de mantequilla

2 cucharadas de estragón fresco o de perejil picados

1 dl de nata

sal y pimienta

Para adornar

manojitos de zanahoria (véase p. 28)

Ajo moruno

Pelar los espárragos y cocerlos al vapor, ligeramente espolvoreados de sal, durante 10-12 minutos. Preparar la salsa. Colocar en una olla pequeña el vinagre, el Martini, el estragón seco y una buena pizca de sal y pimienta a fuego moderado y reducir el líquido a unas 2 cucharadas aproximadamente. Filtrar y reservar.
Preparar la mantequilla, 30 g en daditos helados y 150 g derretida. Colocar las yemas de huevo en una olla pequeña de triple fondo y batirlos con la espátula hasta que adquieran una consistencia cremosa. Añadir poco a poco la reducción de vino y la mitad de la mantequilla en daditos. Poner la olla a fuego muy lento o, si se prefiere y para mayor precaución, calentarla al baño María y seguir removiendo hasta que la crema espese. Retirar en seguida del fuego y añadir los daditos de mantequilla restantes. Sin dejar de remover, incorporar la mantequilla derretida, primero gota a gota y después en un hilo muy fino a medida que la crema se vaya espesando hasta obtener una salsa compacta como la mayonesa. Amalgamar con ella el estragón fresco el perejil, rectificar de sal y pimentar.
Antes de servir, montar la nata y amalgamarla suavemente con la salsa. Rectificar nuevamente de sal. Adornar los platos con manojitos de zanahoria y ajo moruno y disponer a un lado los espárragos con un poco de salsa. Servir en seguida.
Con esta salsa se pueden realzar también las alcachofas y el brécol.

ESPÁRRAGOS AL VAPOR CON SALSA MUSELINA

800 g de espárragos frescos

Para la salsa japonesa

3 cucharadas de salsa de soja

2 cucharaditas de azúcar

2 cucharaditas de aceite de sésamo

Preparar la olla de cocción al vapor. Eliminar toda la parte dura del tallo de los espárragos, conservando tan sólo la punta tierna (aproximadamente 7 cm). Lavar y escurrir las puntas y cortarlas diagonalmente por la mitad, igualando los extremos también en sentido diagonal, pero contrario para obtener de este modo unos trozos homogéneos. Cocerlos al vapor durante 4-5 minutos, procurando que queden *al dente* y conserven la consistencia.
Escurrirlos, colocarlos en los platitos individuales y servir con la salsa que se habrá obtenido, emulsionando la soja, el azúcar y el aceite de sésamo.

—•—

ENSALADA DE PUNTAS DE ESPÁRRAGOS A LA JAPONESA

800 g de espárragos frescos

Para la salsa japonesa

3 cucharadas de salsa de soja

2 cucharaditas de azúcar

2 cucharaditas de aceite de sésamo

Preparar la olla de cocción al vapor. Eliminar toda la parte dura del tallo de los espárragos, conservando tan sólo la punta tierna (aproximadamente 7 cm). Lavar y escurrir las puntas y cortarlas diagonalmente por la mitad, igualando los extremos también en sentido diagonal, pero contrario, para obtener de este modo unos trozos homogéneos. Cocerlos al vapor durante 4-5 minutos, procurando que queden *al dente* y conserven la consistencia.
Escurrirlos, colocarlos en los platitos individuales y servir con la salsa que se habrá obtenido, emulsionando la soja, el azúcar y el aceite de sésamo.

—•—

BERENJENAS A LA TURCA
Imam Bayildi

2 berenjenas largas y delgadas de unos 400 g cada una

4 cebollas medianas

4 pimientitos dulces

medio pimientito verde fresco picante

3 tomates grandes maduros (aproximadamente 600 g)

4 dientes grandes de ajo majados

2 cucharaditas de perejil picado

4 cucharadas de aceite de oliva extra virgen

2 cucharaditas de azúcar

sal y pimienta

Eliminar los extremos de las berenjenas y lavarlas. Cortarlas por la mitad en sentido longitudinal. Pelarlas parcialmente con el pelapatatas, dejando un poco de piel alrededor de los bordes y en el centro. Con un cuchillo efectuar 3 o 4 cortes longitudinales en la parte más gruesa de la superficie interior de las berenjenas. Espolvorear con sal y dejarlas 30 minutos sobre una tabla inclinada para que se escurran.
Cortar las cebollas en anillos muy finos y dejarlas en un colador en el interior de una escudilla. Espolvorearlas con 2 cucharadas de sal y mezclar cuidadosamente. Cubrirlas con agua fría, colocarles encima un plato con un peso para que se aplasten y dejarlas así 30 minutos.
Sumergir en agua hirviendo, pelar, cortar los to-

mates y picarlos muy finos. Limpiar los pimientitos y cortarlos en rodajas finas.
Enjuagar las berenjenas cuidadosamente bajo el grifo de agua fría y secarlas por completo. Enjuagar las cebollas bajo el grifo de agua caliente, escurrirlas y estrujarlas para que queden bien secas. Amalgamarlas con los tomates picados y con los pimientitos, y salpimentar.
Verter una cucharada de aceite en una cacerola grande y baja, colocar las berenjenas en una sola capa con el lado cortado hacia arriba. Abrir los cortes practicados en su parte interior e introducir en ellos un poco de tomate y cebollas. Repartir el resto por encima de las berenjenas. Colocar en el centro de cada una de ellas un diente de ajo majado y regar con 3 cucharadas de aceite. Espolvorear con 2 cucharaditas de azúcar.
Verter en la cacerola unas 2,5 dl de agua y llevar a ebullición. Tapar, bajar la llama al mínimo y dejar estofar durante aproximadamente 1 hora y 15 minutos. Destapar la cacerola y dejar enfriar. Antes de servir, espolvorear con el perejil picado.

MINIPIZZAS DE BERENJENA

2 berenjenas grandes redondas
2 latas de tomate cortado en trocitos
80 g de parmesano rallado
1 mozzarella
orégano
aceite de oliva extra virgen
mantequilla
sal y pimienta

Precalentar el horno a 200 °C. Untar con aceite dos placas del horno. Eliminar el pedúnculo y la base de las berenjenas, lavarlas y secarlas. Cortarlas en rodajas redondas de medio dedo de grosor. Disponerlas sobre la placa una al lado de otra. Salpimentar y aliñar con un hilillo de aceite. Cocer en el horno durante 6 minutos y sacarlas. Colocar sobre cada rodaja un poco de tomate cortado en trocitos, una pizca de sal, de pimienta y de orégano, un poco de parmesano y un copito de mantequilla, cubrir con una rodaja de mozzarella. Colocar de nuevo las placas en el horno durante 15 minutos más. Servir en seguida. Se pueden precocinar y preparar de antemano para la cocción, y gratinarlas en el horno en el último momento.

PURE DE BERENJENAS A LA TURCA

Patlican Ezmesi

1 kg de berenjenas
1 diente pequeño de ajo
4 cucharadas de yogur
3-4 cucharadas de zumo de lima
3 cucharadas de aceite de oliva extra virgen
sal y pimienta
Para acompañar
pan árabe
pan pitta griego

Precalentar el horno a 200 °C. Dejar las berenjenas enteras, lavarlas y colocarlas en la parrilla central del horno durante 30 minutos, dándoles la vuelta a mitad de cocción. Sacarlas del horno y dejarlas enfriar. Eliminar el pedúnculo, pelarlas y cortarlas en cuartos en sentido longitudinal. Eliminar los sacos de semillas de su interior y cortar la pulpa en trocitos.
Colocarlas en la batidora con el ajo, el aceite, el yogur, el zumo de limas, sal y pimienta. Batir a alta velocidad hasta obtener un puré espeso y homogéneo. Traspasar la mezcla al cuenco de servir y, con una espátula, amontonarla en el centro, dándole la forma de un cono aplastado. Adornar la cima con un manojito de perejil y una

aceituna negra. Si se prepara con antelación, proteger con película transparente y guardar en la nevera. Servir a temperatura ambiental, con acompañamiento de pan árabe o de pitta griega calientes para mojar en el puré.

BERENJENAS A LA JAPONESA
Yaki Nasubi

4 berenjenas redondas medianas
wasabi en polvo (rábano japonés)
4 cucharadas de yamaimo (ñame) rallado
2 cucharadas de semillas de sésamo claro
salsa de soja clara

Precalentar el horno a 200 °C. Lavar las berenjenas y colocarlas en la parrilla central del horno durante unos 30 minutos, dándoles la vuelta a media cocción. Sacarlas del horno y dejarlas enfriar. Eliminar los extremos, mondarlas y cortarlas en cuatro partes en sentido longitudinal. Cortarlas en pequeños rectángulos y disponerlas en montículos en 4 platitos individuales, a ser posible de forma rectangular.
Mezclar un poco de wasabi en polvo con unas gotas de agua caliente y formar 4 pelotitas. Colocarlas en un extremo de los platitos.
Pelar y rallar muy fino un trozo de ñame para obtener 4 cucharadas de pulpa viscosa y colocarlas al lado de las pelotitas de wasabi.
Calentar una sartén pequeña antiadherente y tostar en ella durante unos cuantos segundos las semillas de sésamo hasta que empiecen a saltar. Retirarlas del fuego y aplastarlas un poco con el revés de una cuchara de madera para que exhalen aroma. Repartirlas sobre los montículos de berenjenas.
Servir con salsa de soja clara. Se come de la siguiente manera: mezclar en un ángulo del platito un poco de wasabi con un poco de salsa de soja y añadir una pequeña cantidad de ñame. Tomar un trozo de berenjena con las varillas y mojarlo en esta salsita antes de llevarlo a la boca.

ROLLITOS DE BERENJENAS A LA GRIEGA*
Melitzano Burakaki

2 berenjenas redondas
250 g de queso fresco
1 dl de bechamel (véase p. 36)
5 huevos enteros
pan rallado
aceite de oliva fino
sal y pimienta blanca

Aplastar el queso fresco con el tenedor y amalgamar con los 3 huevos enteros ligeramente batidos y la bechamel. Salpimentar.
Calentar en una freidora o un wok abundante aceite de oliva fino. Lavar las berenjenas tras haber eliminado los pedúnculos y secarlas. Cortarlas en rodajas de medio dedo, utilizando la parte central. Freírlas en el aceite con calor moderado (180 °C) durante 1 minuto por ambos lados hasta que tomen ligero color, aunque sin llegar a secarse ni quedar crujiente. Sacarlas con la espumadera y dejarlas escurrir sobre papel de cocina.
Batir en una escudilla 3 huevos con un poco de sal y pimienta. Colocar en el lado derecho de cada rodaja de berenjena frita 1 cucharadita colmada de relleno, superponerle el lado izquierdo y cerrar bien, ejerciendo presión con los dedos. Sumergir un par de veces el rollito en el huevo batido y después pasarlo por el pan rallado; colocarlo sobre una bandeja. Repetir la operación hasta que se agote el relleno.
Cuando estén listos los rollitos, freírlos en el aceite durante 1 minuto hasta que tomen color. Secarlos sobre papel de cocina y servirlos en seguida muy calientes.

ENSALADA DE BERENJENAS A LA GRIEGA
Melitzanosalata

1 kg de berenjenas
1 cebolla mediana
2 pimientitos verdes dulces
1 pimiento verde picante (opcional)
1 limón
medio diente de ajo
5 cucharadas de yogur
azúcar
4 cucharadas de aceite extra virgen
sal y pimienta
Para adornar
aceitunas negras
rajas de tomate
Para acompañar
pan árabe o griego

Precalentar el horno a 200 °C. Cortar el extremo de las berenjenas, mondarlas y cortarlas longitudinalmente por la mitad. Forrar una placa de horno con una hoja de aluminio y colocar encima las berenjenas con el lado cortado hacia arriba, una al lado de otra. Cocer en la parte central del horno durante 30 minutos. Picar muy finos la cebolla y los pimientitos, tras haber eliminado las semillas y haberlos troceado. Freírlos a fuego lento en 2 cucharadas de aceite durante unos diez minutos, removiendo a menudo para evitar que tomen color. Cuando las berenjenas estén asadas, sacarlas y dejarlas enfriar un poco. Eliminar los sacos de semillas de su interior, trocearlos y batirlas a alta velocidad con 4 cucharadas de zumo de limón, 2 cucharadas de aceite, el ajo, el yogur, media cucharadita de sal y una pizca de azúcar hasta obtener un puré espeso y homogéneo. Traspasar a la bandeja de servir, añadir la cebolla y los pimientitos, rectificar de sal y pimentar. Dejar en el frigorífico unos 30 minutos y adornar con las aceitunas y las rajas de tomate. Servir como salsa con pan árabe o griego calientes.

BERENJENAS FRITAS AL YOGUR
Patlican Kizartmasi

700 g aproximados de berenjenas
1 diente pequeño de ajo
3 dl de yogur natural
aceite de oliva
sal y pimienta
Para adornar
perejil

Mondar las berenjenas y cortarlas en rodajas de medio dedo. Colocarlas en una tabla de madera ligeramente inclinada (o sobre una o dos bandejas) sobre el fregadero, salarlas abundantemente y dejar que se escurran durante 30 minutos. Enjuagarlas bajo el grifo de agua fría y secarlas bien. Freír pocas rodajas a la vez en abundante aceite de oliva durante unos minutos hasta que se doren por ambos lados, secarlas y ponerlas a escurrir sobre papel de cocina. Salpimentarlas ligeramente. Colocarlas en una bandeja grande de servir o en platos individuales.
Rallar el ajo y mezclarlo con el yogur y una pizca de sal. Verter el yogur a cucharadas sobre las berenjenas, adornar con hojas de perejil y servir templadas o frías.
Para que el plato resulte más ligero se aconseja asar las berenjenas a la parrilla en lugar de freírlas.

ENSALADA GRIEGA

4 tomates grandes maduros
2 cebollinos
1 pepino grande
20 aceitunas negras
4 lonchas gruesas de queso fresco

orégano

sal y pimienta

Para acompañar

pan rústico

Cortar los tomates en cuartos y después por la mitad en sentido contrario. Colocarlos en los platos hondos individuales. Cortar los corazones de los cebollinos por la mitad y después en segmentos. Limpiar y pelar el pepino y cortarlo en rodajas gruesas. Distribuir los cebollinos, el pepino y las aceitunas en los platos hondos. Colocar en el centro de cada plato una loncha de queso, espolvorear con una buena pizca de orégano; salpimentar y regar con un poco de aceite. Servir con pan de payés.

—•—

PIMIENTOS CON ANCHOAS

4 pimientos grandes amarillos o rojos

16 filetitos de anchoa

panure (véase p. 114)

10 tomates de pera troceados

aceite de oliva extra virgen

sal y pimienta

Para acompañar

verduras calientes

Precalentar el horno a 180 °C. Lavar los pimientos y cortarlos en 4 en sentido longitudinal. Limpiarlos por dentro. Colocar en el interior de cada trozo un filetito fino de anchoa, 1 o 2 cucharadas de panure y unos trocitos de tomate. Salpimentar los filetitos y regar con un hilillo de aceite. Disponer los trozos de pimiento en una bandeja de horno untada de aceite, echar una o dos cucharonadas de agua hirviente y cocer en el horno durante 35-40 minutos. Los pimientos deberán quedar blandos; nada más sacados del horno, enrollarlos sobre sí mismos y dejar que se enfríen un poco antes de servirlos con otras verduras calientes cocidas al horno.

—•—

AGUACATE CON TOMATE Y POMELO EN CITRONETTE

2 aguacates

1 pomelo rosa

1 tomate grande

1 dl de salsa citronette (véase p. 35)

Para adornar

Hojitas de menta o albahaca

Pelar el pomelo entero, cortarlo en 4, subdividirlo en gajos y eliminar las pieles y las semillas. Cortar la pulpa en daditos y recogerlos en un cuenco. Pelar y cortar el tomate y reducir la pulpa a daditos. Mezclarlos con el pomelo.
Cortar los aguacates por la mitad en sentido longitudinal y eliminar los cuescos. Colocarlos en platitos individuales, llenarlos con los daditos de pomelo y regar con la salsa. Adornar con hojitas de menta o albahaca.

—•—

AGUACATE Y GAMBAS CON SALSA DE ATÚN

2 aguacates

200 g de gambas peladas congeladas

medio limón

2,5 dl de salsa de atún (véase p. 125)
aceite de oliva extra virgen
sal y pimienta
Para adornar
1 cucharada de alcaparras encurtidas

Preparar la salsa de atún y guardar en el frigorífico. Cocer las gambas al vapor durante 2 minutos, dejarlas enfriar y aliñarlas con un poco de zumo de limón, un hilillo de aceite de oliva extra virgen, sal y pimienta. Cortar los aguacates en sentido longitudinal y eliminar los cuescos, llenarlos con las gambas y cubrir con salsa de atún. Adornar con las alcaparras y servir con el resto de la salsa aparte.

ENSALADA DE PEPINO Y JAMÓN COCIDO

Sunomono

1 pepino grande
2 lonchas de jamón cocido de medio cm de grosor
20 g de jengibre fresco picado
1,3 dcl de salsa sambai zu (véase p. 106)
sal
Para adornar
abanicos de pepino (véase p. 29)

Lavar el pepino y cortar los extremos. Frotarlo con sal para que conserve el color verde brillante y pasarle después un lienzo por encima para limpiarlo; cortarlo en cuatro partes en sentido longitudinal. Retirar con un cuchillo las semillas y parte de la pulpa interior de los trozos y cortarlos después en rajas más finas, procurando obtener segmentos regulares.
Cortar las lonchas de jamón en segmentos finos del mismo tamaño. Mezclarlos en un cuenco usando las manos lo más rápidamente posible para que no se reblandezcan. Proteger el cuenco con película adhesiva y guardarlo en el frigorífico.
Preparar la salsa sambai zu y añadirle el jenjibre finamente rallado. Tapar y guardar en el frigorífico por lo menos durante 1 hora.
En el momento de servir, disponer la ensalada en las escudillas individuales, adornar, si se quiere, con abanicos de pepino, y llevar a la mesa con la salsa sambai zu aparte.

PEPINO CON HUEVAS DE SALMÓN Y HUEVOS DUROS

Ikura to Kyuri

2 pepinos grandes
4 huevos duros
1 cucharada de semillas de sésamo oscuro
1 latita de huevas de salmón
medio limón
Para adornar
perejil picado

Colocar los huevos en una olla pequeña, cubrirlos con tres dedos de agua fría, encender la llama, dejarla baja y, cuando el agua alcance el hervor, apagar, tapar y dejarlos sumergidos en ella 20 minutos. Escurrirlos, quitar la cáscara y dejarlos enfriar. Cortarlos horizontalmente por la mitad y eliminar en parte la redondez del fondo para que puedan permanecer derechos sobre el platito. Lavar y secar bien los pepinos y eliminar los dos extremos. Cortarlos por la mitad en sentido longitudinal para obtener 4 barquitas. Cortar la redondez del fondo para que se mantengan en equilibrio estable sobre los platitos y cortar una fina lámina de la superficie sin llegar, sin embargo, hasta el fondo. Doblarla hacia atrás y, con un palillo de bambú, fijarla en el extremo opuesto. Disponer las barquitas de pepino en los platitos individuales, colocando junto a cada una de ellas dos mitades de huevo.

Tostar las semillas de ssésamo en una sartén antiadherente a fuego lento durante un par de minutos, removiendo hasta que empiecen a saltar, y retirar en seguida del fuego. Distribuirlos sobre la superficie amarilla y ligeramente cremosa de las yemas de huevo.
Extender las huevas de salmón sobre la superficie superior de las barquitas de pepino, acidularlas con un poco de zumo de limón y adornar el plato con un manojito de perejil rizado francés. Servir en seguida

GUACAMOLE*

2 aguacates maduros

1 tomate grande maduro

1 pimientito verde fresco picante

2 cucharadas de cilantro picado

1 lima

guindilla en polvo

1 cebollino picado

1 cucharada de aceite de oliva extra virgen

sal y pimienta

Para acompañar

trocitos de tortilla

Pelar los aguacates, eliminar cuescos y trocear la pulpa. Recogerla en un cuenco y aplastarla cuidadosamente con un tenedor.
Pelar el tomate, cortarlo y trocearlo. Picar el pimientito verde y el cilandro.
Sazonar los aguacates con 1 cucharada de aceite, el zumo de la lima, sal, pimienta y una pizca de guindilla en polvo. Incorporar el cebollino picado, el cilantro, el pimientito picado y el tomate. Servir como salsa de mojar los trocitos de tortilla con cócteles tropicales.

ENSALADA DE TOMATES DE PERA AL PILI-PILI

600 g de tomates de pera maduros, pero consistentes

6 cucharadas de aceite de oliva

2 cucharadas de perejil picado

sal

Para el pili-pili

2 tazas de pimientitos rojos frescos picantes o bien 1 taza de pimientitos rojos secos

3 dientes de ajo

1 pimiento rojo

1 cebolla mediana

1,5 dl de aceite de oliva extra virgen

2 cucharadas rasas de sal

Preparar en primer lugar la salsa africana pili-pili que servirá también para otros platos. Si se utilizan pimientitos rojos, hay que eliminar los pedúnculos y, tras haberlos dejado en remojo en agua templada durante 3-4 horas, escurrirlos un poco antes de pasarlos por la batidora. Si se trata, por el contrario, de pimientitos frescos, arrancarles los pedúnculos tras haberlos lavado.
Lavar el pimiento y cortarlo en cuatro trozos en sentido longitudinal; eliminar el pedúnculo, las semillas y los filamentos del interior y picarlo no muy fino. Pelar la cebolla y picarla muy fina.
Pasar la pulpa del pimientito a la batidora, incorporar el pimiento y la sal y, batiendo a alta velocidad, añadir aceite de oliva extra virgen muy poco a poco en un hilo fino hasta obtener una emulsión espesa como la mayonesa. Añadir la cebolla y batir durante 2-3 segundos para amalgamarla, evitando que se licúe.
Traspasar a pequeños recipientes herméticos no transparentes de 1 dl de capacidad y guardar en seguida en el frigorífico.
Puesto que carece de conservantes, el pili-pili se deberá guardar siempre en el frigorífico, pues fermenta con mucha facilidad e incluso refrigerado no dura mucho.

En el momento del uso, rascar con la punta de un cuchillo la pequeña cantidad necesaria, mezclarla con un poco de aceite y sal y mojar en él las crudités o cualquier otro ingrediente al que se desee conferir sabor.
Es excelente también con empanadillas de verduras y quesos frescos o curados. Para que las salsas resulten más picantes, se añade directamente sin mezclarlo previamente con aceite.
Para preparar la ensalada, lavar y secar los tomates de pera, eliminar el pedúnculo en profundidad tal como se describe en la p. 14, cortarlos longitudinalmente por la mitad y eliminar las semillas. Disponerlos sobre una bandeja de servir ovalada y espolvorearlos con perejil. Emulsionar en un cuenco 6 cucharadas de aceite con un poco de sal y 1 o 2 cucharaditas de pili-pili, y regar los tomates.

—•—

TOMATES MEDIANOS EMPANADOS AL GRATÉN

8 tomates medianos maduros

Para la panure

1 cebolla grande picada

4 cucharadas colmadas de pan rallado fresco

4 cucharadas colmadas de parmesano rallado

1 cucharada de ajo moruno picado

aceite de oliva

sal y pimienta

Para acompañar

pimientos con anchoas, minipizzas de berenjenas, hinojos al curry y otras verduras rellenas

Precalentar el horno a 200 °C. Preparar ante todo la panure: freír la cebolla en 5 cucharadas de aceite durante 10 minutos y, cuando empiece a tomar color, añadir el pan rallado. Amalgamar, mezclando a fuego lento durante unos segundos y retirar del fuego. Dejar enfriar e incoporar el parmesano, el perejil, y el ajo moruno. Salpimentar.
Lavar los tomates y cortar horizontalmente los extremos hasta unos ¾. Eliminar con un vaciador las semillas y parte de la pulpa. Salarlos por dentro y rellenarlos abundantemente con la panure, de tal modo que se forme una pequeña cúpula. Alinearlos en una bandeja de horno untada de aceite, gratinarlos en el horno durante unos 10 minutos y servirlos ligeramente calientes o templados con pimientos y anchoas, minipizzas de berenjena, hinojos al curry u otras verduras rellenas.

—•—

CALABACINES A LA SCAPECE*

8 calabacines consistentes

1 manojito de hojas de menta

4 dientes de ajo

aceite de oliva ligero

vinagre muy fino

sal

Cortar los extremos de los calabacines, lavarlos y secarlos. Cortarlos diagonalmente en laminillas de ½ cm escaso de grosor. Extender las láminas sobre un lienzo limpio en una sola capa y tamponarlas con papel de cocina para secarlas al máximo.
Calentar abundante aceite en una freidora grande y freír los calabacines en poca cantidad a la vez a calor moderado (180 °C) hasta que se doren un poco y queden crujientes. Escurrirlas sobre papel de cocina.
Lavar y secar las hojas de menta y picar el ajo no muy fino.
Disponer una capa de calabacines en una bandeja grande de horno, salarlos ligeramente y echarles por encima un poco de ajo picado. Rociarlos generosamente con vinagre y echarles encima las hojas de menta. Colocar otra capa de calabacines y repetir la operación hasta que se agoten los ingredientes. Proteger con película transparente adhesiva y guardar unas cuantas horas en el frigorífico, a ser posible durante toda la noche.

FRITURA DE OKRAS A LA HINDÚ

500 g de okras

2,5 dl de harina de garbanzos

media cucharadita de comino tostado en polvo

media cucharadita de cilantro tostado en polvo

guindilla en polvo

aceite de semillas

sal

Para adornar

cilantro fresco

Amalgamar en un cuenco la harina de garbanzos con las especias, un poco de sal y guindilla al gusto. Pelar los okras, eliminar el pedúnculo, lavarlos, secarlos y cortarlos en laminillas finas en sentido longitudinal. Distribuirlos sobre una ancha superficie de trabajo, rociarlos con la mezcla de harina de garbanzos y especias y amalgamarlos, usando ambas manos para que se impregnen por todos lados.
Calentar abundante aceite de semillas a 180 °C y freír los okras en poca cantidad cada vez durante 2-3 minutos hasta que queden dorados y crujientes por todos lados. Sacarlos con la espumadera y ponerlos a escurrir sobre papel de cocina. Mantenerlos calientes en el horno templado mientras se fríen los demás.
Servirlos en seguida muy calientes, adornados con manojitos de cilantro fresco. Es preferible no prepararlos con antelación, pero, en caso necesario, se pueden calentar en el horno a 160 °C durante diez minutos.

MENESTRA PRIMAVERA

3 alcachofas

150 g de hierbas variadas

150 g de escarola

1 cebolla mediana

1 loncha de bacon ahumado de ½ cm de grosor

1 dl de vino tinto

600 g de habas desgranadas

300 g de guisantes desgranados

4 cucharadas de aceite extra virgen

sal y pimienta en grano

Para acompañar

picatostes

Receta para 6 personas. Pelar las verduras: de las alcachofas conservar tan sólo el corazón tierno y cortarlas en trozos más bien finos; cortar las hierbas y las escarola en chiffonade (véase p. 24), picar la cebolla muy fina y cortar el bacon en daditos.
En una cacerola grande, preferiblemente de barro, calentar 2 cucharadas de aceite y sofreír suavemente la cebolla y el bacon durante unos minutos y, cuando empiecen a adquirir color, apagarlos con el vino. Dejar evaporar, incorporar las habas y las alcachofas y añadir 1,5 dl de agua, 2 cucharaditas de sal y 5 granos de pimienta. Llevar a ebullición, bajar la llama, tapar y dejar cocer a fuego lento durante 45 minutos. Añadir los guisantes las hierbas y la escarola y dejar cocer otros 15-20 minutos. Rectificar de sal y servir no muy caliente, sazonando en el último momento con un hilillo de aceite y una rociada de pimienta molida con acompañamiento de picatostes.

CREMA DE ESPÁRRAGOS A LA MILANESA

900 g de espárragos finos

1 l de caldo de pollo (véase p. 72)

5 dcl de leche

35 g de mantequilla

40 g de harina

2 yemas de huevo

1,5 dcl de nata

5 cucharadas de parmesano rallado

sal y pimienta blanca

Para acompañar

daditos de pan fritos en mantequilla

parmesano rallado

Calentar la leche y el caldo por separado. Conservar de los espárragos tan sólo la parte verde y tierna. Lavarlos, escurrirlos y cortarlos en trocitos de aproximadamente un dedo.
Derretir 35 g de mantequilla a fuego lento en una olla grande preferiblemente de barro y tostar la harina durante 1 minuto, removiendo con una cucharada de madera para que no tome color. Retirar la olla del fuego y echarle dentro la leche hirviente, batiendo con una espátula para que no se formen grumos. Añadir el caldo poco a poco y amalgamarlo.
Volver a colocar la olla en el fuego y, cuando alcance la ebullición, incorporar las puntas de espárrago. Mezclar, cubrir y cocer a fuego lento durante 40 minutos. Retirar del fuego y batir con una batidora de inmersión hasta obtener una crema homogénea.
Colocar las yemas de huevo en un cuenco y amalgamarlas con la nata. Mezclando sin interrupción, verter el contenido del cuenco en la crema y remover. Añadir 5 cucharadas de parmesano rallado, rectificar de sal, pimentar y servir con los daditos de pan frito y con más parmesano aparte.

—•—

CREMA DE ALCACHOFAS A LA CASTELLANA

4 alcachofas grandes

1,1 l de caldo de carne (véase p. 37)

1 limón

45 g de mantequilla

50 g de harina

2,5 dcl de leche

0,7 dcl de nata

2 yemas de huevo

sal y pimienta blanca

Para acompañar

daditos de pan frito con mantequilla

Calentar el caldo y pelar las alcachofas, conservando sólo los fondos. A medida que estén listas, sumergirlas en agua acidulada con zumo de limón para que no se ennegrezcan. Sacarlas, secarlas y cortarlas en láminas finas.
Cocerlas a fuego lento en 1,5 dl de caldo durante 10 minutos en una sartén antiadherente tapada.
En una cacerola grande derretir 45 g de mantequilla, y tostar en ella la harina durante un par de minutos a fuego lento, removiendo sin interrupción y cuidando de que no tome color.
Retirar del fuego y verter todo el caldo hirviendo, batiendo enérgicamente con la espátula para que no se formen grumos.
Volver a colocar a fuego lento, añadir las alcachofas con su jugo, tapar y cocer durante 30 minutos. Reducirlo todo a crema con una batidora de inmersión, incorporar la leche, rectificar de sal y llevar nuevamente a ebullición.
En un cuenco mezclar la nata con las yemas de huevo, una pizca de sal y una rociada de pimienta blanca.
Añadir poco a poco, batiendo con la espátula, un par de cucharadas de la crema hirviente.
Retirar la cacerola del fuego y, batiendo con la espátula, añadir el contenido del cuenco poco a poco en un fino hilillo.
Volver a poner la cacerola a fuego muy bajo y mezclar sin interrupción durante un par de minutos hasta que la crema espese, pero sin hervir.
Retirar en seguida del fuego y acidular con un poco de zumo de limón.
Servir con daditos de pan fritos en aceite.

CREMA DE TOMATE CON COLAS DE CIGALAS
Crême de Tomates Bec Fin

1,2 kg de tomates muy maduros
1 diente de ajo
1 cucharadita de hojas de mejorana
una pizca de orégano
1 manojo grande de albahaca
3 cucharadas de aceite extra virgen
1 guindilla
2-3 cucharadas de zumo de limón
2-3 cucharadas de pan rallado fresco
12 o 16 colas de cigalas con caparazón
2 chalotes grandes picados
15 g de mantequilla
1 cucharada de aceite de oliva fino
Martini dry o vino blanco seco
sal y pimienta
Para adornar
4 manojitos de albahaca

Pelar los tomates, abrirlos por la mitad en sentido longitudinal, quitar las semillas e irlos colocando en el vaso de la batidora. Una vez finalizada la operación, batir los tomates a alta velocidad junto con el diente de ajo, la mejorana, el orégano, la albahaca la guindilla, 3 cucharadas de aceite extra virgen, el zumo de limón, el pan rallado y un poco de sal y pimienta hasta obtener una crema homogénea. Rectificar de sal y batir unos cuantos segundos más. Poner la crema en el frigorífico durante 30 minutos antes de servirla: deberá estar fresca, pero no helada.
Poco antes de llevar a la mesa, freir en una sartén durante 5 minutos el chalote con la mantequilla y una cucharada de aceite, apagar con una rociada de Martini o de vino blanco, incorporar las colas de cigalas, tapar y estofar a fuego lento durante 5 minutos. Colocar las colas de cigalas sobre una tabla de madera y quitarles el caparazón, sin desprender la parte terminal.
Verter la crema de tomates en los platos hondos; disponer en el centro de cada uno de ellos 3 o 5 cigalas en abanico con las colas hacia el exterior. Adornar el centro con manojitos de albahaca y servir.

CREMA DE TOMATE

700 g de tomates de pera maduros
1 l de caldo de pollo
1 cebolla mediana picada
60 g de mantequilla
35 g de harina
medio limón
parmesano rallado
sal y pimienta blanca
Para acompañar
daditos de pan fritos en mantequilla

Calentar el caldo. Sumergir en agua hirviente, pelar y trocear los tomates, recogiendo en un cuengo el jugo y la pulpa que se podrán utilizar en otros platos. Pica los trozos no muy finos.
Derretir en una olla grande 40 g de mantequilla y sofreír la cebolla sin que tome color durante unos diez minutos a fuego lento, removiendo a menudo. Añadir la harina y tostarla brevemente. Retirar la olla del fuego y verter en ella ⅓ del caldo todo de una vez, batiendo con una espátula. Añadir el resto del caldo, amalgamar y volver a colocar la olla sobre el fuego. Incorporar el tomate, amalgamar, tapar y cocer durante unos 30 minutos, removiendo de vez en cuando.
Retirar del fuego y batir en una batidora de inmersión hasta obtener una crema líquida y homogénea. Rectificar de sal, pimentar y acidular al gusto con zumo de limón. Añadir 20 g de mantequilla cruda, amalgamar y servir en seguida con los daditos de pan fritos en mantequilla y el parmesano rallado.

Crema de calabaza con galletitas de almendras amargas*

500 g de pulpa de calabaza (peso neto)

6,5 dl de caldo

40 g de mantequilla

4 chalotes grandes picados

3 dl de nata

10 galletitas de almendras amargas

azúcar

sal y pimienta blanca

Calentar el caldo y pelar la calabaza. Pesar 500 g de calabaza limpia y cortarla en daditos. Derretir 25 g de mantequilla en una cacerola grande y freír el chalote durante 5 minutos sin dejar de remover, añadir la calabaza y freírla a fuego lento durante 5 minutos más. Incorporar el caldo caliente y llevar a ebullición. Tapar, bajar la llama y hervir durante 20 minutos hasta que la calabaza se ablande.
Retirar del fuego y batir con la batidora de inmersión hasta obtener una crema homogénea. Incorporar la nata, una pizca de azúcar, una pizca de sal y un poco de pimienta blanca y colocar de nuevo sobre el fuego. Llevar nuevamente a ebullición y apagar. Rectificar de sal y añadir 15 g de mantequilla.
Desmenuzar las galletitas de almendras amargas en trocitos no demasiados pequeños. Verter la crema en los platos hondos individuales, echarle encima las galletitas desmenuzadas y servir en seguida.

—•—

Crema de calabaza helada argentina

Fonda del sol

800 g de calabaza alargada (peso neto)

4 tomates de pera

1 cebolla mediana

2 puerros

2 cubitos de caldo

2,5 dl de nata

sal y pimienta

Para adornar

3 cucharadas de ajo moruno cortado muy fino

Sumergir en agua hirviendo, pelar y cortar los tomates de pera y trocearlos. Pelar la calabaza, pesar 800 g y trocearla. Pelar la cebolla, cortarla en 4 en sentido longitudinal y después en trocitos. De los puerros conservar tan sólo el corazón tierno; lavarlos y cortarlos en rodajas gruesas. Colocar todas las verduras en una cacerola grande y añadir 8 dl de agua y los dos cubitos de caldo. Llevar a ebullición, tapar y hervir a fuego lento durante aproximadamente 1 hora hasta que la calabaza esté muy blanda. Retirar del fuego y reducirlo todo a una crema homogénea con una batidora de inmersión.
Dejar enfriar, añadir la nata, rectificar de sal, pimentar, tapar y guardar en el frigorífico un mínimo de 2 horas antes de servir la crema helada y adornada con ajo moruno troceado.

—•—

Sopa de brotes de bambú y puntas de espárragos

90 g de brotes de bambú en conserva

60 g de brotes de bambú secos

50 g de espárragos frescos

1,2 l de caldo chino

1 limón

1 laminilla de jengibre fresco

200 g de toufu

1 cucharada abundante de aceite de semillas

2 cucharadas de Martini dry

1 cucharadita de aceite de sésamo

sal y pimienta

Poner los brotes de bambú secos en remojo en agua caliente durante 30 minutos. Entre tanto, calentar el caldo y pelar los espárragos, conservando únicamente las puntas tiernas. Lavarlas y cortarlas diagonalmente en trozos de 3 cm. Colocarlas en un cuenco con agua fría acidulada con zumo de limón.
Cortar los brotes de bambú en conserva en láminas de un dedo de grosor y después en segmentos del mismo tamaño que las puntas de espárragos. Pelar la laminilla de jengibre y picarla muy fina. Escurrir, estrujar y secar bien los brotes de bambú reblandecidos y cortarlos a la juliana (véase p. 24). Cortar el toufu en daditos.
Calentar 1 cucharada abundante de aceite de semillas en una cacerola y sofreír brevemente el jengibre y los brotes de bambú cortados a la juliana e incorporar los brotes cortados en segmentos, sofreírlos unos segundos y añadir el caldo. Llevar a ebullición, bajar la llama, tapar y hervir a fuego lento durante 30 minutos. Añadir las puntas de espárragos y el toufu y hervir otros 10 minutos hasta que queden *al dente*.
Retirar del fuego y sazonar con el Martini y el aceite de sésamo, rectificar de sal, pimentar y servir la sopa bien caliente; resulta muy apropiada como conclusión de una comida china.

SOPA DE AGUACATE

3 aguacates maduros
2 dl de nata
1 l de caldo de pollo (véase p. 72)
2-3 cucharadas de jerez seco
sal y pimienta blanca
Para acompañar
tortillas

Calentar el caldo. Cortar los aguacates por la mitad en sentido longitudinal, eliminar los cuescos y pelarlos. Trocear la pulpa de 2 aguacates y medio y el restante medio aguacate en láminas finas longitudinales.
Batir a alta velocidad los trozos de aguacate con una cucharonada de caldo caliente durante unos pocos segundos hasta reducirlos a pasta; incorporar la nata y batir 30 segundos más para amalgamarla.
Cuando el caldo empiece a hervir, añadir la crema de aguacate poco a poco, batiendo con una espátula hasta que quede perfectamente amalgamada y calentada. No debe hervir. Retirar en seguida del fuego, añadir el jerez, rectificar de sal y pimentar. Servirla caliente con tortillitas calientes y crujientes y adornada con las laminitas de aguacate previamente reservadas.

SOPA CHINA

1 pepino grande
60 g de lonchitas finas de lomo
8 dcl de caldo de pollo (véase p. 72)
1 laminilla gruesa de jengibre fresco
2 cucharaditas de harina
sal y pimienta

Llevar el caldo a ebullición con una laminilla de jengibre. Lavar el pepino, cortar los extremos y descortezar ligeramente la superficie con el pelapatatas para nivelarla, pero sin pelarla. Cortarlo en 4 trozos en sentido longitudinal y después en segmentos finos. Cortar las lonchitas de lomo a la juliana (véase p. 24), recogerlas en un cuenco y añadir media cucharadita de sal, y 2 cucharaditas de harina, revolviendo bien con las manos. Cuando hierva el caldo, echarle la carne, bajar la llama y dejar hervir 4 minutos; añadir el pepino y hervir 3 minutos más. Rectificar de sal, pimentar y servir la sopa bien caliente en escudillas individuales.

SOPA DE CALABACINES A LA NAPOLITANA*

900 g de calabacines tiernos
3 cucharadas de albahaca picada
2 cucharadas de perejil picado
1 limón
2 huevos
40 g de parmesano rallado
aceite de oliva extra virgen
sal y pimienta
Para acompañar
daditos fritos de pan rústico

Calentar 1,2 l de agua. Pelar y lavar los calabacines y cortarlos en daditos.
En una cacerola grande calentar 4 cucharadas de aceite y sofreír los calabacines durante unos minutos a fuego moderado, removiendo hasta que tomen color. Añadir el agua, un poco de sal y pimienta, amalgamar y llevar a ebullición. Tapar, bajar la llama y dejar hervir 40 minutos.
Picar la albahaca y el perejil y rallar muy fina la corteza de medio limón.
Freír los daditos de pan en una sartén antiadherente o tostarlos al horno.
Batir brevemente los huevos en un cuenco e incorporar la albahaca, el perejil, el parmesano, la ralladura de limón y una pizca de sal.
Cuando la sopa esté lista, retirar del fuego y mezclar poco a poco 2 cucharadas con los huevos, removiendo enérgicamente. Verter poco a poco en la sopa el contenido del cuenco en un hilillo muy fino, batiendo con una espátula para que los huevos se mezclen bien y se condensen sin formar grumos.
Rectificar de sal y pimienta y dejar en reposo 10 minutos antes de servir con los daditos de pan. Sazonar en los platos hondos con un hilillo de aceite de oliva extra virgen.
Esta sopa también resulta exquisita templada.

GAZPACHO*

1 kg de tomates grandes maduros
1 manojo grande de albahaca
3 dientes de ajo
3-4 cucharadas de vinagre blanco
5 cucharadas de aceite de oliva extra virgen
1 guindilla
3 cucharadas de miga de pan rallada
1 pepino mediano
5 rebanadas de pan de molde
sal

Sumergir los tomates en agua hirviente durante 10 segundos, escurrirlos, pelarlos y pasarlos por el pasaverduras para eliminar las semillas.
Lavar y secar las hojas de albahaca.
Batir los tomates con la albahaca, 1 diente pequeño de ajo, la sal, el vinagre, 3 cucharadas de aceite, la guindilla y la miga de pan rallada hasta obtener una crema homogénea. Rectificar de sal, traspasar a la sopera, tapar y dejar en el frigorífico entre 2 y 6 horas.
Poco antes de servir, pelar y lavar el pepino, secarlo y cortarlo en cuartos en sentido longitudinal. Eliminar las semillas y la pulpa, cortarlo en daditos pequeños y dejarlo en el frigorífico.
Recortar los bordes de las rebanadas de pan de molde y cortar la miga en daditos.
Calentar 2 cucharadas de aceite en una sartén antiadherente con 2 dientes de ajo y saltear los daditos de pan de molde a fuego moderado, usando la correspondiente paleta hasta que se doren y queden crujientes. Salarlos ligeramente y reservarlos.
Antes de servir el gazpacho en platos hondos helados, rectificar nuevamente de sal, pues el frío atenúa el sabor.
Acompañar con el pepino y los daditos crujientes de pan, que deberán añadirse en el último momento.

ARROZ CON FLORES DE CALABAZA

6 manojitos de flores de calabaza
400 g de arroz
4 chalotes
medio vaso de vino blanco
1,2 l de buen caldo desgrasado
1 ramita de tomillo
unas hojas de albahaca
0,7 dl de nata
parmesano rallado
60 g de mantequilla
1 cucharada de aceite de oliva
sal y pimienta.

Calentar el caldo; picar 3 chalotes muy finos, pelar y cortar en rodajas de un dedo de grosor las flores de calabaza, reservando 2 manojitos.
Calentar 20 g de mantequilla y 1 cucharada de aceite en una cacerola grande y baja y sofreír los 3 chalotes durante unos diez minutos; añadiendo después las flores y sofriéndolas a fuego lento durante medio minuto. Añadir el arroz, subir la llama, tostarlo uno o dos minutos sin dejar de remover, apagarlo con el vino y dejar evaporar por completo. Añadir 2 cucharonadas de caldo, amalgamar y cocer con la olla destapada a fuego moderado, incorporando más caldo hirviendo a medida que se absorba y mezclar de vez en cuando durante unos 14 minutos hasta que el arroz quede *al dente.*
Entre tanto, sofreír el chalote restante en un poco de mantequilla en una sartén pequeña aparte, incorporar las flores de calabaza restante con unas cuantas hojas de albahaca desmenuzadas y sofreír durante 1 minuto. Añadir la nata, un poco de sal y pimienta y dejar consumir a fuego lento medio minuto más. Las flores de calabaza deberán quedar *al dente.*
Mezclar el arroz con 30 g de mantequilla y algunas cucharadas de parmesano, rectificar de sal y pimentar.
Colocarlo en los platos hondos individuales y repetir en el centro de cada uno de ellos las flores de calabaza sofritas aparte con su jugo, eliminando el tomillo.

—•—

ARROZ CON ALCACHOFAS

4 alcachofas
1,2 l de buen caldo desgrasado
350 g de arroz
0,7 dl de Martini dry
60 g de mantequilla
1 cucharada de aceite de oliva
un buen puñado de parmesano rallado
ajo picado (opcional)
sal y pimienta

Calentar el caldo y pelar las alcachofas, conservando tan sólo el corazón tierno. Cortarlas en 4 en sentido longitudinal, eliminar la parte lanosa y espinosa del centro y cortarlas en rajas finas. Picar la cebolla muy fina y sofreírla en 30 g de mantequilla y 1 cucharada de aceite de oliva en una cacerola grande y de bordes bajos. Añadir las alcachofas y sofreírlas a fuego lento durante 5 minutos sin dejar de remover; incorporar el arroz, subir la llama y tostarlo a fuego moderado durante uno o dos minutos y apagarlo con el Martini, mezclando hasta que se evapore por completo. Alargar con un par de cucharonadas de caldo hirviendo, amalgamar y cocer durante 14 minutos a fuego moderado añadiendo más caldo a medida que se evapore, mezclando de vez en cuando. El arroz deberá quedar un poco caldoso y *al dente.* Retirar del fuego y mezclar con 30 g de mantequilla y un buen puñado de parmesano. Rectificar de sal, pimentar y servir en seguida. Opcional: añadir una pizca de ajo picado en el último momento.

SPAGHETTI «SCIUÈ SCIUÈ»*

320 g de spaghetti
4 tomates grandes maduros
4 dientes de ajo majados
1 guindilla
1 manojo grande de albahaca perfumada
3 cucharadas de aceite de oliva extra virgen
parmesano rallado
sal y pimienta negra

Se trata de una especialidad de la isla de Capri. Calentar abundante agua salada para para cocer los spaghetti. Sumergir en agua hirviendo y pelar los tomates. Cortarlos en 4, eliminar las semillas y trocearlos no demasiado finos. Calentar 3 cucharadas escasas de aceite de oliva extra virgen en una sartén grande y saltear el ajo hasta que se dore. Desmenuzar la guindilla, incorporarla y añadir el tomate con un poco de sal y un par de hojas de albahaca. Cocer a fuego vivo durante minutos sin tapar, removiendo de vez en cuando, y retirar del fuego.

Cocer los spaghetti muy *al dente*, escurrirlos y saltearlos 1 minuto junto con el tomate. Apagar el fuego, añadir el parmesano, una rociada de pimienta negra molida en el último momento y un buen puñado de albahaca troceada con los dedos. Amalgamar y servir enseguida.

SPAGHETTI AL PESTO DE PANTELLERIA*

320 g de spaghetti
Para el pesto
2 tomates grandes maduros
2 cucharadas de perejil picado
2 manojitos de albahaca
4 dientes grandes de ajo
2 pizcas de orégano
1 cucharada y media de alcaparras
16 aceitunas negras
1 guindilla
5 cucharadas de aceite de oliva extra virgen
sal y pimienta

Poner a hervir abundante agua salada para cocer los spaghetti. Entre tanto, preparar el pesto: pelar los tomates y trocearlos, recogiéndolos con su jugo en un cuenco. Añadir el perejil picado, las hojas de albahaca desmenuzados con las manos, el ajo majado, el orégano, las alcaparras, las aceitunas deshuesadas y troceadas, la guindilla desmenuzada y sal y pimienta recién molida. Regar con aceite de oliva y dejar que tome sabor. Cuando hierva el agua, echar los spaguetti, cocerlos *al dente*, escurrirlos y sazonarlos con el pesto de Pantelleria. (Este pesto resulta excelente también para sazonar el arroz integral cocido al vapor.)

SPAGHETTI Y BERENJENAS A LA SICILIANA*

350 g de berenjenas
500 g de tomates de pera maduros
medio pimientito verde fresco picante
2 dientes grandes de ajo majados
1 dl de vino blanco seco
orégano
350 g de spaghetti
queso de oveja rallado
algunas hojas de albahaca
2 cucharadas de aceite de oliva extra virgen
aceite de oliva fino

sal y pimienta negra

Para adornar

hojitas de albahaca

Poner al fuego abundante agua salada para cocer los spaghetti. Pelar las berenjenas y cortarlas longitudinalmente en tajadas de medio dedo de grosor. Cortar estas últimas en tajadas rectangulares de 3 × 4 cm. Freírlas en abundante aceite de oliva fino hasta que tomen un poco de color, pero sin llegar a secarse, y dejarlas escurrir en una sola capa sobre papel de cocina. Salpimentar ligeramente.

Sumergir en agua hirviente los tomates de pera, pelarlos y trocearlos, eliminando las semillas. Picar el pimientito y saltearlo, junto con el ajo majado, en 2 cucharadas de aceite extra virgen durante unos segundos. Añadir los tomates, salar y cocer a fuego moderado con la olla destapada durante unos 7 minutos, removiendo de vez en cuando. La salsa deberá quedar espesa y no acuosa. Incorporar el vino y dejar evaporar por completo. Añadir una buena pizca de orégano, amalgamar unos segundos y retirar del fuego.

Cocer los spaghetti *al dente*, escurrirlos y volverlos a colocar en la olla. Sazonarlos con la salsa de tomate y un puñado de queso de oveja rallado. Añadir pimienta negra recién molida y traspasar a los platos individuales calientes. Repartir por encima las berenjenas fritas, adornar con hojas de albahaca y servir inmediatamente.

SPAGHETTI CON FLORES DE CALABAZA*

6 manojitos bien compactos de flores de calabaza

320 g de spaghetti integrales

4 chalotes

40 g de mantequilla

2 dl de nata

2 hebras de azafrán

sal y pimienta

Poner a calentar abundante agua salada para cocer los spaghetti. Pelar las flores de calabaza: cortar y desechar el tallo y, con mucho cuidado, introducir el dedo medio en el interior de la flor, arrancar el pistilo amarillo y carnoso y desecharlo, lavar las flores en agua fría, secudiéndolas para que salgan los posibles insectos. Escurrirlas y extenderlas sobre un lienzo limpio para que se sequen. Picar el chalote muy fino.

Cuando hierva el agua, echar los spaghetti y cocerlos *al dente* durante unos 10 minutos.

Poco antes de que finalice la cocción, derretir la mantequilla en una sartén y sofreír a fuego lento el chalote. Cortar transversalmente las flores de calabaza en trocitos, incorporarlas al chalote y sofreírlas durante medio minuto. Incorporar la nata y el azafrán y cocer a fuego moderado durante 1 minuto. Salpimentar y sazonar los spaguetti recién escurridos.

PENNE A LA «AÚMM AÚMM»*

350 g de berenjenas (peso neto

400 g de tomates

2 dientes de ajo

1 guindilla

150 g de mozzarella

350 g de penne

1 manojo grande de albahaca

1 cucharada de aceite de oliva extra virgen

aceite de oliva fino

sal y pimienta negra

Se trata de una especialidad de la isla de Capri. Poner al fuego abundante agua salada para cocer la pasta. Majar los dientes de ajo y sofreírlos en 1 buena cucharada de aceite de oliva extra virgen en una cacerola hasta que tomen ligeramente color. Añadir la guindilla desmenuzada, mezclar e incorporar los tomates troceados y un par de hojas de ablahaca. Salpimentar ligeramente. Cocer la salsa a fuego moderado con la cacerola destapada durante 15-20 minutos, removiendo de vez en cuando. La salsa no deberá quedar acuosa. Entre tanto, preparar las berenjenas. Pelarlas y cortarlas en tajadas longitudinales de medio dedo de grosor y cortarlas ulteriormente en pequeños rectángulos de aproximadamente 2 × 3 cm. Freírlas en abundante aceite de oliva fino y a calor moderado (180 °C) hasta que tomen color por ambos lados, dejarlas escurrir sobre papel de cocina y salarlas ligeramente.
Cortar la mozzarella en daditos y desmenuzar la albahaca con los dedos, conservando algunas hojas enteras para adornar. Cocer las penne muy *al dente*, escurrirlas y saltearlas con la salsa durante unos segundos en una sartén grande o un wok. Incorporar las berenjenas y la mozzarella y saltearlo todo a fuego moderado durante unos cuantos segundos más hasta que la mozzarella se funda y las berenejas se mezclen bien. Retirar del fuego, espolvorear con la albahaca desmenuzada, adornar con algunas hojas de albahaca enteras, molerle encima un poco de pimienta y servir en seguida.

—•—

PIMIENTOS RELLENOS A LA TURCA*

Zeytinyagli Biber Dolmasi

4 pimientitos medianos (1 k)
500 g de cebollas
1 cucharada y media de perejil picado
1 cucharada y media de eneldo picado
200 g de arroz
2 cucharadas de piñones
1 cucharada rasa de canela en polvo
3 cucharaditas de menta seca
1 limón
5 cucharadas de aceite de oliva
sal y pimienta

Precalentar el horno a 180 °C. Lavar los pimientos, cortar el extremo inferior a unos dos dedos del pedúnculo y reservarlo. Vaciarlos cuidadosamente por la parte inferior y lavarlos, eliminando todas las semillas y filamentos fibrosos. Dejarlos invertidos sobre una tabla de madera para que se escurran.
Picar las cebollas muy finas y, aparte, picar el perejil con el eneldo.
Lavar el arroz bajo el grifo de agua fría hasta que ésta salga limpia y escurrirlo.
Calentar 1 cucharada de aceite en una cacerola grande y de bordes bajos y tostar brevemente los piñones a fuego moderado hasta que queden crujientes. Sacarlos con una espumadera y reservarlos. Añadir otras 4 cucharadas de aceite a la cacerola, calentarlo y sofreír la cebolla a fuego muy lento, removiendo a menudo durante unos diez días hasta que se ablande y empiece a tomar un poco de color. Incorporar el arroz y los piñones, amalgamar y tostar durante 1 minuto sin dejar de remover. Añadir 2 dcl de agua hirviendo y 1 cucharadita y media de sal y amalgamar. Seguir removiendo unos minutos hasta que el agua se evapore casi por completo; la mezcla deberá quedar blanda. Retirar del fuego y enfriar; añadir a continuación la canela, la menta, el perejil, el eneldo, 2 cucharadas de zumo de limón y una abundante rociada de pimienta molida. Rectificar de sal y rellenar los pimientos con la mezcla, tapándolos con el extremo inferior.
Untar de aceite una cacerola de bordes bajos resistentes al calor y lo bastante pequeña como para contener los pimientos verticales el uno al lado del otro, y verter lateralmente 2,5 dl de agua hirviente. Cocer en el horno sin tapadera durante 30 minutos, sacar los pimientos, regarlos con el líquido de cocción, tapar y cocer en el horno 15 minutos más. Servir templados o fríos.

ENSALADA DE PALMITO Y TOMATITOS EN SALSA AL CURRY

400 g de corazones de palma en conserva
2 aguacates
12 tomates pequeños
300 g de gambitas congeladas peladas
Para la salsa al curry
2 cucharaditas de curry en polvo
media cucharadita de guindilla en polvo
3 cucharadas de zumo de lima
5 cucharadas de aceite de semillas
1 dl de nata
2 cucharadas de cilantro picado
sal y pimienta
Para adornar
hojas de cilantro

Cocer las gambitas al vapor durante 2 minutos y dejarlas enfriar. Escurrir los corazones de palma y cortarlos en rodajas.
Cortar los aguacates en sentido longitudinal, eliminar el cuesco y pelarlos. Subdividirlos en laminitas longitudinales y cortar estas últimas por la mitad.
Lavar y secar los tomatitos.
Disponer las verduras en los platos individuales por sectores separados y en abanico: los tomatitos, el palmito en el centro y el aguacate al lado. Agrupar en el fondo las gambitas.
Preparar la salsa: disolver 2 cucharaditas de curry en polvo y media cucharadita de guindilla también en polvo en 3 cucharadas de zumo de lima, media cucharada de sal y un poco de pimienta; añadir poco a poco 5 cucharadas de aceite de semillas, batiendo con una espátula, e incorporar la nata. Amalgamar 2 cucharadas de cilantro picado y rectificar de sal. Regar las gambitas con la salsa; adornar con un manojito de cilantro y servir con el resto de salsa aparte para añadirla al gusto.

ENSALADA DE TOMATES, AGUACATE Y POLLO CON SALSA DE ATÚN

4 tomates maduros
2 aguacates maduros
400 g de pechugas de pollo deshuesadas
1 limón
1 dl de caldo
1 rociada de vino blanco
Para la salsa de atún
30 g de atún en conserva
1 huevo
media cucharadita de mostaza
2 dl de aceite de oliva fino
2 cucharadas de zumo de limón
unas gotas de salsa Worcestershire
2 cucharadas de vinagre blanco
0,8 dl de vino blanco seco
1 puñado de alcaparras picadas
Para adornar
alcaparras picadas
albahaca

Salpimentar las pechugas de pollo y regarlas con un poco de zumo de limón por ambos lados. Dejarlas empapar unos diez minutos y colocarlas a continuación en una sola capa en una sartén antiadherente; añadir el caldo y una rociada de vino blanco y tapar. Dejarlas estofar a fuego muy lento durante unos 6 minutos, dándoles la vuelta a media cocción. Pinchar con la punta de un cuchillo la parte central más gruesa de una de las pechugas para comprobar si están cocidas por dentro: si se observan algunos restos rosados de sangre, prolongar la cocción aproximadamente 1 minuto más por cada lado. Retirar en seguida del fuego, pasarlas a una tabla de madera y dejar que se enfríen por completo.
Entre tanto, preparar la salsa. Poner 1 huevo entero en la batidora con media cucharadita de mos-

taza y una pizca de sal. Batir a alta velocidad, añadiendo el aceite en un hilo muy fino hasta que la mayonesa aumente y espese en un par de minutos. Añadir 2 cucharadas escasas de zumo de limón, unas gotas de Worcestershire, 2 cucharadas de vinagre, 0,8 dl de vino blanco y el atún bien escurrido. Seguir batiendo hasta obtener una crema más bien líquida. Rectificar de sal y pimentar generosamente. Separar el vaso de la batidora y traspasar la salsa a la salsera. Picar las alcaparras muy finas y mezclarlas con la salsa, reservando una pequeña cantidad para adornar. Esta salsa se puede calentar con antelación y guardar en el frigorífico.
Poco antes de servir, cortar las pechugas de pollo en lonchitas muy finas. Lavar los tomates, cortarlos por la mitad en sentido longitudinal y cortarlos en láminas. Pelar los aguacates, cortarlos por la mitad en sentido longitudinal y eliminar el cuesco; cortarlos a continuación en láminas longitudinales. Disponer las láminas de tomate en abanico ligeramente superpuestas en platos individuales. Disponer debajo las láminas de aguacate inclinadas y, debajo de éstas, las lonchitas de pechuga. Cubrirlas con abundante salsa de atún y adornar la superficie con las alcaparras picadas y la albahaca.

—•—

BROTES DE SOJA CON CARNE DE CERDO Y ARROZ AL VAPOR

Chopsuey

400 g de brotes de soja

4 cebollinos verdes finos

1 laminita de jengibre de un dedo de altura

150 g de carne de cerdo en lonchitas

4 cucharadas de aceite de semillas

1 diente de ajo

1 pimientito rojo

sal

Para la salsa

3 cucharadas de Martini blanco dulce

2 cucharadas de salsa de soja

4 cucharadas de caldo carne

1 cucharada de concentrado de tomate

media cucharadita de azúcar

¼ de cubito desleído

1 rociada de pimienta molida

½ cucharadita de almidón

Para la tortilla de guarnición

2 huevos

1 cucharada de aceite de semillas

azúcar

sal

Para acompañar

1 taza de arroz cocido al vapor (véase p. 126)

Receta para dos personas como plato único.
Preparar ante todo el arroz al vapor. Medirlo por volumen (2,5 dl) en lugar que por el peso. Lavarlo con agua fría hasta que ésta salga limpia. Dejarlo en remojo 20 minutos y escurrirlo. Ponerlo en una olla pequeña de triple fondo con igual cantidad de agua, tapar herméticamente y cocer a fuego muy lento durante 18-20 minutos hasta que el líquido se absorba por completo. Dejar en reposo tapado 10 minutos antes de servir. Se conserva caliente unos 30 minutos. No hay que salarlo ni sazonarlo.
Pelar los cebollinos conservando sólo el corazón, incluida toda la parte verde. Cortarlos en 4 en sentido longitudinal y después en segmentos de 4 cm. Pelar la laminita de jengibre y picarla muy fina. Cortar la carne muy fina.
Preparar la salsa, amalgamando todos los ingredientes en un cuenco; desleír el almidón en una cucharada de agua fría.
Preparar la tortilla batiendo brevemente los huevos con una pizca de sal y azúcar y cociéndola a fuego lento en una sartén grande de teflon untada de aceite: deberá quedar delgada y no tomar

color por ningún lado. Extenderla sobre una tabla de madera, dejarla enfriar y cortarla después a la juliana (véase p. 24)
Calentar 2 cuchradas de aceite en la sartén de teflon y saltear rápidamente la carne durante 1 minuto y medio, removiéndola con la correspondiente paleta para que no se pegue. Añadir la salsa, bajar la llama y cocer medio minuto, removiendo para que se mezcle y espese. Retirar del fuego y reservar.
Calentar 2 cucharadas de aceite en un wok grande, echar el diente de ajo majado, los cebollinos, el jengibre y el pimientito. Saltearlos a fuego vivo durante medio minuto, removiendo con la paleta. Incorporar los brotes de soja con 1 cucharadita de sal y saltear durante dos minutos sin dejar de remover con la paleta. Añadir la carne a la salsa, bajar ligeramente la llama y amalgamarlo todo durante medio minuto más. Probar los brotes de soja; deberán quedar *al dente*. Rectificar de sal, repartir por encima la tortilla cortada en tiritas y servir con el arroz al vapor.

—•—

ESPÁRRAGOS BLANCOS CON SALSA DE HUEVO*

1,2 kg de espárragos blancos

Para la salsa de huevo

1 cucharada de vinagre

6 cucharadas de aceite de oliva fino

pili-pili (véase p. 113) opcional

sal y pimienta

Poner los huevos en una olla pequeña y cubrirlos con tres dedos de agua fría, mantenerlos sobre la llama baja y, cuando el agua alcance la ebullición, tapar, apagar el fuego y dejar en reposo 30 minutos. Pasarlos después bajo el grifo de agua fría y dejarlos enfriar por completo antes de quitarles la cáscara.
Entre tanto, pelar los espárragos, lavarlos y recogerlos en 4 manojos. Atarlos con un hilo para cocerlos durante 12-14 minutos en la olla correspondiente o bien al vapor.
Mientras se cuecen los espárragos, quitar la cáscara de los huevos y picarlos muy finos. Colocarlos en un cuenco e incorporar 1 cucharada de vinagre y 6 de aceite, sal y pimienta. Acidular ulteriormente si se desea; quien guste del sabor picante podrá amalgamar 1 cucharadita de pili-pili previamente disuelto en un poco de aceite.
Servir los espárragos calientes en platos individuales, regando las puntas con un poco de salsa; servir la salsa restante aparte.

—•—

ESPÁRRAGOS Y HUEVOS A LA MILANESA*

1 kg de espárragos

100 g de mantequilla

8 huevos

120 g de parmesano rallado

sal y pimienta

Pelar y lavar los espárragos, escurrirlos y subdividirlos en 4 manojitos atados con un hilo. Cocerlos en la correspondiente olla con cestito interior en agua salada durante unos 10-12 minutos, procurando que queden *al dente*. Conservarlos calientes mientras preparan los huevos en la sartén.
Disolver dos grandes copos de mantequilla en dos sartenes grandes antiadherentes y, antes de que se fría, romper 4 huevos en cada una de ellas. Cocerlos a fuego lento durante 2-3 minutos y salar sólo la clara una vez finalizada la cocción. Derretir en una olla pequeña aparte 80 g de mantequilla a fuego lento y, en cuanto empiece a reducirse la espuma, apagar.
Repartir los manojitos de espárragos en platos individuales calientes, tras haber retirado el hilo; espolvorear con abundante queso parmesano, regar con la mantequilla derretida y colocar dos huevos a un lado de cada plato. Servir en seguida y pimentar al gusto.

FLAN DE ESPÁRRAGOS EN SALSA MUSELINA*

120 g de puntas de espárragos
120 g de puntas de espárragos
1 chalote picado
1 cucharada de caldo
4 huevos
1,5 dl de leche
40 g de parmesano rallado
15 g de mantequilla
nuez moscada
sal y pimienta
Para adornar
1 manojito de albahaca
Para acompañar
salsa muselina (véase p. 107)
tris de verduritas al tomillo (véase p. 196)

Precalentar el horno al 180 °C. Picar en trozos más bien grandes las puntas de espárragos. Freír el chalote en la mantequilla durante 10 minutos, incorporar las puntas de espárragos, sofreírlas a fuego lento durante 5 minutos, regarlas con el caldo, tapar y estofar otros cinco minutos; reservar 2 cucharadas y reducir el resto a puré en la batidora. Untar con mantequilla 4 moldes de 2 dl de capacidad y calentar un poco de agua para la cocción al baño María en el horno. Batir en un cuenco 2 yemas con 2 huevos enteros, 1 pizca de sal de pimienta y de nuez moscada. Incorporar la nata, la leche, el puré, los trocitos de espárragos reservados y el parmesano. Rectificar de sal y pimienta y verter en los moldes. Colocar estos últimos en una bandeja de horno sumergida hasta la mitad en agua hirviente. Cocer al horno durante 30 minutos y dejar en reposo unos minutos más. Pasar la hoja de un cuchillo alrededor de los flanes y vaciar los moldes en platos individuales. Servir con salsa muselina a un lado, adornar con un manojito de albahaca y acompañar con el tris de verduritas al tomillo.

ALCACHOFAS A LA ROMANA

4 alcachofas grandes con su tallo
1 diente de ajo
1 buen puñado de perejil
80 g de queso de oveja rallado
aceite de oliva extra virgen
medio cubito
sal y pimienta

Cortar los tallos de las alcachofas y eliminar los extremos coriáceos. Pelar los tallos y picarlos junto con el ajo y el perejil. Recogerlos en un cuenco, añadir el queso de oveja y regar con el aceite hasta conseguir una pasta espesa. Añadir una pizca de sal y abundante pimienta molida.
Pelar las alcachofas eliminando tan sólo las hojas exteriores y la parte lanosa del interior. Separar las puntas redondeadas de las hojas con las manos y arrancarlas hacia abajo para conservar al máximo la parte carnosa. Cortar con las tijeras la punta de las hojas interiores. Lavar las alcachofas bajo el grifo de gua fría, colocarlas boca abajo sobre una tabla de madera y, ejerciendo una fuerte presión con la mano sobre la base y mediante movimientos rotatorios, separar las hojas para que se abran como pétalos de rosa. Llenar el interior con la pasta, apretando para que quepa la mayor cantidad posible.
Colocar las alcachofas hacia arriba en una cacerola de bordes bajos y justo lo bastante grande como para que quepan en ella de tal forma que no se vuelquen durante la cocción. Cubrirlas con agua hasta un tercio de su altura y regarlas con un poco de aceite. Desmenuzar en el agua medio cubito, tapar y cocer a fuego lento durante unos 20 minutos, procurando añadir un poco de agua en caso de que ésta se evapore demasiado durante la cocción.
Cuando las alcachofas esten tiernas, añadir un poco de aceite a la cacerola, subir la llama, colocarlas boca abajo y sofreírlas durante 1 minuto para que los bordes de las hojas queden crujientes. Servir en seguida, regando con el jugo de la cocción.

PASTEL DE ALCACHOFAS

12 alcachofas espinosas
500 g de pasta de hojaldre (véase p. 50)
1 limón
1 cebolla mediana (130 g) picada
1 hoja de laurel
9 huevos enteros
60 g de parmesano rallado
1 diente pequeño de ajo picado
1 cucharada rasa de hojas de mejorana picadas
250 g de requesón
aceite de oliva
mantequilla
sal y pimienta

Preparar ante todo la pasta tal como se indica en la receta del «Pastel de hierbas y remolachas» de la página 50. Mientras la pasta reposa, preparar el relleno.
Pelar las alcachofas, conservando tan sólo el corazón y las hojas tiernas, cortarlas longitudinalmente en cuartos y sumergirlas a medida que estén listas en un cuenco de agua fría acidulada con zumo de limón. Sacar las alcachofas del agua una a una y cortarlas en finas láminas longitudinales, recogiéndolas en un cuenco.
En una cacerola grande de bordes bajos sofreír la cebolla en 30 g de mantequilla y 2 cucharadas de aceite con 1 hoja de laurel. Incorporar las láminas de alcachofas y sofreírlas a fuego lento durante 10 minutos, removiendo a menudo hasta que tomen ligeramente color. Salpimentar, diluir con un par de cucharadas de agua, tapar y estofar 5 minutos más hasta que las alcachofas estén tiernas. Remover con la cacerola destapada otro par de minutos para eliminar el exceso de líquido, retirar del fuego y dejar que se enfríe un poco.
En un cuenco grande batir 5 huevos con un poco de sal y pimienta. Incorporar el parmesano, el ajo, la mejorana, el requesón y las alcachofas. Rectificar de sal y pimienta.
Precalentar el horno a 250 °C.
Preparar las hojas de hojaldre. Verter el relleno en la tercera hoja y extenderlo con una espátula en una capa uniforme. Con el reverso de una cuchara formar 4 huecos a distancia regular y romper en ellos los 4 huevos restantes. Salpimentarlos ligeramente.
Finalizar la preparación y cocerla al horno durante 30 minutos.
Servirla templada o fría.

GUISADO DE ALCACHOFAS

12 alcachofas tiernas
blanco para cocer hortalizas (véase p. 164)
5 huevos
1,5 dl de nata
1 limón y ½
1 cucharada de perejil picado
1 cucharada de aceite
40 g de mantequilla
nuez moscada
sal y pimienta
Para acompañar
picatostes
puré de nabos y arroz (opcional)

Preparar el blanco para hortalizas. Pelar las alcachofas conservando tan sólo la parte tierna y, a medida que estén listas, sumergirlas en un cuenco de agua fría acidulada con el zumo de 1 limón. Una vez finalizada la operación, cortarlas en láminas y cocerlas *al dente* durante 10 minutos en el blanco para hortalizas. Escurrirlas y pasarlas bajo el grifo de agua fría. Escurrirlas de nuevo con cuidado.
Batir los huevos en un cuenco con la nata y un poco de zumo de limón, sal, pimienta y nuez

moscada. En una sartén grande antiadherente calentar 40 g de mantequilla y 1 cucharada de aceite, y sofreír las alcachofas a fuego moderado durante 2-3 minutos, removiendo hasta que tomen color; añadir los huevos batidos, amalgamar unos segundos y retirar en seguida del fuego: los huevos deberán formar una crema, no una tortilla. Espolvorear con la albahaca y el perejil.
Servir inmediatamaente en platos calientes, acompañando con picatostes y, si se desea, con puré de nabos y arroz.

TORTILLA DE VERDURAS AL HORNO

2 alcachofas
2 calabacines
60 g de setas (funghi porcini)
1 manojo de remolachas
1 lechuga
1 pimiento
1 diente de ajo majado
6 huevos
100 g de requesón
4 cucharadas de parmesano rallado
¾ de cucharada de mejorana picada
2 cucharadas de aceite de oliva fino
30 g de mantequilla
pan rallado
sal y pimienta

Precalentar el horno a 100 °C. Pelar las verduras. Cortar las alcachofas en cuartos y subdividirlas en laminillas. Cortar los calabacines muy finos y las setas en trozos de ½ cm de grosor. Cortar las remolachas y la lechuga en chiffonade (véase p. 224) y el pimiento en tiras finas.
En una cacerola grande antiadherente derretir 30 g de mantequilla y 2 cucharadas de aceite y sofreír las alcachofas, los calabacines, las remolachas, la lechuga y el ajo durante unos diez minutos, removiendo de vez en cuando. Añadir el pimiento y las setas y sofreírlos unos minutos. Salpimentar ligeramente. En un cuenco grande batir brevemente los huevos con un poco de sal y pimienta y añadir el requesón, el parmesano y la mejorana. Rectificar de sal. Untar de mantequilla una bandeja grande de horno de forma redonda y bordes bajos y espolvorear con pan rallado. Mezclar las verduras sofritas con los huevos y verter la mezcla en la bandeja. Espolvorear la superficie con pan rallado y cocer al horno durante 20 minutos aproximadamente hasta que la tortilla espese. Servirla templada o fría.

BERENJENAS EN CARROZA

2 berenjenas grandes redondas
2 mozzarellas
8 hojas grandes de albahaca
3 huevos
pan rallado
aceite de oliva fino
sal y pimienta
Para acompañar
tomates en ensalada

Precalentar el horno a 200 °C. Untar ligeramente con aceite 2 placas de horno. Eliminar el pedúnculo y la base de las berenjenas, lavarlas y secarlas. Cortar de la parte central 16 rodajas de aproximadamente medio dedo de grosor (y utilizar el resto para otras preparaciones). Disponer las rodajas sobre las placas en una sola capa. Pincelarlas con un poco de aceite y salpimentarlas ligeramente. Cocer al horno durante 6 minutos, sacarlas y dejarlas enfriar. Se pueden preparar con

antelación hasta este punto. Poco antes de servirlas, cortar la parte central de las dos bolas de mozzarella en 8 lonchas del mismo grosor (medio dedo) y tamaño; lavar y secar las hojas de albahaca. Batir 3 huevos en un plato hondo con una pizca de sal y pimienta. Verter abundante pan rallado en un plato llano.
Colocar una loncha de mozzarella sobre una rodaja de berenjena, salar ligeramente, superponer una hoja de albahaca y otra rodaja de berenjena. Pasarlo por el huevo y el pan rallado, cubriéndolo uniformemente. Repetir la operación hasta obtener 8 empanadas.
Calentar un dedo de aceite de oliva fino en una sartén antiadherente y freír las berenjenas en carroza a fuego moderado durante unos minutos hasta que queden doradas y crujientes por ambos lados. Ponerlas a escurrir sobre papel de cocina y servirlas en seguida bien calientes, acompañadas de tomates en ensalada.

—•—

BERENJENAS RELLENAS A LA PULLESA

2 berenjenas largas (600 g aproximadamente)
1 diente de ajo
1 tomate de pera
9 aceitunas negras deshuesadas
2 cucharadas de alcaparras
1 cucharada colmada de perejil picado
40 g de queso de oveja rallado
vinagre
pan rallado
aceite de oliva
sal y pimienta
Para acompañar
mozzarella
pan rústico

Precalentar el horno a 200 °C. y poner al fuego una cacerola grande llena hasta ¾ de su capacidad de agua salada acidulada con un poco de vinagre. Lavar y cortar por la mitad en sentido longitudinal las berenjenas tras haber eliminado los extremos. Vaciarlas, extrayendo la pulpa con un vaciador y dejando sólo medio dedo de grosor adherido a la pie. Sumergir las pieles en agua hirviendo salada y acidulada durante 1 minuto, escurrirlas y colocarlas boca abajo sobre un lienzo limpio. Picar la pulpa de las berenjenas con el ajo. Calentar 3 cucharadas de aceite en una sartén grande antiadherente y sofreír a fuego lento la picada de berenjenas y ajo, removiendo unos minutos. Incorporar 3 cucharadas de pan rallado, salpimentar ligeramente. Sofreír a fuego lento durante 1 minuto y retirar del fuego.
Sumergir en agua hirviendo, pelar, cortar y trocear el tomate de pera. Trocear las aceitunas deshuesadas. Incorporar a la pasta el tomate, las aceitunas, el queso de oveja, las alcaparras y el perejil y añadir 1 cucharada de aceite. Rectificar de sal y pimentar generosamente.
Untar de aceite una bandeja de horno, rellenar las berenjenas con la pasta, espolvorear con pan rallado y alinearlas en la bandeja. Cocer en el horno 15 minutos, encendiendo el grill durante los últimos 3 minutos. Servir calientes o templadas, acompañadas de mozzarella muy fresca y pan rústico.

—•—

PARMESANA DE BERENJENAS*

1 kg de berenjenas
800 g de tomates pelados
4 dientes de ajo
1 guindilla
2 mozzarellas
150 g de parmesano rallado
1 manojo grande de albahaca

orégano

aceite de oliva fino

sal y pimienta

Recete para 6 personas. Preparar ante todo la salsa de tomate: dorar el ajo en 2 cucharadas de aceite, desmenuzar la guindilla, amalgamar y añadir los tomates pelados sin semillas y picados en trozos más bien grandes. Salar, mezclar, tapar y cocer a fuego lento durante unos 20 minutos, removiendo de vez en cuando. Hacia el término de la cocción, añadir una buena pizca de orégano.
Entre tanto, freír las berenjenas, pelarlas y cortarlas en sentido longitudinal con un grosor de medio cm. Freírlas en poca cantidad a la vez en abundante aceite a calor moderado (180° C) hasta que se doren por ambos lados sin que lleguen a quedar crujientes. Sacarlas en seguida y ponerlas a escurrir sobre papel de cocina en una sola capa. Salarlas ligeramente. Cortar la mozzarella en lonchitas finas.
Precalentar el horno a 200 °C. Untar con aceite una bandeja de horno, colocar en ella una capa de berenjenas, regar con un poco de salsa, espolvorear generosamente con queso parmesano, repartir por encima las hojas de albahaca desmenuzadas y las lonchitas de mozzarella. Salar ligeramente y pimentar. Repetir la operación hasta que se agoten los ingredientes.
Cocer en el horno durante 15-20 minutos, encendiendo el grill hacia el término de la cocción. Servir caliente.

—•—

BERENJENAS EN SCARPETTA*

2 berenjenas largas (600 g aproximadamente)

2 dientes de ajo

9 aceitunas negras grandes o 12 más pequeñas

2 cucharadas de alcaparras

2 cucharaditas de perejil picado

4 cucharaditas de albahaca picada

3 tomates de pera en láminas

2 cucharadas de vinagre

pan rallado

aceite de oliva

sal y pimienta

Para acompañar

mozzarella

pan rústico

Se trata de una especialidad napolitana. Precalentar el horno a 200 °C. Poner al fuego una cacerola grande llena hasta ¾ de su capacidad con agua salada acidulada con 2 cucharadas de vinagre. Lavar las berenjenas y cortarlas por la mitad en sentido longitudinal tras haber eliminado los extremos. Vaciarlas, extrayendo la pulpa con un vaciador y dejando pegada a la piel sólo medio dedo. Sumergir las pieles en agua hirviendo durante 1 minuto, escurrirlas y colocarlas boca abajo sobre un lienzo para que se sequen.
Cortar la pulpa de las berenjenas en daditos. Calentar 3 cucharadas escasas de aceite en una sartén grande antiadherente y saltear 2 dientes de ajo majados y las berenjenas durante un par de minutos, removiendo para que se sofrían por todos lados. Salpimentar, tapar y bajar la llama. Estofar a fuego lento durante 15 minutos, añadiendo un par de cucharadas de agua fría en caso de que las berenjenas se pegaran al fondo. Remover un par de veces durante la cocción.
Entre tanto, deshuesar las aceitunas y trocear la pulpa. Retirar las berenjenas del fuego y añadirles las aceitunas, las alcaparras, el perejil y la albahaca picados. Rectificar de sal y pimienta. Llenar las berenjenas con la mezcla y cubrirlas con las laminitas de tomate. Salar ligeramente los tomates, regarlos con un hilo de aceite y espolvorearlos con pan rústico rallado.
Untar de aceite una bandeja de horno y colocar en ella las berenjenas ralladas. Cocerlas 15 minutos al horno, encendiendo el grill durante los últimos 2-3 minutos. Servirlas calientes o templadas con mozzarella y pan rústico.

BERENJENAS RELLENAS A LA GRIEGA
Papuzakia

2 berenjenas largas de aproximadamente 400 g cada una
1 cebolla mediana picada
230 g de carne de cordero picada
guindilla en polvo
1 diente pequeño de ajo picado
2 cucharadas escasas de perejil picado
2,5 dl de salsa de tomate (véase p. 74-75)
4 cucharadas de queso de oveja rallado
aceite de oliva
vinagre
sal y pimienta
Para la salsa
4 dl de bechamel líquida (véase p. 36)
2 yemas de huevo
2 cucharadas de queso de oveja rallado

Precalentar el horno a 180 °C y calentar abundante agua salada en una olla. Eliminar los extremos de las berenjenas, lavarlas y cortarlas por la mitad en sentido longitudinal. Sacar con un vaciador toda la pulpa, dejando un grosor de medio dedo pegado a la piel.
Acidular el agua salada en ebullición con un poco de vinagre y sumergir las pieles de las berenjenas, dejándolas hervir 5 minutos. Escurrirlas y dejarlas boca abajo sobre una tabla de madera.
Calentar 3 cucharadas de aceite en una sartén grande antiadherente y sofreír a fuego lento la cebolla durante unos diez minutos, removiendo hasta que se ablande y empiece a tomar color. Añadir la carne picada y mezclar, rompiendo los grumos con la cuchara de madera. Freírla a fuego lento durante 1 minuto sin dejar de remover y, cuando empiece a cambiar de color, añadir la pulpa de berenjenas picada. Amalgamar y freír a fuego lento unos minutos. Salpimentar y, si se desea, añadir una buena pizca de guindilla en polvo.
Picar el ajo con el perejil y añadirlos a la mezcla junto con la salsa de tomate, removiendo a fuego lento durante un par de minutos para amalgamar los ingredientes. Retirar del fuego y añadir 4 cucharadas de queso de oveja rallado. Rectificar de sal y pimienta.
Untar de aceite una bandeja de horno. Llenar las pieles de berenjena con la mezcla y nivelar la superficie. Poner a cocer en el horno durante 30-35 minutos.
Entre tanto, preparar la salsa y, cuando las berenjenas estén cocidas, añadir las yemas de huevo y el requesón de oveja. Amalgamar a fuego lento durante unos segundos y verter la salsa sobre las verduras. Servir en seguida.

CHULETITAS DE BERENJENA CON BATIDO DE TOMATE

1 berenjena grande
2 huevos
pan rallado
aceite de oliva fino
sal y pimienta
Para el batido
2 tomates maduros
1 pizca de orégano
4 hojas de albahaca
1 diente de ajo
aceite de oliva extra virgen
sal y pimienta
Para adornar
hojas de albahaca

Preparar ante todo el batido de tomate. Sumergir los tomates durante 10 segundos en agua hirviente, cortarlos en láminas y trocearlos no muy finos. Recogerlos en un cuenco y sazonarlos con sal, pi-

mienta, orégano, albahaca troceada con los dedos, 1 diente de ajo majado y un hilillo de aceite. Mezclar y reservar.
Pelar la berenjena y cortarla longitudinalmente en tajadas gruesas. Batir ligeramente los huevos con un poco de sal y pimienta, pasar las tajadas de berenjena por los huevos batidos y rebozarlas. Calentar abundante aceite en una sartén y, cuando está caliente, freír las berenjenas rebozadas, aproximadamente durante 1 minuto por cada lado, dándoles la vuelta con la paleta.
Colocarlas en una bandeja de servir cubierta con papel de cocina una al lado de otra sin superponerlas. Servirlas templadas y adornadas con hojitas de albahaca. El batido de tomate se servirá aparte para añadirlo en el último momento.

—•—

FLAN DE BERENJENAS CON SALSA A LA MENTA

1 berenjena de 300 g aproximadamente
2 dientes de ajo
1 ramita de tomillo
mantequilla
4 huevos
1,5 dl de nata
1,5 dl de leche
40 g de parmesano rallado
3 cucharadas de aceite de oliva
sal y pimienta

Para la salsa a la menta

30 g de hojas de menta
1,5 dl de vinagre blanco
15 g de azúcar
sal y pimienta

Para acompañar

tris de verduritas al tomillo (véase p. 196)

Para 4 moldes individuales de 2 dl o para 6 moldes de 1,4 dl. Precalentar el horno a 180 °C. Limpiar y pelar la berenjena y cortarla en daditos. Calentar 3 cucharadas de aceite en una sartén grande antiadherente con 2 dientes de ajo y una ramita de tomillo. Incorporar los daditos de berenjena y freírlos a fuego moderado, removiendo durante unos 3 minutos aproximadamente. Salpimentar, añadir un poco de agua, bajar la llama, tapar y estofar a fuego lento durante unos 20 minutos, removiendo de vez en cuando hasta que la berenjena quede muy tierna. Cocer con la sartén destapada unos 10 minutos más, removiendo a menudo para que se seque por completo. Eliminar el ajo y el tomillo y aplastar la pulpa con un tenedor hasta reducirla a puré. Mantener a fuego lento un par de minutos más, removiendo para que quede bien seca y retirar del fuego. Rectificar de sal.
Untar cuidadosamente con mantequilla los moldes individuales y calentar un poco de agua para la cocción al baño María en el horno.
Batir brevemente en un cuenco 2 yemas de huevo con 2 huevos enteros, una pizca de sal y pimienta. Incorporar la nata, la leche, la pulpa de berenjenas y el parmesano. Rectificar de sal y pimienta y verter en los moldes. Disponer los moldes en una cacerola, sumergidos en agua hirviendo hasta ¾, y cocerlos en el horno al baño María durante 30 minutos.
Mientras se cuecen los flanes, preparar la salsa a la menta. Lavar y secar las hojas de menta, tamponándolas con papel de cocina. Picarlas muy finas y recogerlas en una escudilla. Añadir 15 g de azúcar, 1,5 dl de vinagre blanco, 1 pizca de sal y pimienta y 2 cucharadas de agua fría. Si se prepara con antelación, guardar en el frigorífico en un recipiente hermético, pero servirla a temperatura ambiental.
Finalizada la cocción de los flanes, dejarlos en reposo unos minutos y después separar los bordes pasando la hoja de un cuchillo y vaciarlos directamente sobre los platos individuales con un poco de salsa a la menta a un lado, adornados con hojitas de menta y acompañados por un tris de verduritas al tomillo.

—•—

PASTEL DE BERENJENAS

1 kg de berenjenas
150 g de requesón

150 g de queso provola ahumado
5 cucharadas de parmesano rallado
3 cucharadas de pan rallado
1 diente pequeño de ajo rallado
2 pizcas abundantes de orégano
albahaca
4 huevos enteros
nuez moscada
aceite de oliva
sal y pimienta

Precalentar el horno a 200 °C. Lavar las berenjenas y colocarlas en la parrilla central del horno. Cocerlas durante 30 minutos, dándoles la vuelta a media cocción. Bajar la temperatura a 180 °C, sacarlas del horno y dejarlas enfriar un poco. Eliminar el pedúnculo y pelarlas. Cortarlas longitudinalmente por la mitad y después en cuartos, y eliminar las semillas. Reducir la pulpa a trocitos y recogerla en un cuenco grande. Aplastarla con un tenedor hasta obtener una pasta y amalgamar con el requesón, el queso provola desmenuzado en trozos más bien grandes, el parmesano, el pan rallado, el ajo, el orégano y algunas hojas de albahaca troceadas.
Batir los huevos unos segundos con 1 cucharadita de sal, pimienta recién molida y un poco de nuez moscada. Incorporarlo cuidadosamente a la mezcla.
Untar de aceite una bandeja de horno de 24 cm de diámetro y 4 cm de altura. Verter la pasta, nivelar la superficie con la hoja de un cuchillo y espolvorearla con un poco de pan rallado. Cocer en el horno durante 35-40 minutos.

CAPONATA

2 berenjenas medianas (700 g aproximadamente)
1 nervadura grande de apio verde
1 cebolla grande picada
6 aceitunas negras deshuesadas
6 aceitunas verdes deshuesadas
2 cucharadas colmadas de alcaparras
2 tomates grandes maduros
1 dl de aceite de oliva
orégano
2 cucharadas de vinagre
1 cucharadita de azúcar
2 dientes de ajo
1 manojo de albahaca
sal y pimienta
Para acompañar
mozzarella
pan rústico

Pelar las berenjenas, cortarlas en trozos rectangulares, colocarlas en un cuenco, espolvorearlas con sal, mezclar cuidadosamente y dejarlas escurrir durante aproximadamente 1 hora. Pelar el apio y trocearlo. Sofreír la cebolla en 2 cucharadas de aceite durante unos diez minutos, incorporar el apio, las aceitunas y las alcaparras y freír a fuego lento un par de minutos. Añadir los tomates troceados no muy finos, un poco de sal, una rociada de pimienta molida, 1 pizca de orégano, 2 cucharadas de vinagre y 1 cucharadita de azúcar. Tapar y estofar a fuego lento durante 15 minutos. Escurrir las berenjenas y apretarlas con un lienzo para eliminar el líquido. Calentar una sartén grande antiadherente y, cuando esté muy caliente, saltear en ella las berenjenas en seco para que se forme una fina costra que impida la absorción de una cantidad excesiva de aceite. Trasladar las berenjenas a un cuenco, calentar en la sartén 3 cucharadas de aceite y saltear las berenjenas con 2 dientes de ajo majados durante unos 3 minutos. Salpimentar, añadir 1 dl de agua, tapar y estofar durante unos 8 minutos hasta que se ablanden, pero sin perder la consistencia.
Mezclar con la salsa de tomate, cocer a fuego lento con la cacerola destapada durante 1 minuto más y retirar del fuego. Espolvorear con hojas de albahaca troceadas con los dedos y servir con mozzarella y pan rústico caliente.

VERDURITAS RELLENAS A LA PROVENZAL

Petits Farcis

3 berenjenas pequeñas
3 calabacines
2 pimientos redondos de distinto color
6 tomates pequeños maduros
3 cebollas tiernas medianas
6 flores grandes de calabaza
150 g de carne de ternera
100 g de mollejas
150 g de jamón cocido con su grasa
1 ramita de tomillo
1 diente mediano de ajo
2 cucharaditas de hojas de mejorana picada
2-3 cucharadas de salsa ligera (véase p. 36)
1 huevo
100 g de parmesano rallado
1 buena pizca de orégano
aceite de oliva
mantequilla
pan rallado
vinagre
sal y pimienta
Para acompañar
vino nuevo
pan francés

Receta para 6 personas. Poner a calentar en una cacerola grande abundante agua salada acidulada con un poco de vinagre para sumergir las verduras. Pelar y lavar las verduras. Cortar las berenjenas y los calabacines por la mitad en sentido longitudinal y eliminar una tajadita de la parte redonda para que no se volteen sobre la placa. Cortar los pimientos en cuatro partes longitudinales y limpiarlos por dentro. Cortar los tomates a $^{3}/_{4}$ y las cebollas por la mitad en sentido horizontal.

Tras haber eliminado los pistilos, dejar escurrir las flores de calabaza sobre un lienzo.
Precalentar el horno a 160 °C. Sofreír brevemente la carne de ternera y las mollejas en un poco de mantequilla con una ramita de tomillo. Trasladarlas a una tabla de madera y picarlas muy finas junto con el jamón.
Vaciar parcialmente la pulpa de las berenjenas, de los calabacines y de las cebollas con un vaciador, y picarla. Sumergir en agua hirviente las partes externas con distintos tiempos: 10 minutos las cebollas, 5 minutos los pimientos y los calabacines y 3 minutos las berenjenas.
Escurrirlas y ponerlas a secar boca abajo sobre una tabla de madera. Vaciar un poco de pulpa de tomate, eliminando las semillas, y sacar la parte interior.
Calentar 2 cucharadas de aceite en una sartén antiadherente y sofreír brevemente la pulpa picada de las verduras. Salpimentar, tapar y estofar a fuego lento durante 10 minutos.
Picar las hojas de mejorana con el diente de ajo e incorporarlas a las carnes picadas junto con la salsa ligera, el huevo entero ligeramente batido, el parmesano, la pulpa estofada de las verduras, 1 pizca de orégano, sal y pimienta molida. Si la pasta resultara excesivamente espesa, se puede diluir con 2 cucharadas más de salsa ligera.
Untar con aceite dos placas de horno. Rellenar todas las verduras con la mezcla; para las flores de calabaza, que son muy delicadas, utilizar una cucharilla, procurando no romperlas.
Alinear las verduras sobre las placas, espolvorearlas con pan rallado y cubrirlas con un copito de mantequilla. Cocer en el horno durante 30 minutos aproximadamente, encendiendo el grill durante los últimos 4 minutos de cocción para que se forme una costrita dorada sobre la superficie. Transcurrido este tiempo, sacar la placa superior, sustituirla por la inferior y gratinar también esta última durante un par de minutos.
Dejar las verduras en reposo durante 5 minutos antes de servirlas: se tienen que servir calientes, pero no hirvientes, acompañadas por un buen vino nuevo y crujiente pan francés caliente.

RATATOUILLE

2 berenjenas medianas (700 g aproximadamente)
2 tomates grandes maduros
4 calabacines
1 cebolla grande picada
4 pimientitos verdes dulces picados
1 pimientito verde fresco picante, picado
200 g de patatitas nuevas ya peladas
3 dientes de ajo
orégano
2 cucharadas de perejil picado
1 dl de aceite de oliva
sal y pimienta
Para acompañar
quesitos de cabra frescos
aceite
pan francés
pimienta molida

Pelar las berenjenas, cortarlas en daditos, recogerlos en un cuenco, espolvorearlos con sal, mezclar y dejarlos escurrir 1 hora. Pelar y trocear los tomates no muy finos.
Pelar los calabacines, lavarlos y secarlos. Cortarlos en cuartos longitudinales y después en trocitos de unos 3 cm. Calentar 4 cucharadas de aceite en una sartén grande antiadherente y saltear los calabacines con un diente de ajo majado durante 2-3 minutos, salar, tapar, bajar la llama y estofar a fuego lento durante unos 10 minutos hasta que queden cocidos *al dente*. Reservarlos.
En una cacerola grande sofreír la cebolla y el pimiento con 4 cucharadas de aceite durante 5 minutos, removiendo a menudo. Incorporar las patatitas nuevas, y subir ligeramente la llama y freírlas durante unos 5 minutos, añadiendo después el batido de tomate con un vaso de agua caliente y una pizca de orégano, salpimentar, tapar, bajar la llama y estofar a fuego lento durante 15-20 minutos hasta que las patatitas se ablanden, removiendo de vez en cuando y añadiendo agua en caso necesario.
Entre tanto, estrujar las berenjenas, lavarlas, escurrirlas y tamponarlas en un lienzo limpio para extraer todo el líquido. Calentar una sartén grande antiadherente y saltearlas en seco a fuego vivo durante un par de minutos, dándoles la vuelta por todos lados para que se forme una costrita que impida una absorción excesiva de aceite. Trasladarlas a un cuenco, calentar en la sartén 3 cucharadas de aceite y saltear las berenjenas con un diente de ajo majado durante unos 3 minutos. Salpimentar, bajar la llama, añadir un par de cucharadas de agua, tapar y estofar a fuego lento durante unos 5 minutos hasta que las berenjenas queden tiernas, pero sin perder la consistencia. Incorporarlas junto con los calabacines a las patatitas en la cacerola, mezclar a fuego lento durante un par de minutos, rectificar de sal, pimentar y retirar del fuego.
Espolvorear con perejil y ajo picados y servir caliente, pero no hirviente o bien templado, con quesitos de cabra frescos sazonados con un hilillo de aceite y pimienta molida, y crujiente pan francés caliente.

PIMIENTOS EN SALSA

1,2 kg de pimientos grandes y carnosos
3 cebollas grandes
1 pimientito verde fresco y picante (opcional)
400 g de tomates maduros
60 g de aceitunas verdes deshuesadas
3 cucharadas de vinagre
4 cucharadas de aceite de oliva
sal y pimienta
Para acompañar
mozzarella
pan rústico

Lavar los pimientos, cortarlos en 4 partes longitudinales, vaciarlos y limpiarlos por dentro; subdividir cada trozo en 3 franjas. Pelar las cebollas, cortarlas en cuartos en sentido longitudinal y cortarlas después en laminitas finas en el mismo sentido. Picar el pimientito. Pelar los tomates, cortarlos en 4 trozos y eliminar las semillas.
Calentar 4 cucharadas de aceite en una cacerola grande y de bordes bajos y sofreír a fuego lento las cebollas y el pimientito, removiendo a menudo durante 15 minutos. Incorporar los pimientos y los tomates y amalgamar. Sofreír a fuego moderado, removiendo de vez en cuando durante unos 5 minutos, salpimentar y regar con 3 cucharadas de vinagre. Bajar ligeramente la llama y cocer durante 10 minutos, removiendo de vez en cuando.
Incorporar las aceitunas, y cocer unos cuantos minutos más hasta que los pimientos estén blandos sin perder la consistencia y hasta que el jugo se haya amalgamado bien. Rectificar de sal y dejar en reposo 10 minutos antes de servir con acompañamiento de mozzarella y pan rústico.

—•—

PIMIENTOS RELLENOS A LA NAPOLITANA*

4 pimientos grandes rojos o amarillos
80 g de pan rústico en rebanadas
10 aceitunas negras
3 filetes de anchoa
4 hojas de albahaca
1 cucharada colmada de alcaparras
1 diente de ajo picado
orégano
pan rallado
4 cucharadas de aceite de oliva fino
1 cucharada de aceite de oliva extra virgen
sal y pimienta

Precalentar el horno a 200 °C. Forrar una placa de horno con una hoja de aluminio. Lavar y secar los pimientos y alinearlos sobre la placa. Cocerlos en el horno durante unos 30 minutos, dándoles la vuelta a media cocción hasta que la piel se tueste y se hinche. Retirarlos del horno y dejarlos enfriar por completo. Pelarlos enteros, procurando no romperlos, y quitar el pedúnculo al final. Sosteniendo el pimiento boca abajo en la mano izquierda, introducir la mano derecha en su interior y vaciarlo de todas las semillas.
Precalentar nuevamente el horno a 160 °C y preparar el relleno.
Cortar el pan en daditos y sofreírlo en una sartén antiadherente en 3 cucharadas de aceite de oliva fino hasta que los daditos queden dorados y crujientes por todos lados. Escurrirlos sobre papel de cocina, salarlos ligeramente y recogerlos en un cuenco.
Deshuesar las aceitunas y trocearlas. Trocear las anchoas. Desmenuzar con las manos la albahaca y mezclarla con el pan, las aceitunas, el ajo, las anchoas y las alcaparras. Añadir una buena pizca de orégano y de pimienta. Rellenar los pimientos con esta mezcla mediante una cucharita y colocarlos sobre una bandeja de horno untada de aceite. Salar los pimientos, espolvorearlos con pan rallado y regarlos con un hilo de aceite de oliva extra virgen.
Cocerlos en el horno durante 40 minutos, encendiendo el grill durante los últimos 2-3 minutos de cocción. Servirlos calientes y regados con el jugo de la cocción.

—•—

PIMIENTOS A LA MEXICANA CON SALSA DE GRANADA*

4 pimientos verdes
300 g de carne picada
1 cebolla mediana picada
medio diente de ajo picado

½-1 pimientito verde fresco picante
2 tomates medianos maduros picados
1 cucharada de vinagre blanco
40 g de pasas
1 cucharadita de azúcar de caña
1 clavo en polvo
media cucharadita de canela en polvo
25 g de almendras en láminas
20 g de mantequilla
aceite de semillas
sal y pimienta
Para la salsa de granada a la nata
25 g de nueces descascaradas
30 g de almendras peladas
2 dcl de nata
1 cucharada y ½ de cilantro fresco picado
azúcar
media cucharadita de canela en polvo
media granada madura desgranada
hojas de cilantro
1 lima
sal

Precalentar el horno a 200 °C. Lavar los pimientos y asarlos en el horno caliente durante 20-25 minutos, dándoles la vuelta a media cocción hasta que la piel se hinche y tome color; pelarlos enteros con cuidado, separar el pedúnculo, abrirlos por un lado y eliminar todas las semillas antes de rellenarlos.
Mientras se asan los pimientos, preparar el relleno. Derretir 20 g de mantequilla y una cucharada de aceite de oliva en una sartén grande antiadherente y sofrerír la cebolla, el ajo y el pimientito picados, removiendo de vez en cuando. Subir la llama, incorporar la carne picada con un poco de sal y pimienta, y freírla a fuego moderado un par de minutos hasta que tome color. Añadir los tomates troceados, el vinagre, las pasas, 1 cucharadita rasa de azúcar de caña, el clavo en polvo y media cucharadita de canela en polvo. Amalgamarlo todo, bajar la llama y dejar cocer a fuego lento y con la sartén destapada durante unos 15 minutos, removiendo de vez en cuando para que se evapore el exceso de líquido. Añadir las almendras en láminas, remover unos segundos y retirar del fuego.
Preparar la salsa. Pulverizar las almendras y las nueces en la picadora y mezclar con la nata, el cilandro picado, media cucharadita rasa de canela y una pizca de sal y azúcar.
Una vez pelados los pimientos, rellenarlos con la mezcla caliente.
Colocarlos en los platos individuales, regar con la salsa de nata y distribuir por encima los granos de granada con algunas hojas de cilantro en festivo homenje a la bandera mexicana.
Servir en seguida con gajos de lima para acidular los pimientos al gusto.
Si se preparan los pimientos con antelación, calentarlos en el horno antes de rellenarlos.

PISTO MANCHEGO*

3 pimientos verdes grandes
½-1 pimientito verde fresco picante
3 calabacines medianos
3 cebollas medianas
10 tomates de pera maduros
orégano
albahaca
6 huevos
aceite de oliva
sal y pimienta
Para acompañar
arroz pilaf

Lavar y limpiar los pimientos y el pimientito y trocearlos no muy finos. Limpiar los calabacines

y cortarlos en daditos. Picar no muy finas las cebollas. Sumergir en agua hirviente, pelar, cortar y trocear los tomates de pera.
En una cacerola grande de bordes bajos calentar 6 cucharadas de aceite y, cuando esté caliente, echar los pimientos, los calabacines y las cebollas. Amalgamar, salpimentar, tapar y bajar la llama al mínimo. Estofar a fuego lento durante 25 minutos, removiendo de vez en cuando.
Colocar el tomate con un poco de sal, una cucharadita escasa de aceite, una pizca de orégano y 2 hojas de albahaca en una olla pequeña y llevar a ebullición, removiendo a fuego moderado. Dejar hervir unos diez minutos, removiendo a menudo hasta obtener una salsa muy espesa. Una vez finalizada la cocción, mezclarla con las verduras, cocer con la sartén destapada durante 1 o 2 minutos, removiendo a fuego lento para eliminar el exceso de líquido: la mezcla deberá resultar más bien espesa. Batir 4 huevos enteros en un cuenco con una pizca de sal y pimienta, amalgamar con las verduras y remover a fuego lento durante unos segundos para que los huevos se condensen un poco y retirar en seguida del fuego. La consistencia deberá ser cremosa. Hacer dos huevos duros y cortarlos por la mitad; sacar la yema, picarla y cortar la clara a la juliana; adornar el pisto con los huevos y servir con acompañamiento de arroz pilaf.

—•—

LANGOSTA A LA CATALANA

1 pimiento grande amarillo asado

1 pimiento grande rojo asado

2 colas de langosta congeladas

4 cebollinos tiernos

4 tomates de pera grandes maduros

10 aceitunas negras deshuesadas

10 aceitunas verdes deshuesadas

orégano

2 cucharadas rasas de alcaparras encurtidas

1 limón

2 manojos de albahaca

4 cucharadas de aceite de oliva fino

2 cucharadas de aceite de oliva extra virgen

1 pimientito rojo fresco picado (opcional)

sal y pimienta negra

Para acompañar

arroz integral al vapor

El día anterior, asar los pimientos tal como se describe en la p. 139, pelarlos y cortarlos en tiritas. Descongelar las colas de langosta, manteniéndolas 30 horas en la zona más fría del frigorífico o bien 2-3 horas a temperatura ambiental. Cocerlas 5 minutos en agua salada hirviente, escurrirlas y dejarlas enfriar. Colocarlas sobre una tabla de madera, apoyar la hoja de un cuchillo grande en el centro del caparazón en sentido longitudinal y, con un aplastacarnes, propinarle un golpe seco para que se abra. Pelar las colas y cortarlas en rodajas de medio dedo de grosor. Salpimentar y reservar. Pelar los cebollinos, conservando tan sólo el corazón, y cortarlos en rodajitas finas. Sumergirlos medio minuto en agua hirviente salada y escurrirlos. Sumergir los tomates de pera en agua hirviente, pelarlos, cortarlos y trocearlos. Calentar 2 cucharadas de aceite de oliva fino en una sartén grande antiadherente y saltear durante 1 minuto los cebollinos, el pimientito, el tomate, las tiritas troceadas de los pimientos y las aceitunas deshuesadas. Añadir 2 pizcas de orégano, las alcaparras, sal y pimienta molida, bajar la llama y amalgamar unos segundos. Apagar el fuego. En otra sartén antiadherente, calentar 2 cucharadas de aceite de oliva fino y saltear las rodajas de langosta durante medio minuto, dándoles la vuelta por ambos lados. Repartir la mezcla de hortalizas en platos individuales, colocar encima las rodajas de langosta, acidular con zumo de limón y aliñar con un hilillo de aceite de oliva virgen. Adornar con manojitos de albahaca y servir en seguida, acompañando, si se desea, con arroz integral al vapor.

AGUACATE Y POLLO CON CALABACINES FRITOS Y ENSALADA

3 aguacates grandes maduros
1 pollo hervido con bouquet de aromas (véase p. 72)
1 manojito de cerraja
1 manojito de endibia rizada
1 monojito de oruga
1 endibia belga
1 achicoria
4 calabacines
2 dientes de ajo majados
5 dl de mayonesa (véase p. 35)
50 g de queso gorgonzola (se parece al roquefort)
1 dl de nata
2 cucharadas de perejil picado
1 limón
3 cucharadas de aceite de oliva
sal y pimienta blanca molida

Receta para 6 personas. Cocer el pollo tal como se describe en la p. 72. Entre tanto, pelar y lavar las hortalizas y cortarlas a la juliana (véase p. 24). Mezclarlas y distribuirlas en los platos individuales.

Pelar, lavar y cortar los calabacines en rodajas con el cortaverduras.

Calentar 3 cucharadas de aceite en una sartén grande antiadherente y saltear brevemente los calabacines con 2 dientes de ajo. Salpimentar y añadir el perejil, reservando una pequeña cantidad para la guarnición. Repartir los calabacines fritos por encima de las hortalizas de la ensalada.

Preparar la mayonesa e incorporar la nata y el gorgonzola, previamente pasado por un tamiz de malla fina. Rectificar de sal y pimienta y acidular con el zumo de limón.

Cuando el pollo esté cocido, dejarlo enfriar un poco y después deshuesarlo y trocearlo con las manos. Pelar los aguacates, cortarlos por la mitad, eliminar el cuesco y cortarlos en finas láminas. Disponerlos en abanico sobre el lecho de calabacines y ensalada. Repartir por encima el pollo, aliñar con la mayonesa, adornar con el perejil y servir con el resto de la mayonesa en una salsera aparte.

TEMPURA CON SALSA TENTSUYU*

16 flores grandes de calabaza
400 g de calabaza
8 calabacines tiernos
16 cebollinos tiernos
aceite de semillas
1 yema de huevo
2,5 dl de harina
sal

Para la salsa Tentsuyu

1 cucharadita escasa de dashi no moto (caldo instantáneo)
1,2 dl de salsa de soja
1,2 dcl de mirin (saké dulce)
momiji oroshi (rabanito japonés rallado con guindilla)

Para acompañar

arroz al vapor (véase p. 126)

Preparar ante todo la pasta: batir la yema de huevo durante unos segundos en un cuenco grande con 1 cucharadita de café de sal e incorporar poco a poco 2,5 dl de agua helada. Añadir la harina tamizada, removiendo muy despacio y lo mínimo posible para que la pasta no adquiera consistencia viscosa. No preocuparse por los pequeños grumos que se formarán. Tapar y colocar en seguida en la zona más fría del frigorífico, dejándola por lo menos 1 hora.

Pelar las verduras: dejar un dedo de tallo en las flores de calabaza, eliminando con mucho cuidado el pistilo; lavarlas y dejarlas sobre un lienzo para que se sequen.
Pelar la calabaza y cortarlas en láminas de ½ cm de grosor y unos 5 cm de longitud. Conservar tan sólo el corazón de los cebollinos, incluída la parte verde tierna, y cortarlos por la mitad en sentido longitudinal.
Preparar la salsa: poner en una olla pequeña 2,5 dl de agua, añadir el dashi instantáneo, la salsa de soja y el mirin y, sin dejar de remover, llevar hasta casi el punto de ebullición. Reservar y calentar en el último momento sin dejar que hierva. Preparar el mojimi oroshi que deberá incorporarse a la salsa en el último momento: pelar ⅓ de daikon o rabanito japonés, cortarlo en rodajitas y pasarlo por la picadora junto con 1-2 guindillas. Traspasarlo a un pequeño tamiz y dejarlo escurrir sobre un cuenco.
Cocer el arroz al vapor tal como se describe en la p. 126.
Hacer la fritura en el último momento: calentar abundante aceite, a ser posible en una freidora eléctrica a 170 °C, para poder mantener el calor constante durante todo el proceso. Subdividir las distintas hortalizas en 4 porciones y freir una porción a la vez. Amalgamar la pasta helada, introducir un trozo de hortaliza y echarlo en el aceite. Hacer lo mismo con los restantes trozos, colocándolos un poco distanciados para que no se peguen entre sí. Se freirán muy despacio, pero, a los pocos minutos, se volverán crujientes y empezarán a tomar color. Dejarlos dorar un poco, sacarlos y ponerlos a escurrir sobre papel de cocina.
En cuanto esté lista una porción, servirla en seguida, colocando las hortalizas fritas en un cestillo de bambú. Calentar la salsa, repartirla en los cuencos individuales (una cucharonada en cada uno), incorporar una cucharada de mojimi oroshi y servirla con el tempura.
Los comensales tomarán un bocado con los palillos y lo introducirán en la salsa caliente antes de llevárselo a la boca. Acompañar con escudillas de arroz al vapor, el cual servirá de refresco entre uno y otro bocado, y, al final, se podrá sazonar con la salsa sobrante de los cuencos.

CALABACINES A LA HÚNGARA CON SALSA DE ENELDO

Gefüllter Kurbiss mil Dillsauce

8 calabacines muy grandes
1 cebolla mediana picada
150 g de carne de ternera picada
100 g de jamón cocido y picado con su grasa
1 huevo
50 g de arroz hervido
50 g de emmental rallado
2 cucharadas de eneldo picado
4 dcl de nata
media cucharada de harina
1 limón
1 cucharada de aceite de semillas
50 g de mantequilla
vinagre
nuez moscada
sal y pimienta
Para acompañar
cebollitas agridulces

Receta para 6 personas. Precalentar el horno a 180 °C. Calentar abundante agua acidulada con 2 cucharadas de vinagre para sumergir los calabacines. Lavar los calabacines y eliminar un par de centímetros de los dos extremos. Pelarlos superficialmente con el pelapatatas y vaciarlos con un vaciador o un sacahuesos. Sumergirlos 5 minutos en agua hirviendo, escurrirlos y dejarlos enfriar.
Rehogar la cebolla durante 10 minutos en 25 g de mantequilla y 1 cucharada de aceite de semi-

llas. Incorporar la carne picada con un poco de sal y pimienta, subir la llama y sofreír a fuego moderado un par de minutos hasta que tome color. Amalgamar la carne y la cebolla con el jamón picado, el huevo, el queso y el arroz hervido. Rectificar de sal y pimienta y rallarle un poco de nuez moscada por encima. Rellenar los calabacines con la mezcla, utilizando una cucharilla y empujando el relleno hacia adentro con el mango de una cuchara de madera. Untar una bandeja grande de horno y alinear en ella los calabacines rellenos.

Derretir 25 g de mantequilla en una sartén y sofreír a fuego lento el eneldo durante 1 minuto. Añadir un dcl de agua y la corteza de limón y cocer durante un par de minutos. Amalgamar 1 cucharada de harina con la nata y verterla en la sartén, removiendo unos segundos hasta que la salsa empiece a espesar. Acidular con el jugo de limón, salpimentar y regar los calabacines con la salsa. Poner a cocer en el horno durante 15-20 minutos. Servir en seguida, acompañando al gusto con cebollitas agridulces.

CALABACINES RELLENOS A LA IRANÍ
Dolmeh Kadu

8 calabacines muy grandes
7 cucharadas colmadas de guisantes desgranados
2 cebollas medianas picadas
450 g de carne picada
canela en polvo
40 g de mantequilla
sal y pimienta
Para acompañar
yogur natural ligeramente salado

Receta para 6 personas. Lavar los calabacines, cortar los extremos, vaciarlos y limpiar el interior con un vaciador o un sacacuescos. Limpiar los guisantes secos y cocerlos durante 30 minutos en agua salada hasta que estén tiernos. Escurrirlos y reservarlos.

Sofreír la cebolla en 40 g de mantequilla durante 10 minutos, removiendo a menudo, subir la llama, añadir la carne picada con media cucharadita de canela y rehogarla a fuego moderado durante 2 minutos hasta que tome color. Salpimentar y dejar enfriar. Añadir los guisantes y rectificar de sal y pimienta, y espolvorear un poco más de canela al gusto.

Rellenar los calabacines con la mezcla, alinearlos en una sola capa en una cacerola grande de bordes bajos, añadir 5 dcl de agua, tapar y cocer a fuego lento durante 25-30 minutos hasta que los calabacines estén tiernos. Servir en platos individuales con el yogur natural ligeramente salado.

BUÑUELOS DE CALABACINES
Mücver

1 kg de calabacines
2 cebollas grandes
4 yemas de huevo
200 g de harina tamizada
200 g de queso fresco desmenuzado
2 cucharadas de eneldo picado
2 cucharadas de perejil picado
aceite de oliva
nuez moscada
sal y pimienta
Para adornar
manojitos de perejil o de eneldo
Para acompañar
cacik *(véase p. 149)*

Eliminar los extremos de los calabacines, pelarlos con el pelapatatas y rallarlos junto con la cebolla en un cuenco grande. Incorporar la harina, el queso fresco y las yemas ligeramente batidos con un poco de sal, pimienta y nuez moscada. Añadir el eneldo y el perejil, rectificar de sal y pimienta y remover cuidadosamente la pasta.
Calentar abundante aceite en un wok o una freidora y, cuando esté caliente, verter la pasta a cucharadas en una cierta distancia una de otra. Dorar los buñuelos a fuego moderado durante unos minutos, dándoles la vuelta; sacarlos con una espumadera y ponerlos a escurrir sobre papel de cocina.
Servirlos muy calientes, adornados con manojitos de perejil o de eneldo y acompañados de cacik.

ALCACHOFAS HÚMEDAS

8 alcachofas
1 limón
¼ de cubito
1 diente grande de ajo
1 cucharada de perejil picado
4 cucharadas de aceite de oliva extra virgen
sal y pimienta

Pelar las alcachofas, desechando las hojas exteriores y cortándolas hasta unos ¾. Cortar los tallos de su base, eliminar el extremo coriáceo, pelarlos y cortarlos longitudinalmente por la mitad y después a trocitos. Limpiar las alcachofas por dentro, enjuagarlas bajo el grifo de agua fría y, a medida que estén listas, sumergirlas en un cuenco lleno de agua fría acidulada con zumo de limón.
Colocarlas después en una cacerola de bordes bajos y justo lo bastante grande como para que quepan una al lado de la otra boca abajo. Añadir 3 dcl escasos de agua, el aceite, el cubito desmenuzado, el ajo, el perejil y los tallos troceados. Salar muy poco y pimentar.
Llevar a ebullición a fuego moderado, tapar, bajar la llama y cocer durante unos 15 minutos a fuego lento hasta que las alcachofas estén tiernas y el jugo se haya reducido considerablemente.

FONDOS DE ALCACHOFA CON SALSA MORNAY

6 alcachofas grandes
blanco para cocer hortalizas (véase p. 164)
1 limón
30 g de emmental rallado
mantequilla
Para la salsa Mornay
4 dcl de bechamel o de salsa ligera (véase p. 36)
2 yemas de huevo
40 g de emmental rallado
Para adornar
tomates en capullo de rosa (véase p. 27)
Para acompañar
puré de calabacines

Preparar el blanco para cocer hortalizas. Tener a punto en un cuenco agua fría acidulada con el zumo de un limón. Pelar las alcachofas, conservando tan sólo el corazón y tornearlas tal como se describe en la p. 25, sumergiéndolas en seguida en el agua para que no se oscurezcan; después, hervirlas durante unos 20 minutos en el blanco para hortalizas hasta que estén tiernas. Precalentar el horno a 180 °C.
Preparar entre tanto la salsa Mornay: hacer una bechamel o una salsa ligera más bien líquida; en cuanto alcance una consistencia cremosa, retirarla del fuego y, batiendo con una espátula, incor-

porar poco a poco las 2 yemas y el queso rallado. Finalizada la cocción de los fondos de alcachofa, escurrirlos y cortarlos en 4. Untar con mantequilla una bandeja de horno ovalada de bordes bajos y verter la mitad de la salsa. Disponer las alcachofas sobre la misma en una capa homogénea, regarlas con la salsa restante, espolvorearlas con el queso rallado y repartir por encima unos minúsculos copitos de mantequilla. Gratinar en el horno durante unos 15 minutos hasta que se forme una ligera costra dorada sobre la superficie. Servirlas en seguida, acompañadas, si se desea con puré de calabacines y adornadas con tomates en capullo de rosa.

ALCACHOFAS AL ESTILO JUDÍO

4 alcachofas grandes

1 limón

aceite de oliva fino

sal

Poner a calentar abundante agua salada acidulada con el zumo de limón. Cortar el tallo de las alcachofas a tres dedos de la base y pelarlo con un cuchillo; eliminar las hojas coriáceas externas, dejando las alcachofas enteras. Eliminar la parte lanosa interior y enjuagarlas bien bajo el grifo de agua fría. Colocarlas boca abajo sobre una tabla de madera y, ejerciendo presión mediante movimientos rotatorios, aplastarlas para que se abran las hojas.
Sumergirlas durante unos 5 minutos en agua hirviendo salada, escurrirlas y volver a colocarlas sobre la tabla de madera con el fondo hacia arriba para que se enfríen y se sequen por completo. Calentar en una sartén aproximadamente tres dedos de aceite a calor moderado (180 °C), colocar las alcachofas boca abajo y freírlas durante unos minutos hasta que las hojas externas adquieran color y resulten agradablemente crujientes. Sacar las alcachofas y ponerlas a escurrir boca abajo sobre papel de cocina. Servirlas calientes.

FONDOS DE ALCACHOFA AL ESTILO VÉNETO*

12 alcachofas

1 limón

2 dl de caldo

4 cucharadas de aceite

2 dientes de ajo

2 cucharadas de perejil picado

sal y pimienta

Tener a punto una escudilla grande llena de agua fría acidulada con el zumo de limón para sumergir en ella las alcachofas a medida que estén listas para evitar que se ennegrezcan en contacto con el aire. Pelar las alcachofas, cortando los tallos (que podrán usarse en otra preparación) y las hojas hasta casi el extremo de la base.
En una sartén muy grande que pueda contenerlas en una sola capa (en caso contrario, utilizar dos sartenes) disponer los corazones de alcachofa escurridos el uno al lado del otro. Regar con el caldo y 4 cucharadas de aceite. Añadir el ajo majado y espolvorear con el perejil. Salar ligeramente y pimentar. Tapar y cocer a fuego muy lento durante unos veinte minutos hasta que los fondos estén tiernos añadiendo un par de cucharadas de caldo hacia el final en caso necesario. Servirlos calientes, regados con su propio jugo.

TOMATES A LA ROMANA

2 kg de tomates grandes muy maduros

2 manojos de menta fresca

aceite de oliva extra virgen

sal y pimienta

Precalentar el horno a 180 °C. Lavar los tomates y cortarlos horizontalmente por la mitad. Untar de aceite dos bandejas grandes de horno y alinear en ellas los medios tomates unos al lado de otros. Salpimentarlos y aliñarlos con un hilillo de aceite.
Trocear las hojas de menta con los dedos y espolvorearlas sobre los tomates. Verter 1 o 2 vasos de agua caliente sobre el fondo de cada bandeja, cubriendo los tomates hasta ¼ de su altura, y cocer en el horno durante unos 50 minutos. Servirlos templados.

GRATÉN DE TOMATES A LA NAPOLITANA

4 tomates grandes bien maduros y compactos

1 cucharada y ½ de perejil picado

1 diente pequeño de ajo

1 cucharada de alcaparras

3 cucharadas de pan rallado

orégano

aceite de oliva extra virgen

sal y pimienta

Precalentar el horno a 180 °C. Picar el perejil y el ajo muy finos y recogerlos en una escudilla. Picar las alcaparras no muy finas y añadirlas a los ingredientes anteriores junto con 3 cucharadas escasas de pan rallado. Incorporar 1 cucharada de aceite, y una pizca de orégano y pimienta.
Lavar los tomates y cortarlos horizontalmente por la mitad. Disponerlos en una bandeja untada de aceite con el lado cortado hacia arriba. Salarlos ligeramente y distribuir encima la mezcla. Regarlos con un hilo de aceite, espolvorearlos ligeramente con pan rallado y cocerlos en el horno durante unos 30 minutos, encendiendo el grill durante los últimos 2-3 minutos. Se pueden servir tanto calientes como templados.

BERENJENAS AL HORNO

4 berenjenas largas medianas

2 dientes de ajo

aceite de oliva extra virgen

sal y pimienta

Precalentar el horno a 180 °C. Eliminar el pedúnculo de las berenjenas, lavarlas y cortarlas longitudinalmente por la mitad. Con la hoja de un cuchillo de cocina afilado practicar unas incisiones en forma de rejilla sobre la superficie de la pulpa. Salpimentar. Picar el ajo muy fino y repartirlo sobre las berenjenas, procurando hundirlo con la punta de los dedos en el interior de las incisiones.
Untar de aceite una bandeja y alinear en ella las medias berenjenas con la parte interior hacia arriba. Regar con aceite extra virgen, y cocer en el horno durante unos 35 minutos hasta que estén tiernas y tomen color. Servir calientes.

ENSALADA DE BERENJENAS A LA NAPOLITANA

1 kg de berenjenas largas

ajo en laminillas

guindilla

orégano

vinagre

aceite de oliva extra virgen

sal y pimienta

crema de leche

pan rústico

Poner a calentar abundante agua salada. Entre tanto, eliminar los dos extremos de las berenjenas, lavarlas, secarlas y cortarlas en cuartos en senti-

do longitudinal, eliminando parte de la pulpa junto con las semillas.
Cortarlas en tiras longitudinales, partiéndolas por la mitad en caso de que resulten demasiado largas. Sumergirlas en un cuenco de agua salada y dejarlas en él unos diez minutos hasta que el agua oscurezca. Escurrirlas y sumergirlas en agua hirviendo durante 1 minuto y ½ o 2. Escurrirlas y colocarlas en una sola capa sobre una tabla de madera cubierta con un lienzo. Colocar encima otro lienzo y tamponarlas, ejerciendo una ligera presión con la palma de las manos para que se sequen.
Colocarlas en una bandeja de servir y sazonarlas con laminitas de ajo, un poco de guindilla desmenuzada, orégano y una pizca de sal y pimienta. Amalgamar cuidadosamente y dejar en reposo unos 30 minutos antes de servir con acompañamiento de crema de leche y pan rústico.

BERENJENAS Y YOGUR A LA HINDÚ*
Baigan Ka Raita

600 g de berenjenas blancas o violetas
1 cebollino
6 dcl de yogur
1 cucharadita aproximada de pili-pili (véase p. 113)
1 manojo grande de menta fresca
sal y pimienta
Para adornar
hojitas de menta
Para acompañar
chapati (véase p. 81)

Tener a punto una olla para la cocción al vapor. Pelar las berenjenas, cortarlas en cuadraditos de unos 2 cm y cocerlas al vapor durante 10 minutos. Pelar el cebollino, conservar tan sólo el corazón tierno, incluida la parte verde, y cortarlo en rodajas muy finas. Blanquearlo 5 segundos en agua salada hirviente y escurrirlo bien.
Verter el yogur en un cuenco grande, añadir el cebollino, 1 cucharada rasa de sal, una buena rociada de pimienta molida y aproximadamente 1 cucharadita de pili-pili. Amalgamar, batiendo con una espátula durante unos segundos. Añadir 1 cucharada de menta fresca picada muy fina.
Cuando las berenjenas estén cocidas, colocarlas en una bandeja de servir, aplastarlas con un tenedor y dejarlas enfriar. Mezclar después con el yogur, rectificar de sal y pimienta y colocar de nuevo en la bandeja de servir; adornar con hojitas de menta y servir con chapati como contorno de plato hindú.

BERENJENAS FRITAS CON SALSA DE MISO
Nasu no Miso Kake

4 berenjenas pequeñas y a ser posible blancas
aceite de semillas
sal
2 cucharadas de shiro miso (pasta de miso)
4 cucharadas de saké o de Martini Dry
2 cucharaditas de azúcar
media cucharadita de azúcar
media cucharadita de almidón
1 buena pizca de ajinomoto o de glutamato monosódico
Para adornar
flores de rábano (véase p. 28)
perejil rizado francés

Receta para 6 personas. Eliminar los extremos de las berenjenas, lavarlas, secarlas y cortarlas, en 4 en sentido longitudinal, partiendo los trozos por la mitad para que midan aproximadamente unos 6 cm de longitud. Redondear los ángulos, eliminando en parte la piel de los bordes. Practicar en

la piel de cada trozo 2-3 cortes paralelos longitudinales de unos 3 mm de profundidad. Colocar las berenjenas en un cuenco grande y cubrirlas con agua fría salada. Dejarlas en remojo unos 20 minutos y después escurrirlas y secarlas con cuidado, tamponándolas con un lienzo limpio.
Preparar la salsa de miso, disolviendo en una olla pequeña a fuego lento el miso con el saké y el azúcar y removiendo con una cuchara de madera. Disolver el almidón en 4 cucharadas de agua fría, incorporarlo al miso y, sin dejar de remover, llevar a ebullición hasta que la mezcla se condense. Retirar del fuego y añadir el ajimoto. La salsa deberá quedar sabrosa, pero no salada.
Calentar abundante aceite de semillas en la freidora eléctrica o en un wok a 160 °C y freír las berenjenas a calor muy moderado durante unos 5-7 minutos, según el grosor, hasta que se doren. Deberán quedar blandas. Escurrirlas sobre papel de cocina y colocarlas en seguida bien calientes en platitos individuales, regadas con la salsa de miso. Adornar los platitos con flores de rabanitos y manojitos de perejil rizado.

BERENJENAS EN DADITOS

2 berenjenas grandes
2 dientes grandes de ajo
4 cucharadas de aceite de oliva
sal y pimienta
Para adornar
unas cuantas hojas de albahaca

Pelar las berenjenas y cortarlas longitudinalmente en cuartos; eliminar la pulpa si contuviera semillas. Cortarlas en tajadas gruesas longitudinales y después en daditos. En una sartén grande antiadherente calentar el aceite y saltear brevemente las berenjenas con el ajo majado, dándoles la vuelta con la paleta correspondiente.
Cuando tomen color, tapar, bajar la llama al mínimo y estofar a fuego lento durante 15 minutos, añadiendo un par de cucharadas de agua en caso necesario. Salpimentar y adornar con unas cuantas hojas de albahaca.

PIMIENTOS AL GRATÉN*

5 pimientos grandes de distintos colores
5 dientes de ajo
2 filetitos de anchoa
12 aceitunas negras
2 cucharadas de alcaparras
unas cuantas hojas de albahaca
orégano
pan rallado
aceite de oliva extra virgen
sal y pimienta

Precalentar el horno a 200 °C. Lavar los pimientos, secarlos y envolverlos por separado en una hoja de aluminio lo suficientemente grande como para poder cerrarla bien. Cocerlos en el horno durante 40 minutos, dándoles la vuelta a media cocción. Retirarlos del horno y dejarlos enfriar por completo (a ser posible, guardarlos 1 hora en el frigorífico) antes de desenvolverlos y pelarlos. Cortarlos en tiras gruesas.
Untar de aceite dos bandejas de horno y alinear en ellas los filetes de pimiento en una sola capa, alternando los colores al gusto. Salpimentar. Cortar el ajo y los filetitos de anchoa en trocitos, deshuesar las aceitunas y cortarlas en cuartos. Repetir uniformemente el ajo, las anchoas, las alcaparras y las aceitunas sobre las tiras de pimientos. Trocear las hojas de albahaca con los dedos y colocarlas entre las tiras de los pimientos para que no se quemen al gratinar. Espolvorear con un poco de orégano y abundante pan rallado y regar con un hilillo de aceite. Gratinar en el horno durante 15 minutos hasta que se forme en la superficie una fina costra dorada. Dejar enfriar antes de servir.

PIMIENTOS AGRIOS

1 kg de pimientos
4 dientes de ajo
1 guindilla
1 dl de vinagre
3 cucharadas colmadas de pan rallado
2 cucharadas rasas de alcaparras encurtidas
orégano
4 cucharadas de aceite de oliva extra virgen
sal

Limpiar los pimientos y cortarlos en tiritas más bien finas. En un wok o una sartén muy grande calentar 4 cucharadas de aceite de oliva y saltear unos minutos el ajo, la guindilla y los pimientos, removiendo con la paleta. Bajar la llama, regar con un poco de vinagre y espolvorear con una parte del pan rallado. Salar y, sin dejar de remover, incorporar poco a poco el resto del vinagre y del pan rallado. Añadir las alcaparras.
Tapar y estofar a fuego lento durante unos 15 minutos, añadiendo agua en caso necesario. Rectificar de sal, añadir una pizca de orégano, amalgamar y retirar del fuego.
Servirlos templados. Son también excelentes para rellenar emparedados.

—•—

PEPINOS CON YOGUR
Cacik

2 pepinos tiernos medianos
1 diente grande de ajo picado
5 dl de yogur natural
2 cucharadas de eneldo picado
unas cuantas aceitunas negras
aceite de oliva extra virgen
sal
Para acompañar
mezés a la turca

Lavar los pepinos, eliminar los extremos y pelarlos. Rallarlos en un cuenco grande y añadir el ajo, media cucharadita de sal, el eneldo y el yogur. Regar con un poco de aceite, adornar con unas cuantas aceitunas negras y servir muy fresco con los mezés a la turca.

—•—

CALABACINES A LA PULLESA

500 g de calabacines tiernos
2 cucharadas de perejil picado
1 manojo de hojas de menta
2 dientes de ajo
4 cucharadas de aceite de oliva
vinagre
sal y pimienta
Para acompañar
mozzarella
pan rústico

Picar el perejil y trocear las hojas de menta con los dedos. Pelar y lavar los calabacines, secarlos con cuidado y cortarlos en tajadas longitudinales de medio dedo de grosor y después en trocitos de unos 4 cm de longitud.
En una sartén grande calentar las 4 cucharadas de aceite y saltear los calabacines con el ajo durante 5 minutos hasta que queden *al dente*; eliminar el ajo. Regar con 3 cucharadas de vinagre, salpimentar y remover unos segundos. Espolvorear con el perejil y la menta, amalgamar, removiendo a fuego lento unos segundos, y retirar del fuego.
Rectificar de sal, escurrir el exceso de aceite (recogiéndolo en una tacita para poder utilizarlo en otras preparaciones) y servirlos en seguida con mozzarella y pan rústico. Fríos también resultan exquisitos.

PURÉ DE CALABACINES

1 kg de calabacines tiernos
4 dl de caldo
1 diente de ajo
4 yemas de huevo
4 cucharadas de parmesano rallado
algunas hojas de albahaca
nuez moscada
40 g de mantequilla
sal y pimienta blanca
Para adornar
manojitos de albahaca
Para acompañar
pasteles de verduras

Limpiar los calabacines, lavarlos y cortarlos en rodajas gruesas. Ponerlos en una cacerola con el caldo y 1 diente de ajo. Tapar y estofar a fuego lento durante unos 20 minutos hasta que los calabacines estén cocidos *al dente*. Escurrir el exceso de líquido (reservándolo para otras preparaciones), eliminar el ajo, añadir algunas hojas de albahaca troceadas con los dedos y reducir los calabacines a puré, utilizando una batidora de inmersión.

Batir en un cuenco las yemas de huevo con el parmesano, un poco de sal, pimienta blanca y nuez moscada. Calentar el puré de calabacines, derretir en él 40 g de mantequilla y, batiendo con la espátula, incorporar poco a poco las yemas de huevo con el queso. Remover a fuego lento unos segundos.

Servir el puré caliente, adornado con manojitos de albahaca, como contorno de pasteles de verduras cocidos en molde.

CALABACINES A LA RUSA

800 g de calabacines tiernos
1,5 dl de nata
1 cucharada de perejil picado
1 cucharada de menta picada
harina
50 g de mantequilla
2 cucharadas de aceite de semillas
sal y pimienta

Cortar los extremos de los calabacines, lavarlos, secarlos bien y cortarlos en rodajas muy gruesas. Ponerlos en un cuenco y enharinarlos, mezclándolos con las manos.

En una sartén grande calentar 50 g de mantequilla con 2 cucharadas de aceite de semillas y cuando estén muy calientes, sofreír los calabacines, removiéndolos a fuego moderado durante 2-3 minutos. Bajar la llama, tapar y estofar durante unos 10 minutos, removiendo de vez en cuando hasta que queden *al dente*. Salpimentar, incorporar la nata, el perejil y la menta. Remover a fuego lento 1 o 2 minutos y servir en seguida.

CREMA DE AGUACATE

2 aguacates grandes maduros
1 lima grande
5 cucharadas de azúcar glas
Para adornar
hojas de menta
laminillas de lima

Partir los aguacates longitudinalmente por la mitad, quitar los cuescos, pelarlos y trocear la pulpa. Pasarlo por un pasaverduras de malla fina hasta reducirla a la crema. Acidular con el zumo de lima y edulcorar con el azúcar glas pasado por el tamiz. Incorporar, si se desea, un poco más de zumo de lima al gusto.

Colocar la crema en copas individuales, proteger con película transparente y guardar en el frigorífico no más de 1 hora. Deberá estar fría, pero no helada. Adornar con hojitas de menta y laminitas finas de lima en abanico.

—•—

HELADO DE AGUACATE

1,1 kg de pulpa de aguacate (peso neto)

0,5 dcl de glucosa

750 g de azúcar

2 limas

Para adornar

racimos de grosellas o fresas silvestres

Poner en una cacerola la glucosa y el azúcar con 1 litro de agua. Llevar a ebullición removiendo a menudo, retirar del fuego y dejar enfriar por completo.

Cuando el jarabe esté frío, pelar los aguacates, eliminar los cuescos, pesar 1,1 kg de pulpa y batirla con el zumo de lima y 1 cucharonada de jarabe. Añadir el jarabe restante, verter en seguida la mezcla en la sorbetera y trabajarla durante 15 minutos. Pasarla después a los recipientes correspondientes y dejarla por lo menos 2 horas en el congelador.

Sacarla 10 minutos antes de servir; formar bolitas con el utensilio correspondiente y adornar con racimos de grosellas o fresas silvestres con sus hojas.

Es muy importante pelar y batir los aguacates a toda velocidad y amalgamar la pulpa con el jarabe antes de que, en contacto con el aire, se oxide y se oscurezca, alterando desagradablemente su color.

CALABAZA CONFITADA

500 de pulpa de calabaza (peso neto)

500 g de azúcar

1 limón

Pelar la calabaza, eliminar las semillas y los filamentos interiores y pesar 500 g de pulpa limpia. Cortarla en tiritas gruesas y posteriormente en daditos, colocarla en un cuenco y cubrirla con agua fría. Dejarla en remojo 24 horas y escurrirla. Disolver en una cacerola 500 g de azúcar en 5 dcl de agua, removiendo a fuego lento, y cocer despacio el jarabe hasta que el termómetro de jarabes marque 80 °C o hasta que, dejando caer una gota en una taza de agua fría se forme una burbuja. Incorporar la calabaza con el zumo y la corteza de limón, mezclar, tapar y cocer afuego lento durante unos 30 minutos.

Dejar en reposo la calabaza durante una semana a temperatura ambiental, sacarla y ponerla a escurrir sobre un tamiz grande. Secarla en el horno tibio o bien con el secador de cabello. Cuando la calabaza confitada esté seca, colocarla en tarros de vidrio.

Servir después de cenar con bebidas alcohólicas de alta graduación.

—•—

TARTA DE CALABAZA CON GALLETAS DE ALMENDRAS AMARGAS*

500 g de pulpa de calabaza (peso neto)

5 dl de leche

150 g de pan al aceite

3 huevos

50 g de azúcar

100 g de pasas

100 g de piñones

9 galletitas dobles de almendras amargas

mantequilla blanda

harina

sal marina gruesa

Cortar la pulpa de la calabaza en dados, ponerla en la olla a presión con 2 dcl de agua y una pizca de sal marina gruesa, y cocerla durante 20 minutos.
Entre tanto precalentar el horno a 180 °C y preparar los demás ingredientes.
Llevar la leche a ebullición en una olla pequeña, retirar del fuego y poner a remojar en ella las rebanadas de pan durante 10 minutos. Sacarlas con una espumadera sin escurrirlas y eliminar la leche sobrante. Aplastar el pan con un tenedor hasta conseguir una pasta blanda.
Cuando la calabaza esté cocida, aplastarla con un tenedor e incorporarla con cuidado al pan.
Batir ligeramente los huevos con el azúcar e incorporarlos a la pasta junto con las pasas reblandecidas en agua, los piñones y las galletitas de almendras amargas desmenuzadas, guardando la mitad de ellas para adornar el centro de la tarta.
Untar de mantequilla una bandeja de horno redonda de 24 cm de diámetro y 4 cm de altura, espolvorearla con un poco de harina y verter la pasta, nivelando la superficie con una espátula.
Cocer en el horno 30 minutos; 10 minutos antes de que finalice la cocción, sacar un momento la bandeja, colocar media galletita de almendras amargas en el centro como adorno y volver a poner en seguida en el horno.
Dejar enfriar 15 minutos antes de sacarla del molde, y servirla templada.
Resulta exquisita también con el té de la tarde. Si no se consume en su totalidad, la tarta se presta muy bien a ser congelada. Envolver los trozos que hayan quedado en papel de aluminio antes de colocarlos en el congelador y, en el momento necesario, bastará colocar los envoltorios en el horno caliente durante unos minutos para que la tarta parezca recién hecha.

DULCE DE CALABAZA A LA TURCA
Kabak Tatlisi

1 kg de calabaza

160 g de azúcar

8 cucharadas de nueces picadas

Limpiar la calabaza, pelarla y cortar la pulpa en tajaditas rectangulares de unos 3 cm de altura y unos 8 cm de longitud. Disponerlas en una cacerola grande de barro, rociarlas de azúcar y cubrirlas de agua. Dejar en reposo 24 horas.
Poner después la cacerola a fuego moderado, llevar a ebullición, bajar la llama y hervir a fuego lento durante 35 minutos, removiendo de vez en cuando hasta que la calabaza esté cremosa. Dejar enfriar a temperatura ambiental, colocar en copas individuales, espolvorear con nueces picadas y servir.

·Bulbos y raíces·

Pan de zanahorias
Babka

p. 161
Preparación: 30 minutos,
más 1 hora y 30 minutos de espera
Cocción: 50 minutos
Dificultad: media
Refrigerio

Ensalada de cebolla y filamentos

p. 161
Preparación: 5 minutos
Dificultad: mínima
Entremés

Lampatanes agrios

p. 161
Preparación: 40 minutos
Cocción: 20 minutos
Dificultad: mínima
Entremés

Zanahorias ralladas a la turca
Yogurtlu Havuç Salatasi

p. 162
Preparación: 20 minutos
Dificultad: mínima
Entremés

Crudités a la oriental con salsa de sésamo*

p. 162
Preparación: 30 minutos
Dificultad: mínima
Entremés

Ensalada de zanahorias, apio e hinojos con colas de langostinos*

p. 163
Preparación: 45 minutos
Cocción: 5 minutos
Dificultad: media
Entremés

Ensalada picante de daikon con huevas de salmon*

p. 163
Preparación: 10 minutos
Dificultad: mínima
Entremés

Ensalada de rabanitos, berros y lechuga con salsa de nata

p. 163
Preparación: 15 minutos
Dificultad: mínima
Entremés

Ensalada de apio nabo*

p. 164
Preparación: 25 minutos
Dificultad: media
Entremés

Paté de remolacha a la rusa

p. 164
Preparación: 25 minutos,
más unas cuantas horas de refrigeración
Cocción: 27 minutos
Dificultad: mínima
Entremés

Ensalada de remolacha y cardo

p. 164
Preparación: 25 minutos
Cocción: 1 hora y 30 minutos - 2 horas
Dificultad: mínima
Entremés

Batatas rojas al horno con nata ácida al cilantro*

p. 153
Preparación: 15 minutos
Cocción: 45 minutos
Dificultad: mínima
Entremés

Pasta y patatas a la napolitana

Crêpes a la provenzal*
p. 180
Preparación: 30 minutos,
más 2 horas para la refrigeración
Cocción: 30 minutos
Dificultad: elevada
Segundo plato

Verduras con especias cocidas con nata*
Makhanwala
p. 181
Preparación: 45 minutos
Cocción: 45 minutos
Dificultad: media
Segundo plato

Huevos revueltos con cebollinos a la hindú*
p. 182
Preparación: 20 minutos
Cocción: 15 minutos
Dificultad: media
Segundo plato

Pastel de verduras a la iraní*
Kkuye Sabzi
p. 182
Preparación: 45 minutos
Cocción: 50 minutos
Dificultad: media
Segundo plato

Puerros al gratén*
p. 183
Preparación: 15 minutos
Cocción: 1 hora
Dificultad: mínima
Segundo plato

Verduras al vapor con salsa al curry
p. 183
Preparación: 30 minutos,
más 30 minutos para la infusión
Cocción: 30 minutos
Dificultad: media
Segundo plato

Pastel de zanahorias a la rusa
p. 184
Preparación: 20 minutos
Cocción: 45 minutos
Dificultad: media
Segundo plato

Escorzonera a la griega
p. 185
Preparación: 20 minutos
Cocción: 25 minutos
Dificultad: mínima
Segundo plato

Escorzonera blanca a la polaca
p. 185
Preparación: 20 minutos
Cocción: 15 minutos
Dificultad: media
Segundo plato

Pastel napolitano de patatas*
p. 186
Preparación: 30 minutos
Cocción: 70 minutos
Dificultad: media
Segundo plato

Patatas, pimientos y ternera al estilo de Capri*
p. 186
Preparación: 20 minutos
Cocción: 20 minutos
Dificultad: media
Segundo plato

Fuente de verduras a la pullesa
p. 187
Preparación: 35 minutos
Cocción: 1 hora y 15 minutos
Dificultad: mínima
Segundo plato

Fuente de patatas y alcachofas a la napolitana*
p. 187
Preparación: 30 minutos
Cocción: 1 hora
Dificultad: mínima
Segundo plato

Soufflé de patatas con salsa de alcachofas*
p. 187
Preparación: 30 minutos
Cocción: 1 hora
Dificultad: media
Segundo plato

Panqueque de batatas con salsa de rábano silvestre y manzanas verdes*
p. 188
Preparación: 30 minutos
Cocción: 20 minutos
Dificultad: media
Segundo plato

Croquetas de patatas a la griega*
Patatakéftedes
p. 189
Preparación: 20 minutos,
más 1 hora para la refrigeración
Cocción: 50 minutos
Dificultad: media
Segundo plato

Verduras rellenas de patatas al estilo de Liguria*
p. 189
Preparación: 30 minutos
Cocción: 30 minutos
Dificultad: media
Segundo plato

Verduras rellenas a la lombarda*
p. 190
Preparación: 30 minutos,
más unas cuantas horas para la refrigeración
Cocción: 1 hora
Dificultad: media
Segundo plato

Verduras hervidas con salsa Guasaca
p. 191
Preparación: 35 minutos
Cocción: 30 minutos
Dificultad: mínima
Segundo plato

Braseado de cebollas y arroz*
Soubise
p. 191
Preparación: 30 minutos
Cocción: 70 minutos
Dificultad: media
Acompañamiento

Cebollitas agridulces*
p. 192
Preparación: 5 minutos
Cocción: 20 minutos
Dificultad: mínima
Acompañamiento

Cebollitas agridulces

Zanahorias con nata

PAN DE ZANAHORIAS
Babka

400 g de zanahorias
20 g de levadura de cerveza
500 g de harina tamizada
3 huevos
80 g de mantequilla derretida
100 g de azúcar
70 g de almendras en láminas
la corteza de un limón rallado
vainilla
sal
Para acompañar
smetana o nata ácida (véase p. 59)
paté de remolachas (véase p. 164)

Limpiar y pelar las zanahorias con el pelapatatas; trocearlas y picarlas muy finas en la picadora. Desmenuzar la levadura y disolverla en 1 dcl de agua templada. Amalgamar en un cuenco grande 250 g de harina tamizada con 1 huevo entero, la levadura y las zanahorias picadas. Trabajar la pasta con las manos durante unos minutos, formar una bola, cubrir el cuenco con un lienzo mojado en agua caliente y escurrido y dejar que fermente al calor durante por lo menos 30 minutos. Derretir la mantequilla y verterla sobre la pasta, incorporar otros 250 g de harina tamizada y añadir 2 huevos, el azúcar, las almendras, la corteza de limón y una pizca de vainilla. Mezclarlo todo, trabajarlo unos minutos, taparlo de nuevo y dejar que fermente al calor durante 1 hora.
Precalentar el horno a 180 °C. Untar con mantequilla un molde de roscón de 24,5 cm de diámetro externo y de 10 cm de diámetro interno, verter la pasta, nivelar la superficie con una espátula y cocer en el horno durante unos 40 minutos hasta que tome un color rojizo vivo e, introduciendo un palillo, éste salga seco. Dejar en reposo unos minutos antes de sacar el molde. Servir caliente o templado con el té o bien como entremés, acompañado de smetana y paté de remolacha.

ENSALADA DE CEBOLLA Y MÉDULAS

1 cebolla grande roja
320 g de médulas cocidas cortadas a la juliana
2 cucharadas escasas de perejil picado
aceite de oliva
vinagre
sal y pimienta
Para acompañar
ensalada de zanahorias y achicoria
huevos duros

Pedir al carnicero que corte las médulas cocidas muy finas. Sumergirlas 5 minutos en agua hirviente, escurrirlas y dejarlas enfriar.
Pelar la cebolla y cortarla en cuartos longitudinales. Cortarla en laminillas finas longitudinales y mezclarla en un cuenco con las médulas. Rociar la mezcla con un poco de vinagre, salpimentar y amalgamar. Dejar en adobo 5 minutos, aliñar después con aceite y espolvorear con el perejil. Servir a temperatura ambiental con una ensalada de zanahorias y achicoria y huevos duros cortados en gajos.

LAMPATANES AGRIOS

500 g de lampatanes
aceite de oliva extra virgen
vinagre
sal y pimienta
Para acompañar
tortillas de verduras, entremeses, fiambres

Pelar los lampatanes eliminando las primeras hojas y practicando una incisión en forma de cruz de 3 mm de profundidad en la base. Lavarlos y dejarlos en remojo en agua fría mientras se calienta agua salada en dos cacerolas grandes. Cuando hierva el agua, echar los lampatanes en una de las cacerolas y hervirlos a fuego vivo durante 10 minutos; bajar el fuego de la otra cacerola al mínimo para que el agua siga hirviendo muy despacio. Escurrir los lampatanes y echarlos en la segunda cacerola. Tapar y dejar hervir a fuego lento unos 10 minutos más hasta que estén tiernos. Escurrirlos y colocarlos en el cuenco de servir.
Sazonar con un poco de vinagre, sal y pimienta recién molida. Dejarlos en reposo 10 minutos, regar con un poco de aceite y servirlos calientes o templados con fiambres, tortillas de verduras u otros entremeses.

ZANAHORIAS RALLADAS A LA TURCA

Yogurtlu Havuç Salatasi

600 g de zanahorias tiernas

Para el condimento

1 dl de yogur natural

1 diente de ajo picado

6 cucharadas de aceite de oliva

2 cucharadas de perejil picado

sal y pimienta

Limpiar las zanahorias, pelarlas con el pelapatatas, picarlas en la picadora y colocarlas en un cuenco de servir.
Verter el yogur en un cuenco y añadir el ajo y una cucharadita rasa de sal. Batiendo con una pequeña espátula, emulsionar el aceite, incorporándolo poco a poco. Añadir el perejil y sazonar la ensalada. Rectificar de sal y pimentar al gusto.

CRUDITÉS A LA ORIENTAL CON SALSA DE SÉSAMO

6 zanahorias tiernas

4 tallos de apio verde o blanco

4 calabacines tiernos

Para la salsa de sésamo

1 taza de semillas de sésamo claro (2,5 dl)

6 cucharadas de caldo

4 cucharadas de vinagre blanco

1 cucharada y ½ de azúcar

2 cucharadas de mirin o de Martini blanco dulce

4 cucharadas escasas de salsa de soja

1 buena pizca de ajinomoto u glutamato (ocional)

sal

Preparar en primer lugar la salsa. Tostar durante un par de minutos las semillas de sésamo en una sartén grande antiadherente a fuego moderado, mezclando sin interrupción con la correspondiente paleta de teflon para que no se quemen. Cuando empiecen a saltar, retirarlas del fuego. Pasarlas por la picadora y reducirlas a una pasta cremosa.
Colocar la pasta en un cuenco e incorporar el caldo, el vinagre, el vino, la salsa de soja, media cucharadita rasa de sal, el azúcar y, si se desea, el ajinomoto. Rectificar de sal y añadir algunas gotas de vinagre al gusto. Servir a temperatura ambiental.
Pelar las verduras, cortarlas longitudinalmente y subdividirlas en 2 o 3 partes para obtener unos bastoncitos de unos 10 cm de longitud. Colocarlas preferiblemente en una bandeja de servir con varios compartimientos separados, alternándolos y disponiendo en el centro el cuenco de la salsa para mojarlas. Si se preparan las verduras con cierta antelación, mantenerlas sumergidas en agua acidulada con zumo de limón y añadir algunos cubitos de hielo para que se conserven frescas y crujientes hasta el momento de servir.

ENSALADA DE ZANAHORIAS, APIO E HINOJOS CON COLAS DE LANGOSTINOS

3 zanahorias tiernas
3 tallos de apio
2 corazones de hinojo
320 g de colas de langostinos
aceite de oliva extra virgen
orégano
sal y pimienta

Cocer las colas de los langostinos al vapor durante 3 minutos aproximadamente, escurrirlas, pelarlas y conservar calientes.
Pelar las verduras, pasarles por encima el pelapatatas, lavarlas y escurrirlas. Cortar el apio y las zanahorias en rodajas muy finas con el cortaverduras. Cortar los hinojos por la mitad en sentido longitudinal y después en laminillas muy finas en el mismo sentido.
Disponer en los platos individuales una capa de hinojo, una de apio y una de zanahorias. Cortar las colas de langostinos por la mitad en sentido longitudinal, abriéndolas como si fueran supremas de pollo y colocarlas sobre el lecho de zanahorias. Salar ligeramente, pimentar y regar con un poco de aceite de oliva extra virgen. Espolvorear con un poco de orégano. Servir en seguida.

—•—

ENSALADA PICANTE DE DAIKON Y HUEVAS DE SALMÓN
Ikuraz to daikon no oroshi ae

medio daikon o rábano japonés
1-2 guindillas rojas
1 lata de huevas de salmón en conserva
medio limón

Para adornar
manojos de perejil
flores de rabanitos (véase p. 28)

Preparar en primer lugar el daikon rallado con guindilla roja (en japonés se llama destto momiji oroshi): pelar el daikon, trocearlo y pasarlo por la picadora junto con la guindilla hasta obtener una crema rosada; estrujarla con un pañuelo limpio para eliminar el exceso de líquido, salar muy ligeramente y repartirla en montículos en los platitos rectangulares individuales. Adornar con manojos de perejil rizado y de rabanitos en forma de tulipán. Repartir por encima las huevas de salmón, acidular con el zumo de limón y servir en seguida.
Este insólito y refinado entremés es la perfecta introducción de cenas formales japonesas y se tiene que preparar en el último momento: el daikon picado se oxida fácilmente y no se conserva.

—•—

ENSALADA DE RABANITOS, BERROS Y LECHUGA CON SALSA DE NATA

1 manojo de rabanitos
1 manojo de berros
2 cogollos de lechuga
Para la salsa de nata
2 cucharadas de vinagre
¼ de cucharadita de mostaza en polvo
4 cucharadas de aceite
3 cucharadas de nata
¼ de cucharadita de pimienta de Cayena
media cucharadita de sal

Pelar las verduras, lavarlas y escurrirlas con cuidado. Partir las hojas de lechuga más grandes por la mitad con las manos para que todas sean iguales y colocarlas en los platos individuales. Cortar los rabanitos en finas láminas y repartirlos sobre la lechuga junto con los berros. Preparar la salsa de nata, emulsionando los ingredientes y sazonando en el último momento.

—•—

ENSALADA DE APIO

800 g de apio
medio limón
3 dcl aproximadamente de mayonesa (véase p. 35)
sal y pimienta
Para acompañar
fiambres

Pelar el apio, lavarlo, secarlo y cortarlo en trocitos muy finos. Después, superponiendo las laminitas unas encima de otras en grupitos, cortarlas a la juliana (véase p. 24). Colocar el apio en una fuente de servir, salpimentar y regar con el zumo de limón. Incorporar la mayonesa y posteriormente la nata montada. Rectificar de sal y pimienta y servir como acompañamiento de fiambres.

—•—

PATÉ DE REMOLACHA A LA RUSA

600 g de remolachas rojas crudas
60 g de mantequilla
1 limón
2 cucharadas de azúcar
2 dientes pequeños de ajo picado
3 cucharadas rasas de perejil picado
sal y pimienta negra
Para acompañar
canapés de tostadas con mantequilla
ensalada iraida (véase p. 167)
fiambres

Cepillar las remolachas bajo el grifo de agua fría para eliminar cualquier resto de tierra y colocarlas con muy poca agua en una olla a presión, cociéndolas durante 20 minutos hasta que estén tiernas. Dejarlas enfriar, pelarlas y picarlas muy finas. Recogerlas en un cuenco y mezclarlas con 60 de mantequilla blanda, el zumo y la corteza de limón, media cucharadita de sal y 2 cucharadas de azúcar. Colocar la mezcla en una sartén antiadherente y remover a fuego moderado durante unos 7 minutos hasta que espese y se amalgame. Incorporar el ajo y el perejil, rectificar de sal y pimentar. Colocar en tarrinas individuales y servir tibio como entremés, acompañado de canapés de tostadas con mantequilla, con ensalada iraida y fiambres.

—•—

ENSALADA DE REMOLACHA Y CARDOS

2 remolachas
800 g de cardos (sólo el corazón)
1 limón
salsa citronette (véase p. 35)
2 cucharadas de perejil picado
Para el líquido blanco de cocción
25 g de harina

medio limón

2 copitos de mantequilla

2 cucharadas de aceite

sal

Preparar ante todo el líquido de cocción que conservará el color blanco de los cardos: mezclar la harina en un cuenco con un poco de agua fría y añadir 1 litro de agua, mezclando para que no se formen grumos. Pasar a una cacerola a través de un colador de malla fina y añadir 2 cucharaditas de sal, el zumo de medio limón, 2 copitos de mantequilla y 2 cucharadas de aceite. Llevar a ebullición, removiendo para evitar que la harina se pegue al fondo y bajar la llama para mantener constante el hervor.
Pelar y lavar los cardos, pasarles por encima el pelapatatas, cortarlos en trozos de unos 6 cm e irlos sumergiendo a medida que estén listos en un cuenco de agua fría acidulada con zumo de limón para que no se oscurezcan. Escurrirlos y hervirlos en el líquido blanco durante una hora y media o 2 horas con la olla destapada hasta que estén tiernos. Escurrirlos y dejarlos enfriar.
Pelar las remolachas y cortarlas en láminas. Disponer en la fuente de servir las remolachas y los cardos en círculos concéntricos, partiendo del centro del plato. Regarlos con salsa citronette, espolvorear con el perejil picado y servir.

BATATAS ROJAS AL HORNO CON NATA ÁCIDA AL CILANTRO

4 batatas rojas

1,5 dl de nata ácida (véase p. 59)

1 corazón de cebollino picado

medio pimientito verde fresco picante picado

1 cucharada de cilantro picado

sal

Para acompañar

4 rajas de lima

Precalentar el horno a 200 °C. Cepillar bien las batatas bajo el grifo de agua fría para eliminar cualquier resto de tierra, secarlas y envolverlas individualmente con papel de aluminio. Ponerlas en el horno ya caliente y dejarlas 45 minutos. Entretanto, preparar la nata ácida, tal como se describe en la página 59, e incorporarle el cebollino, el pimientito y el cilantro. Rectificar de sal y pimienta.
Guardarla en el frigorífico hasta el momento de servir las batatas calientes con su envoltura de aluminio, practicando una incisión profunda en el centro de cada una de ellas. Adornar con una cucharada de nata ácida y servir la restante aparte. Acompañar con rajas de lima para acidular al gusto.

ENSALADA DE PATATAS A LA TURCA

Patates Salatasi

6 patatas medianas

Para la salsa

9 cucharadas de aceite de oliva

6 cucharadas de vino blanco seco

1 limón y medio

2 cucharadas colmadas de perejil picado

sal y pimienta

Para acompañar

ensalada de berenjenas (véase p. 110)

buñuelos de berenjenas (véase p. 143)

Lavar las patatas y cepillarlas bajo el grifo de agua fría para eliminar los residuos de tierra. Cocerlas al vapor, dejarlas enfriar, pelarlas y cortarlas longitudinalmente por la mitad y después en laminillas finas. Disponerlas sobre una fuente ovalada de servir.
Preparar la salsa: mezclar en un cuenco 1 cucharadita de sal con el zumo de limón y después, batiendo con una espátula, emulsionar el aceite y el vino blanco añadiéndolos poco a poco. Incorporar una buena rociada de pimienta molida, regar las patatas con la salsa y mezclar cuidadosamente. Espolvorear el perejil y servir a temperatura ambiente con otros *mezés* turcos como, por ejemplo, ensalada de berenjenas o buñuelos de calabacines.

PATATAS AL HORNO CON CAVIAR Y NATA ÁCIDA

4 patatas holandesas medianas
4 cucharadas de caviar
2 dcl de nata ácida o smetana (véase p. 59)
1 cucharada colmada de eneldo picado
sal
Para adornar
4 rajas de limón
manojitos de eneldo

Precalentar el horno a 200 °C. Lavar las patatas, cepillándolas bajo el grifo de agua fría, secarlas y envolverlas con papel de aluminio. Cocerlas en el horno caliente durante unos 50 minutos hasta que estén tiernas. Mantenerlas calientes hasta el momento de servir; practicarles una incisión en forma de cruz con la hoja de un cuchillo y ejercer presión en los extremos para que la pulpa sobresalga por el centro. Espolvorear cada patata con una pizca de sal, el eneldo picado, dos cucharadas de nata ácida y una cucharada de caviar. Adornar con rajas de limón para acidular al gusto y con manojitos de eneldo. Servir enseguida.

ENSALADA DE PATATAS A LA HÚNGARA*

4 patatas grandes
4 huevos duros
2 cebollinos
1,2 dl de mayonesa (véase p. 35)
nata ácida o smetana (véase p. 59)
sal y pimienta
Para acompañar
ensalada verde

Pelar las patatas, trocearlas y ponerlas en una cacerola con 2 vasos de agua y media cucharadita de sal. Tapar y cocer a fuego moderado durante unos 20 minutos hasta que el agua se absorba y las patatas estén tiernas.
Picar los huevos duros en trozos no muy pequeños y cortar el corazón de los cebollinos en rodajas, incluida la parte verde. Cuando las patatas estén cocidas, aplastarlas con un tenedor de tal forma que queden algunos trozos enteros. Dejar enfriar.
Preparar la mayonesa, añadiendo 2-3 cucharadas de nata ácida y amalgamarla con las patatas junto con los cebollinos y los huevos duros. Rectificar de sal y pimienta. Servir a temperatura ambiente, con ensalada verde como entremés.

ENSALADA DE AGUATURMAS

600 g de aguaturmas
2 limones
aceite de oliva extra virgen
sal y pimienta
Para adornar
media cucharada de perejil picado
rajas de limón en abanico

Preparar un cuenco de agua fría acidulada con el zumo de limón. Pelar las aguaturmas y, a medida que estén listas, sumergirlas en el agua acidulada. Esta preparación se puede hacer con antelación. Poco antes de servir, cortarlas en láminas muy finas mediante el cortafrutas y repartirlas en los platos individuales. Salpimentar y regar con aceite de oliva y un poco de zumo de limón. Adornar con perejil y finas rajas de limón en abanico. Servir en seguida.

ENSALADA RUSA DE ZANAHORIAS Y MANZANAS VERDES

6 zanahorias

3 manzanas verdes

2 limones

1 huevo entero

2 dl de aceite de oliva

media cucharadita de mostaza de Dijon

salsa Worcestershire

sal y pimienta

Para adornar

2 cucharadas de nata ácida o smetana (véase p. 59)

perifollo

Pelar las zanahorias y las manzanas y rallarlas no muy finas. Amalgamarlas en un cuenco grande con una pizca de sal y el zumo de un limón. Preparar la mayonesa: colocar en la batidora el huevo, la mostaza, el zumo de medio limón, unas gotas de salsa Worcerstershire y un poco de sal y pimienta. Batiendo a alta velocidad, añadir un hilillo de aceite hasta que la mayonesa esté lista en cuestión de un minuto. Rectificar de sal, pimienta y limón y amalgamarla con la ensalada, poner en el frigorífico y servir fresca, pero no helada, en cuencos individuales, adornándolos en el centro con un copito de nata ácida y algunas hojitas de perifollo.

ZANAHORIAS RALLADAS CON SALSA HINDÚ A LA MOSTAZA

10 zanahorias medianas

2 cucharadas de pasas claras

2 cucharadas de zumo de lima

4 cucharadas de aceite de semillas

2 cucharadas de semillas de mostaza negra

sal

Poner las pasas en remojo en agua caliente durante 30 minutos y escurrirlas. Entre tanto, pelar las zanahorias y rallarlas en la picadora. Disolver media cucharadita de sal en 2 cucharadas de zumo de lima y sazonar las zanahorias con esta mezcla, removiendo en un cuenco grande de servir. Calentar 4 cucharadas de aceite de oliva de semillas y, cuando esté muy caliente, echarle las semillas de mostaza. Freírlas unos segundos, retirar del fuego y verterlas sobre las zanahorias. Mezclar y servir.

ENSALADA DE ZANAHORIAS Y CEBOLLAS A LA HINDÚ

600 g de zanahorias

1 cebolla roja mediana

medio pimientito verde fresco picante, picado

2 cucharadas de zumo de limón

4 cucharadas de aceite de semillas

1 laminita de jenjibre fresco rallada

sal

Pelar las zanahorias y picarlas no muy finas en la picadora. Pelar la cebolla, cortarla en cuartos longitudinales y después en laminitas muy finas, en el mismo sentido. En un cuenco grande mezclar las zanahorias, la cebolla y el pimientito. En una escudilla disolver ¾ de cucharadita de sal en el zumo de lima. Emulsionar poco a poco, con una espátula, 4 cucharadas de aceite e incorporar el jenjibre. Verterlo todo sobre la ensalada, dejar en adobo 10 minutos o más y servir a temperatura ambiental.

ENSALADA DE DAIKON Y COL A LA JAPONESA

Namasu

1 daikon, o rábano japonés, mediano

¼ de col

2 pequeñas zanahorias tiernas

Para la salsa kimi zu

1 cucharadita de almidón

1 dcl de dashi frío, o caldo instantáneo japonés

4 yemas de huevo

4 cucharadas de vinagre japonés o de vinagre blanco

3 cucharaditas de azúcar

sal

Pelar las hortalizas, lavarlas y secarlas con cuidado. Cortarlas a la juliana (véase p. 24) con el cortaverduras o bien rallarlas, mezclarlas en un cuenco muy grande y cubrirlas con agua helada y hielo. Dejar una hora en el frigorífico.

Entre tanto, preparar la salsa. Disponer una olla para la cocción al baño María y calentar el agua. Colocar el almidón en una escudilla y disolverlo en el dashi frío, incorporándolo poco a poco. Colocar las yemas de huevo en una olla pequeña de triple fondo sumergida hasta la mitad en el agua en ligera ebullición y batirlas con una espátula, añadiendo poco a poco el caldo con el almidón. Incorporar 3 cucharaditas de azúcar, media cucharada de sal y el vinagre poco a poco. Seguir batiendo hasta que la crema se condense. Retirar en seguida del fuego y dejar enfriar. Rectificar de sal y, si se ha usado vinagre blanco en lugar de vinagre dulce japonés, añadir una pizquita más de azúcar.

Cuando las verduras estén bien heladas y crujientes, escurrirlas en una centrifugadora, añadir la salsa y servir en seguida.

ENSALADA MIXTA JAPONESA CON SALSA SAMBAI ZU

medio daikon o rábano japonés

2 zanahorias

2 cogollos de lechuga

2 tallos de apio verde

2 lonchas gruesas de jamón cocido magro

Para la salsa sambai zu

2 cucharadas de salsa de soja

2 cucharadas de vinagre dulce japonés (sustituible por vinagre blanco y 1 cucharadita de café de azúcar)

6 cucharadas de aceite de semillas

sal y pimienta molida

Pelar las verduras, lavarlas y escurrirlas. Partir por la mitad las hojas de lechuga más grandes con las manos y, con un cortatrufas, cortar en laminillas muy finas de unos 3 cm las zanahorias, el daikon y el apio. Cortar el jamón a la juliana (véase p. 24). Amalgamar bien las verduras en un cuenco grande.

Preparar la salsa: colocar en un cuenco 2 pizcas de sal, pimienta, salsa de soja y eneldo; mezclarlo todo y, batiendo con una pequeña espátula, incorporar el aceite, poco a poco.

Sazonar la ensalada con la salsa, mezclando con cuidado, y servirla en platos individuales, disponiendo en el centro tres manojitos de tiritas de jamón cruzados en X.

ENSALADA DE PATATAS

4 patatas grandes

2 cebollinos

3 dcl de nata

2 cucharadas de ajo moruno desmenuzado

sal y pimienta negra molida

Pelar las patatas, trocearlas y colocarlas en una cacerola con 2 vasos de agua y media cucharadita de sal. Tapar y cocer a fuego moderado durante 20 minutos hasta que el agua se absorba y las patatas estén bien cocidas. Aplastarlas con un tenedor de tal manera que queden algunos trozos enteros y dejarlas enfriar.
Colocarlas en el cuenco de servir, incorporar la nata, los corazones de los cabollinos cortados en rodajas finas y una generosa rociada de pimienta molida. Rectificar de sal, espolvorear la superficie con ajo moruno y servir a temperatura ambiental, sin refrigerarla, junto con los restantes entremses.

—•—

CREMA HELADA DE PUERROS Y PATATAS

Vichyssoise

500 g de puerros pelados (peso neto exclusivamente de la parte blanca)

400 g de patatas peladas (peso neto)

1,2 l de caldo de pollo (véase p. 72)

2,5 dl de nata

3 cucharadas de ajo moruno desmenuzado

sal y pimienta blanca

Cortar las patatas en trocitos y el blanco de los puerros en rodajas; colocar estas hortalizas en una cacerola con el caldo, taprar y hervir a fuego lento durante unos 50 minutos para reducirlo más tarde a puré con la batidora de inmersión. Añadir la nata y salpimentar.
Dejar enfriar, guardar en el frigorifico por lo menos un par de horas. Servir la crema helada en los platos hondos individuales, adornándola con ajo moruno cortado muy fino.

—•—

CREMA DE APIO

500 g de apio

1 litro de caldo de pollo (véase p. 72)

30 g de mantequilla

30 g de harina de arroz

1 dl de nata

2 yemas de huevo

1 limón

1 cucharada de perejil picado

sal y pimienta blanca

Para acompañar

daditos de pan fritos con mantequilla

Calentar el caldo. Pelar el apio, lavarlo y cortarlo en daditos. Colocarlo en una cacerola, echarle la mitad del caldo hirviendo, tapar y hervir a fuego lento durante 30 minutos hasta que quede muy tierno; pasarlo por el pasaverduras para obtener un puré. En una cacerola grande, derretir la mantequilla y tostar la harina de arroz durante 1 o 2 minutos hasta que empiece a tomar color. Retirar del fuego y añadir la otra mitad del caldo hirviente, batiendo con una espátula. Volver a colocar sobre llama baja; llevar a ebullición sin dejar de mezclar y cocer unos minutos. Añadir el puré de apio.
Batir en un cuenco las yemas de huevo con la nata y, batiendo con la espátula, incorporarlos poco a poco a la crema. Mezclar durante 1 o 2 minutos y, antes de que se reanude el hervor, retirar

del fuego y seguir mezclando unos segundos. Rectificar de sal, pimentar, acidular al gusto con un poco de zumo de limón, incorporar el perejil y servir la crema caliente con daditos de pan fritos con mantequilla

—•—

CREMA DE CHIRIVÍA CON BACON Y DADITOS DE PAN FRITO

500 g de chirivías peladas (peso neto)
2 lonchas de ½ cm de grosor de bacon magro ahumado
50 g de mantequilla
2 chalotes picados
1 dl de vino blanco aromático
8 dl de caldo de pollo (véase p. 72)
3 yemas de huevo
2,5 dl de nata
nuez moscada
sal y pimienta blanca
Para los daditos
5 rebanadas de pan de molde sin corteza
2 cucharadas de aceite de oliva
2 dientes de ajo
sal

Preparar ante todo los daditos de pan con ajo. Superponer las rebanadas de pan de molde una encima de otra, cortar la corteza alrededor y cortar las rebanadas en daditos muy pequeños. Calentar en una sartén grande antiadherente 2 cucharadas de aceite con 2 dientes de ajo y rehogar los daditos a fuego moderado, removiendo con la paleta de teflon hasta que queden dorados y crujientes por todos lados. Salar ligeramente y reservar.

Quitar la corteza del bacon, eliminar el exceso de grasa y los cartílagos; cortar el bacon en daditos muy pequeños. Calentar una sartén pequeña de teflon y saltear en ella el bacon a fuego lento durante unos minutos hasta que empiece a rezumar la grasa y los daditos queden dorados y crujientes. Escurrir sobre papel de cocina y reservar. Pelar las chirivías y cortarlas en daditos. Calentar 30 g de mantequilla en una cacerola grande y rehogar a fuego lento los chalotes y las chirivías, removiendo a menudo durante 10 minutos para que no tomen color. Subir ligeramente la llama, apagar con el vino y remover hasta que se evapore por completo. Añadir el caldo con un poco de sal y llevar a ebullición. Hervir a fuego moderado y con la olla destapada durante unos 15 minutos hasta que las chirivías estén tiernas. Batir las yemas de huevo con la nata y añadirlas poco a poco, removiendo sin interrupción, amalgamar y calentar unos segundos. Retirar en seguida del fuego y reducir a puré con una batidora de inmersión. Batiendo con una espátula, añadir los restantes 20 g de mantequilla helada cortada en daditos hasta amalgamar por completo la mezcla. Rectificar de sal, pimentar y rallar un poco de nuez moscada por encima. Conservar caliente. Verter la crema caliente, pero no hirviendo, en los platos hondos individuales, echar los daditos de pan y de bacon y servir.

—•—

POTAJE DE FILADELFIA
Philadelphia Pepper-Pot

3 papatas medianas cortadas en cubitos
media cebolla mediana picada
1 nervadura de apio verde picada
medio pimiento verde grande picado
30 g de mantequilla
2 cucharadas de aceite de oliva
3 cucharadas de harina
1,2 l de caldo de carne (véase p. 37)

200 g de callos picados no muy finos

1,5 dl de nata ácida o smetana (véase p. 59)

sal y pimienta negra

Para acompañar

daditos de pan frito

Calentar el caldo. Pelar y cortar las verduras y sofreír en una cacerola grande la cebolla, el apio y el pimiento en la mantequilla y el aceite durante 15 minutos, removiendo a menudo e incorporando la harina; tostar a fuego lento un par de minutos para que esta última se amalgame bien con los demás ingredientes. Añadir después el caldo caliente, los callos, las patatas y abundante pimienta molida no muy fina, y llevar a ebullición. Tapar, bajar la llama y hervir a fuego lento durante aproximadamente una hora. Rectificar de sal y retirar del fuego.
Dejar en reposo 15 minutos antes de servir en los platos hondos individuales con dos cucharadas de nata ácida en el centro y una nueva rociada de pimienta negra. Servir con daditos de pan frito.

—•—

SOPA DE REMOLACHA Y COL A LA RUSA*

Borscht

350 g de remolachas crudas o de nabos rojos

300 g de col blanca

1 zanahoria

1 puerro

1 patata mediana

una nervadura de apio verde

40 g de mantequilla

300 g de ternera para hervir

1 loncha gruesa de bacon ahumado

100 g de tomates

1 hoja de laurel

2 cucharadas de eneldo picado

2 dl de nata ácida o smetana (véase p. 59)

vinagre

sal y pimienta en grano

Pelar las verduras y lavarlas. Tras haber pelado las remolachas, reservar 100 g y cortar el resto junto con la col, la zanahoria, el puerro y el apio a la juliana (véase p. 24). Cortar la patata en daditos. Calentar la mantequilla en una cacerola grande de barro y rehogar las verduras, removiendo a fuego moderado bajo durante unos 15 minutos. Añadir 1,2 l de agua, los tomates troceados, la carne, 1 hoja de laurel, el bacon, algunos granos de pimienta y una cucharadita rasa de sal marina. Llevar a ebullición, espumar, bajar la llama al mínimo y dejar hervir a fuego lento durante dos horas y después desgrasar cuidadosamente.
Preparar entre tanto la smetana y guardarla en el frigorífico. Trocear los restantes 100 g de remolacha y picarlos muy finos en la picadora. Colocarlos en una gasa y estrujar con las manos para exprimir todo el jugo, recogiéndolo en un cuenco. Añadir una pizca de sal y 3 cucharadas de vinagre. Cuando la carne esté muy tierna, sacarla junto con el bacon y cortar ambos a la juliana. Volver a colocarlos en la olla. Rectificar de sal y pimienta y, en el último momento, incorporar el jugo acidulado de la remolacha. Servir en seguida en las escudillas individuales, espolvoreando con eneldo picado y colocando una cucharada de smetana en el centro.

—•—

CREMA HELADA DE REMOLACHAS

1 remolacha cocida (250 g aproximadamente)

media cebolla picada no muy fina

2 patatas medianas hervidas

4,5 dl de caldo de pollo (véase p. 72)

una rociada de Martini dry

*1 limón*2,5 dl de yogur natural

sal y pimienta

Como guarnición

1,5 dl de nata montada

1 cucharada de ajo moruno (ciboulette) desmenuzado

Poner la cebolla con 2 dcl de caldo y una rociada de Martini dry en una cacerola grande, taparla y reducir a fuego lento durante 15 minutos. Destapar y reducir el líquido, removiendo a fuego moderado un par de minutos. Retirar del fuego.
Pelar las patatas y la remolacha, cortarlas en laminitas finas e incorporarlas a la cacerola con 2,5 dcl de caldo, el zumo de limón, una cucharadita de café de sal y una rociada de pimienta molida. Batir con la batidora a alta velocidad hasta obtener una crema homogénea. Añadir el yogur y rectificar de sal, teniendo en cuenta que el frío tiende a amortiguar el efecto.
Verter en las copas individuales, proteger con película transparente adhesiva y guardar en el frigorífico. Servir la crema helada, adornando con nata montada y ajo moruno desmenuzado.

CREMA DE PATATAS Y PUERROS

Potage Parmentier

500 g de patatas peladas

500 g de puerros pelados, incluída la parte verde

4 cucharadas de nata

3 cucharadas de perejil picado

20 g de mantequilla

sal y pimienta blanca

Cortar las patatas en trocitos y los puerros en rodajas. Poner en una cacerola con 1,4 l de agua y 2 cucharaditas rasas de sal y hervir a fuego lento con la cacerola parcialmente destapada durante 50 minutos. Reducir a una crema homogénea con la batidora.
Poco antes de servir, añadir la nata, 20 g de mantequilla y el perejil picado. Rectificar de sal, pimentar ligeramente y verter en los platos hondos individuales.

CREMA DE PUERROS Y CALABACINES

1 k de puerros

700 g de calabacines tiernos

2 cubitos de caldo

2 cucharadas de perejil picado

2 dl de nata

sal y pimienta

Pelar los puerros, conservando tan sólo la parte tierna interior, incluido lo verde. Lavarlos cuidadosamente y cortarlos en rodajas gruesas.
Pelar los calabacines, lavarlos y cortarlos en rodajas gruesas.
Colocar los puerros y los calabacines en una olla con 1,6 l de agua y dos cubitos de caldo. Llevar a ebullición, tapar, bajar la llama y hervir a fuego lento durante 50 minutos.
Apagar y batir con la batidora de inmersión hasta obtener una crema más bien espesa y homogénea. Rectificar de sal, pimentar y amalgamar el perejil.
Verter en los platos hondos individuales. Regar con la nata, formando unos círculos concéntricos que posteriormente se podrán descomponer con la punta de una cuchara para crear un sugestivo efecto cromático. Resulta exquisita tanto caliente (no hirviendo) como fría.

CREMA DE PATATAS CON PUERROS CRUJIENTES*

600 g de patatas peladas
7 dl de caldo de pollo (véase p. 72)
250 g de corazón de puerro pelado
30 g de mantequilla
2,5 dl de nata
una cucharada de perejil picado
azúcar
nuez moscada
sal y pimienta

Cortar las patatas en finas láminas y ponerlas en una cacerola con el caldo. Tapar y cocer a fuego lento 30 minutos hasta que estén tiernas y se puedan reducir a puré en el pasapuré. Volver a colocar en la cacerola.
Cortar el puerro en rodajas muy finas y rehogarlo en 30 g de mantequilla a fuego muy lento durante unos minutos sin que tome color, procurando que quede *al dente*. Sazonarlo con un poco de sal y pimienta, una pizca de azúcar y un poco de nuez moscada.
Incorporar la nata al puré de patatas y calentar de nuevo sin llevar a ebullición. Rectificar de sal y pimienta.
Verter en las tazas o los platos hondos individuales, colocar el puerro en el centro, espolvorear con un poco de perejil y servir inmediatamente.

SOPA DE CEBOLLA

800 g de cebollas peladas (peso neto)
1,5 dl de caldo de carne (véase p. 37)
12 rebanadas de pan francés
40 g de mantequilla
3 cucharadas de aceite de oliva
azúcar
4 cucharadas de harina
1 dl de Martini dry
3 cucharadas de coñac
un diente grande de ajo
110 g de queso emmental rallado
sal y pimienta recién molida

Receta para 6 personas. Calentar el caldo. Calentar el horno a 160 °C y tostar en él las rebanadas de pan durante 30 minutos.
Cortar los 800 g de cebollas por la mitad en sentido longitudinal y seguir cortando en finas láminas en el mismo sentido.
Rehogar las cebollas en una cacerola grande de triple fondo tapada durante 15 minutos a fuego muy lento con 40 g de mantequilla y una cucharada de aceite de oliva.
Destapar, añadir una cucharadita de sal y una pizca de azúcar y cocer durante 40 minutos a fuego moderado, removiendo muy a menudo hasta que tomen color.
Incorporar 4 cucharadas de harina y tostarla un par de minutos, removiendo con la cuchara de madera.
Apartar la cacerola del fuego y, batiendo cuidadosamente con una espátula para que no se formen grumos, incorporar el caldo hirviente y 1 dcl de Martini dry.
Volver a colocar la cacerola parcialmente tapada a fuego moderado y hervir durante 40 minutos, espumando la superficie de vez en cuando. Rectificar de sal y añadir 3 cucharadas de coñac.
Cuando las tostadas ya lleven 20 minutos en el horno, sacar la placa y regarlas con un hilillo de aceite de oliva, antes de colocarlas de nuevo en el horno durante 10 minutos.
Una vez finalizada la cocción, frotar las tostadas con un diente de ajo cortado por la mitad y ponerlas en los platos hondos individuales. Verter encima la sopa de cebolla y servir en seguida con queso emmental rallado aparte.

SOPA DE CEBOLLA AL GRATÉN*

ingredientes de la sopa de cebolla (véase p. 173) más: una cucharada y media de cebolla fresca picada

90 g de parmesano rallado

60 g de emmental en laminitas muy finas

2 cucharadas de aceite

Receta para 6 personas. Preparar la sopa de cebolla tal como se describe en la p. 173. Mezclar los 110 g de emmental rallado previstos en la receta anterior con los 90 g de parmesano; utilizando el cortafrutas, cortar 60 g de emmental en láminas muy finas. Precalentar el horno a 160 °C. Verter la sopa en unas escudillas de barro y echarle por encima las laminillas de emmental y la cebolla picada. Disponer en la superficie 2 tostadas de pan frotadas con ajo y espolvorear con el queso. Regar con unas gotas de aceite y moler encima un poco de pimienta.
Cocer en el horno durante unos 20 minutos aproximadamente, encendiendo el grill en los últimos minutos para que se forme una ligera costra dorada. Servir en seguida.

—•—

SOPA DE AJO A LA PROVENZAL
Aïgo Bouïdo

17-20 dientes de ajo

2 clavos

1 hoja de salvia

media cucharadita de tomillo

1 hoja de laurel

5 ramitas de perejil

3 yemas de huevo

4 cucharadas de aceite de oliva

60 g de parmesano rallado

60 g de emmental rallado

daditos de pan frito

sal y pimienta

Separar los dientes de la cabeza de ajo y hervirlos durante medio minuto en muy poca cantidad de agua, escurrirlos, lavarlos bajo el grifo de agua fría y pelarlos. Ponerlos en una cacerola con 1,4 l de agua, un poco de sal y pimienta molida, un par de clavos, 1 hojita de salvia, media cucharadita de tomillo, una hoja de laurel y 5 ramitas de perejil. Llevar a ebullición, hervir durante 30 minutos y pasarlos por un pasapuré de malla fina. Poner de nuevo el puré en la cacerola, rectificar de sal, llevar de nuevo a ebullición y apagar el fuego. Batir en un cuenco las yemas de huevo durante unos segundos hasta que queden cremosas y añadir poco a poco 4 cucharadas de aceite, removiendo bien para que se emulsionen. Añadir un poco de sopa caliente y amalgamar. Incorporar poco a poco el contenido del cuenco a la sopa de ajo, batiendo con la espátula. Rectificar nuevamente de sal y servir en seguida con los daditos de pan y las dos variedades de queso mezcladas.

—•—

SOPA DE ESCORZONERA Y COLA DE RAPE*

700 g de escorzonera dulce

400 g de cola de rape

1 limón

1 litro de fumet de pescado (véase p. 38)

3 cucharadas de aceite

1 diente de ajo

1 ramita de tomillo

sal y pimienta

Para acompañar

tostadas de pan con ajo (véase p. 170)

Pelar la escorzonera y, a medida que esté lista, ponerla en agua acidulada con zumo de limón para evitar que se ennegrezca en contacto con el aire. Cortarla en trozos de aproximadamente 4 cm y hervirla después durante 20 minutos en agua salada acidulada; escurrirla, dejarla enfriar y cortarla longitudinalmente por la mitad, eliminar el núcleo leñoso y cortarla a la juliana (véase p. 24). Limpiar la cola de rape y cortarla en trozos no demasiado pequeños. Salar ligeramente. Calentar el fumet.
En una cacerola grande, sofreír el ajo y el tomillo en el aceite durante un par de minutos a fuego lento y después incorporar el pescado y rehogarlo un minuto sin dejar de remover. Añadir la escorzonera y rehogarla a fuego lento un par de minutos. Verter el fumet caliente, llevar a ebullición, hervir durante medio minuto, comprobar que el pescado esté cocido y retirar del fuego. Rectificar de sal, pimentar y servir inmediatamente con las tostadas frotadas con ajo.

—•—

CREMA HELADA DE PATATAS A LA HAWAIANA*

2 patatas

3,5 dl de caldo

2,5 dl de vino blanco seco

2 pepinos

4 nervaduras de apio verde

1 cebollita

2,5 dl de nata

4 rajas de lima

sal y pimienta recién molida

Para adornar

2 cucharadas rasas de cilantro o de perejil picado

Pelar las patatas, trocearlas y ponerlas en una cacerola con el caldo y el vino. Llevar a ebullición a fuego vivo, bajar la llama, tapar y hervir durante 20 minutos.
Entretanto, pelar las demás verduras: picar conjuntamente los pepinos, el apio y la cebollita e incorporarlos a la cacerola. Hervir 10 minutos más, retirar del fuego y reducir a puré con la batidora de inmersión. Rectificar de sal y dejar enfriar. Añadir la nata, pimentar generosamente y guardar en el frigorífico en un recipiente hermético. Servir la crema bien helada con rajas de lima para acidular al gusto y adornar con hojas de cilantro o perejil.

—•—

SPAGHETTI CON CEBOLLINOS AIMO Y NADIA*

750 g de cebollinos

2 dientes de ajo picados

1 manojito variado integrado por: 2 hojas de laurel, 1 ramita de tomillo y 1 ramita de mejorana

7 cucharadas de aceite de oliva extra virgen

200 g de tomate maduro troceado

1-2 pimientitos rojos frescos picantes

320 g de spaghetti

8 hojas de albahaca

sal

Pelar los cebollinos y conservar tan sólo la parte blanca del corazón cortada en rodajas muy finas. Ponerlos en una cacerola grande de barro de bordes bajos con el ajo picado y el manojito de hierbas variadas. Añadir 4 cucharadas de aceite y rehogar a fuego lento durante 20 minutos, removiendo a menudo hasta que los cebollinos se hayan reducido en un 80 %. Entre tanto, poner a hervir agua salada para los spaghetti.

Sacar el ramito de hierbas. Trocear el tomate no muy fino y picar el pimientito muy fino; añadirlos a los cebollinos con un poco de sal. Cocer a fuego lento unos 5 minutos más, removiendo de vez en cuando, rectificar de sal y retirar del fuego. Cocer la pasta y escurrirla *al dente*, conservando una cucharonada escasa del agua de cocción. Pasarla a la cacerola de barro, incorporar un poco de agua de cocción. Pasarla a la cacerola de barro, incorporar un poco de agua de cocción y mezclar unos segundos con los cebollinos a fuego lento. Retirar del fuego, añadir 3 cucharadas de aceite y la albahaca cortada a la juliana (véase p. 24). Servir en seguida en platos calientes.

PASTA Y PATATAS A LA NAPOLITANA

4 patatas medianas

200 g de pasta troceada

1 cebolla grande picada

1 pimientito verde fresco picante picado

2 tomates maduros troceados

1,5 dl de caldo

8 cucharaditas de aceite de oliva extra virgen

orégano

sal y pimienta

Para adornar

manojitos de albahaca

daditos de pulpa de tomate

Poner a calentar abundante agua salada para cocer la pasta. Calentar en una cacerola grande y de bordes bajos 6 cucharadas de aceite y rehogar 10 minutos la cebolla con el pimientito, removiendo a menudo. Picar los trozos de tomate no muy finos. Añadir a la cebolla las patatas cortadas en daditos y rehogarlas 5 minutos a fuego lento sin dejar de remover. Añadir los tomates troceados, una pizca de orégano y un poco de sal y pimienta y cocer un par de minutos. Incorporar el caldo, amalgamar y cocer a fuego lento durante 5 minutos más. Rectificar de sal y apagar. El jugo deberá quedar muy caldoso.
Escurrir la pasta muy *al dente*, reservando un par de cucharonadas del agua de cocción. Echar la pasta en la cacerola y mezclarla con las patatas, removiendo a fuego lento durante 1 o 2 minutos y añadiendo un poco de agua de cocción de la pasta para suavizar la mezcla que no deberá quedar seca sino más bien caldosa. Dejar en reposo 10 minutos sin tapar, antes de servir en los platos hondos individuales.
Sazonar con un hilillo de aceite de oliva extra virgen y una rociada de pimienta en el último momento; adornar con manojitos de albahaca y daditos de pulpa de tomate.

PISSALADIÈRE

1,5 kg de cebollas blancas

500 g de pasta de pizza (véase p. 70-71)

10 cucharadas de aceite de oliva

20 aceitunas negras

azúcar

sal y pimienta

Preparar ante todo la pasta para la pizza. Mientras fermenta la pasta, pelar las cebollas, cortarlas en cuartos longitudinales y después en laminillas finas en el mismo sentido.
Calentar el aceite en una cacerola grande y de bordes bajos y sofreír las cebollas a fuego lento durante 10 minutos, removiendo a menudo. Añadir una punta de azúcar, salpimentar, tapar y estofar a fuego lento durante 15 minutos, removiendo de vez en cuando. Destapar, subir ligeramente la llama y, removiendo sin interrupción, rehogar unos minutos las cebollas hasta que to-

men color y se ablanden bien. Retirar del fuego y rectificar de sal y pimienta.
Precalentar el horno a 250 °C. Untar con aceite una fuente de horno rectangular de 40 × 35 cm aproximadamente. Cuando la pasta esté bien fermentada, aplanarla con las manos y estirarla hasta obtener un rectángulo. Con los nudillos de los dedos, extender la pasa en la fuente, cubriendo los bordes y eliminando el exceso. Salar ligeramente y regar con un poco de aceite. Disponer las cebollas en una capa gruesa y uniforme sobre la pasta y colocar encima las aceitunas a intervalos regulares, formando un dibujo de red.
Cocer en el horno 15 minutos aproximadamente hasta que la pasta esté bien cocida y servir templada o a temperatura ambiental.

ÑOQUIS DE PATATAS AL PESTO*

1 kg de patatas rojas
200 g de harina tamizada
1 huevo
5 cucharadas de parmesano rallado
mantequilla
nuez moscada
sal y pimienta
Para el pesto genovés
4 manojitos de albahaca perfumada de invernadero
40 g de queso de oveja
40 g de parmesano
3 cucharadas rasas de piñones
1 diente pequeño de ajo
4 cucharadas de aceite de oliva extra virgen
sal marina

Cepillar las patatas bajo el grifo de agua fría para eliminar los residuos de tierra y cocerlas al vapor. Entre tanto, preparar el pesto: lavar las hojas de albahaca y escurrirlas con cuidado. Pasarlas por la picadora junto con los quesos, el ajo, los piñones y una pizca de sal marina. Verter en un cuenco, amalgamar con el aceite y rectificar de sal. Calentar abundante agua salada en una olla grande para cocer los ñoquis.
Cuando las patatas estén hervidas, escurrirlas, pelarlas todavía calientes, utilizando el correspondiente tenedor de tres dientes, y machacarlas con el aplastapatatas, recogiéndolas en un cuenco. Incorporar poco a poco la harina a las patatas, mezclando con las manos junto con una pizca de sal, pimienta, nuez moscada, el parmesano y el huevo hasta obtener una pasta homogénea. Separar un trozo y, sobre una superficie ligeramente enharinada, formar un largo rodillo de 2 cm de diámetro y cortarlo en trocitos de 2,5 cm.
Enharinar la parte posterior de un rallador y, con los dedos bien enharinados, tomar los trocitos de pasta, deslizarlos por la parte posterior del rallador ejerciendo una ligera presión y rizarlos, formando los ñoquis. Alinearlos sobre un lienzo limpio espolvoreado de harina y repetir la operación hasta el agotamiento de los ingredientes. Los ñoquis deberán quedar más bien sólidos y huecos por dentro. Una vez finalizada la operación, espolvorearlos ligeramente con harina.
Pocos minutos antes de servir, bajar la llama para que la ebullición sea constante durante la cocción; disponer una escurridera sobre un plato. Echar los ñoquis en el agua uno a uno y, en cuanto suban a la superficie, recogerlos con una espumadera y ponerlos a escurrir en la escurridera. Servirlos en seguida en platos hondos calientes, sazonarlos con un copito de mantequilla cruda y echarles por encima el pesto.

ESCORPINA MAGRA A LA GENOVESA

Para el contorno
1 remolacha cocida
1 manojo de escorzonera

1 coliflor pequeña
4 corazones de alcachofa
250 g de judías
5 zanahorias
1 tallo de apio verde
2 patatas
3-4 limones
aceite de oliva
sal y pimienta

Para acompañar

tostaditas marineras
ajo
12 colas de cigalas hervidas
1 cola de langosta hervida
1 escorpina hervida
mojama (cecina de atún)
12 ostras muy frescas (opcionales)
aceite de oliva
zumo de limón
sal y pimienta

Para la salsa

2 rebanadas de pan de molde sin corteza
un manojito de perejil
1 diente de ajo
75 g de piñones
25 g de alcaparras encurtidas
4 anchoas saladas limpias y cortadas en trocitos
2 yemas de huevo duro
6 aceitunas grandes deshuesadas
1 dl de vinagre
2,5 dl de aceite de oliva extra virgen
sal y pimienta

Como guarnición

aceitunas
setas en aceite
flores de rabanitos (véase p. 28)

Receta para 6-8 personas. Pelar todas las verduras excepto la remolacha; hervir *al dente* y por separado en agua salada la escorzonera, la coliflor, las alcachofas y las judías mientras que las zanahorias, las nervaduras de apio y las patatas se podrán hervir juntas, cuidando de prolongar la cocción para estas últimas.

Antes de hervirlas, subdividir la coliflor en cabezuelas y pelar las alcachofas, eliminando las hojas externas más coriáceas, y cortarlas en cuartos. Escurrir las verduras; cortar el apio y la escorzonera en trocitos y cortar las patatas, las zanahorias y la remolacha en láminas. Colocarlas en platos separados y, para que no se oxiden, sazonarlas en seguida con zumo de limón y aceite, un poco de sal si fuera necesario y pimienta.

Frotar algunas tostadas con medio diente de ajo, colocarlas con el fondo de una fuente grande de servir, rociarlas con suficiente agua y vinagre para que se impregnen bien y salarlas ligeramente.

Hervir las cigalas y la langosta y pelarlas, sin arrancar, las colas de las cigalas. Cortar la langosta en rodajas de medio cm de grosor.

Hervir la escorpina, dejarla enfriar y cortarla después en filetes.

Limpiar, quitar la espina y cortar en filetes 4 anchoas saladas. Sazonar los mariscos y los pescados por separado con aceite, zumo de limón y un poco de sal y pimienta.

Preparar la salsa: eliminar la corteza de las rebanadas de pan de molde, remojar la miga con vinagre y estrujarla. Picar conjuntamente todos los ingredientes de la salsa, incluida la miga de pan remojada, pasarlos por un tamiz de malla fina y recogerlos en un cuenco. añadir 1 dl de vinagre y 2 dl de aceite, rectificar de sal y pimentar. Para la mezcla final, regar con un hilo de aceite de oliva extra virgen las tostadas de la fuente de servir, recubrirlas con lonchas muy finas de mojama, echar encima un poco de salsa y aplicar después varias capas con las distintas verduras, el pescado, las anchoas, y la langosta, alternándolas y sazonando cada capa con la salsa. Utilizar las colas de las cigalas como elemento decorativo de la última capa y añadir, si se desea, las medias ostras con los crustáceos en su interior. Adornar con setas en aceite y flores de rabanitos, y servir.

AGUATURMAS A LA RUSA EN VOL-AU-VENT*

450 g de aguaturmas
2 chalotes picados
30 g de mantequilla
1 cucharada de aceite de oliva
1,5 dl aproximadamente de caldo
4 vol-au-vents de 15 cm de diámetro, o bien uno grande
1 pimientito y medio rojo fresco picado, o bien 1-2 cucharaditas de pili-pili (véase p. 113)
6 cucharadas de concentrado de tomate
3 dcl de nata
zumo de 2 limones y medio
sal

Lavar las aguaturmas, pelarlas y, a medida que estén listas, sumergirlas en un cuenco de agua fría acidulada con el zumo de 1 limón para que no se oscurezcan. Escurrirlas, secarlas y cortarlas en daditos de medio cm.
Sofreír los chalotes en 15 g de mantequilla y 1 cucharada de aceite, añadir las aguaturmas en daditos, salar ligeramente y remover a fuego lento durante un par de minutos. Verter el caldo, tapar y estofar a fuego lento durante unos 10 minutos hasta que estén cocidas *al dente*.
Calentar entre tanto los vol-au-vents en el horno y conservarlos calientes. Disolver en una olla pequeña 15 g de mantequilla y sofreír a fuego lento el pimientito durante un minuto. Incorporar el concentrado de tomate y remover un par de minutos. Añadir 2 dcl de agua caliente y hervir un par de minutos. Añadir la nata y un poco de sal y hervir otro par de minutos, removiendo sin interrupción hasta obtener una salsa cremosa. Verterla sobre las aguaturmas, mezclarlo todo a fuego lento y apagar. Acidular con el resto de zumo de limón, rectificar de sal y verter la mezcla en los vol-au-vents destapados. Tapar los vol-au-vents y servir inmediatamente en platos calientes.
(Como alternativa a los vol-au-vents, se pueden servir acompañadas de arroz y guisantitos cocidos en molde (véase p. 234) o de simple arroz pilaf adornado con abanicos de pepinos (véase p. 29) o de rabanitos en forma de tulipanes (véase p. 28) y perejil rizado francés.)

—•—

TORTILLA DE PATATAS

4 cebollas
2 patatas medianas hervidas, frías
3 cucharadas de aceite de oliva
de medio a un pimientito verde fresco picante
2 lonchas de bacon ahumado de medio cm de grosor
8 huevos
4 cucharadas de nata
5 cucharadas de parmesano rallado
sal y pimienta
Para acompañar
ensalada de lechuguinos, oruga y tomate

Pelar las cebollas, cortarlas en cuartos longitudinales y después en láminas finas. Calentar 20 g de mantequilla y 3 cucharadas de aceite en una sartén grande y rehogar las cebollas con el pimientito durante 15 minutos a fuego moderado-lento, removiendo hasta que estén transparentes y se doren: deberán quedar muy blandas. Añadir las patatas cortadas en daditos con un poco de sal y pimienta y remover a fuego lento durante un par de minutos. Se puede preparar con antelación hasta este punto y completarlo en el último momento.
Eliminar la corteza del bacon, cortarlo en daditos y saltearlo en una sartén pequeña a fuego vivo hasta que se disuelva la grasa y quede crujiente. Removerlo constantemente con la paleta para que no se queme y escurrirlo sobre papel de cocina. En un cuenco grande batir los huevos con un poco de sal y pimienta e incorporar la nata y el parmesano.

Mezclar el bacon con la cebolla y las patatas, echar encima los huevos, inclinando la paella en movimiento rotatorio para que se repartan uniformemente. Cocer la tortilla a fuego lento un par de minutos, darle la vuelta y cocerla aproximadamente un minuto por el otro lado, procurando que quede blanda por dentro y no se seque.
Servirla caliente o templada, pero no hirviendo, acompañada por una ensalada de lechuguinos, oruga y tomate.

—•—

CRÊPES A LA PAISANA*

600 g de cebollas

4 crêpes (véase p. 36, cantidades partidas)

30 g de mantequilla

4 cucharadas de aceite de oliva

azúcar

4 lonchas gruesas de bacon ahumado

2 dcl de nata

sal y pimienta

Preparar la pasta para las crêpes la víspera o, por lo menos, con 6 horas de adelanto, y guardarla en el frigorífico.
Pelar las cebollas, cortarlas longitudinalmente por la mitad y después en láminas finas.
Derretir en una sartén grande antiadherente 30 g de mantequilla con 3 cucharadas de aceite y sofreír las cebollas durante 20-25 minutos, añadiendo una punta de azúcar para que tomen un buen color, y removiendo a menudo.
Quitar la corteza del bacon, cortarlo en tiritas de medio cm de grosor y partirlas por la mitad. Saltearlo en una sartén pequeña antiadherente a fuego vivo hasta que esté crujiente y suelte la grasa y ponerlo a escurrir sobre papel de cocina. Incorporarlo a las cebollas, salpimentar y reservar hasta el momento de preparar las crêpes.
Poco antes de servir, pincelar con aceite una sartén grande antiadherente y freír 4 grandes crêpes de unos 25 cm de diámetro. Entre tanto, calentar las cebollas con el bacon e incorporar la nata; calentar de nuevo, procurando que no hierva. Retirar del fuego y rectificar de sal y pimienta. Volver a colocar las crêpes en la sartén, una cada vez, extender el relleno de cebolla y bacon por toda la superficie y calentar a fuego lento durante unos segundos. Doblar los 4 bordes de cada crêpe hacia adentro para que se forme un cuadrado y servir en seguida en platos calientes individuales a medida que estén listas.

—•—

CRÊPES A LA PROVENZAL*

2 cebollas grandes

2 pimientos amarillos grandes

de medio a un pimientito verde fresco picante

2 tomates medianos maduros troceados

1 diente pequeño de ajo picado

2 cucharadas de perejil picado

6 hojas de albahaca troceadas

60 g de queso emmental en laminitas finas

50 g de parmesano en laminitas finas

2 dl de pasta para crêpes (véase p. 36)

5 cucharadas de aceite de oliva

orégano

sal y pimienta

Para acompañar

puré de arroz y nabos

Como guarnición

flores de rabanitos (véase p. 28) o tomates troceados

manojitos de perejil rizado francés

Preparar la pasta para las crêpes en la batidora como se describe en la p. 36, reduciendo la dosis de dos ingredientes a una cuarta parte y poner en el frigorífico por lo menos un par de horas.
Preparar entre tanto el guiso de pimientos. Pelar las cebollas, cortarlas en cuartos longitudinales y después en láminas finas. En una cacerola grande y de bordes bajos calentar 3 cucharadas de aceite y sofreír las cebollas durante 10 minutos, removiendo a menudo. Lavar y limpiar los pimientos y cortarlos en tiritas finas. Añadirles a la cebolla con el pimientito y rehogarlos, removiendo a fuego moderado durante unos 5 minutos.
Picar el tomate no muy fino, incorporarlo a la mezcla junto con el ajo, amalgamar, tapar y cocer a fuego lento durante 15 minutos, removiendo de vez en cuando. Destapar, añadir un poco de sal y pimienta y una pizca de orégano y, removiendo a fuego moderado, dejar que se consuma el jugo hasta obtener una mezcla espesa. Rectificar de sal, añadir el perejil y la albahaca y dejar enfriar a temperatura ambiental.
Verter la mezcla en un cuenco grande y amalgamarla con los quesos y la pasta de las crêpes.
Untar con un poco de aceite una sartén pequeña antiadherente de aproximadamente 16 cm de diámetro y calentarla durante un par de minutos a fuego moderado hasta que esté muy caliente, verter en el centro una cucharonada escasa de pasta de crêpes y repartir uniformemente la pasta en el fondo. Cocer durante 3-4 minutos, dar la vuelta a la crêpe con la correspondiente paleta y cocerla durante aproximadamente 1 minuto por el otro lado.
Colocar la crêpe en un plato individual caliente. Si la primera crêpe resultara excesivamente blanda, añadir un par de cucharadas más de pasta a la mezcla. Cocer las restantes crêpes, conservando calientes en el horno las que ya estén hechas, y servir en seguida con acompañamiento de puré de arroz y nabos, adornando el plato con flores de rabanito o trozos de tomate y manojitos de perejil rizado.

VERDURAS CON ESPECIAS COCIDAS CON NATA*

Makhanwala

3 cebollas medianas picadas
100 g de judías finas
100 g de patatas peladas y troceadas
100 g de zanahorias peladas y troceadas
100 g de coliflor troceada
50 g de guisantes (pueden ser descongelados)
50 g de judías negras en conserva
6 cucharadas de ghee o de mantequilla clarificada (véase p. 37)
4 cucharadas de cilantro fresco picado
2 cucharadas de curry
media cucharadita de cúrcuma en polvo
1 cucharadita de pimentón picante
2,5 dl de nata
4 cucharadas de ketchup
sal

Para el masala

4 cucharadas de pulpa de coco fresco rallado
2 cucharadas de pulpa de jenjibre fresco rallado
1-2 pimientitos verdes frescos picantes picados
2 dientes grandes de ajo

Para adornar

2 cucharadas de cilantro picado

Para acompañar

chapati (véase p. 81)
arroz con lentejas

Receta para 6 personas.
Pelar y preparar las verduras.
Preparar el masala, batiendo todos los ingredientes en la batidora con 3-4 cucharadas de agua fría.
En una cacerola grande de bordes bajos calentar 6 cucharadas de ghee y sofreír las cebollas a fuego lento durante 10 minutos, removiendo a menudo hasta que se ablanden y tomen color. Aña-

dir 4 cucharadas de cilantro picado, 2 cucharaditas de curry en polvo, media cucharadita de cúrcuma y 1 cucharadita de pimentón picante. Mezclar y añadir el masala y 1 cucharadita de sal y rehogar a fuego lento durante 10 minutos más. Incorporar las verduras y alargar con 1 dl de agua. Amalgamar, tapar y cocer a fuego lento durante 15 minutos por lo menos. Añadir la nata y el ketchup y cocer sin tapar y a fuego lento durante unos 10 minutos, procurando que las verduras queden *al dente*. Rectificar de sal, adornar con dos cucharaditas de cilantro picado y servir caliente con acompañamiento de chapati y arroz con lentejas.

—•—

HUEVOS REVUELTOS CON CEBOLLINOS A LA HINDÚ*

10 cebollinos

1 pimientito verde fresco picante

ghee o mantequilla clarificada (véase p. 37)

1 cucharadita y media de semillas de comino

2 cucharadas de concentrado de tomate

8 huevos

1,2 dl de nata

2 cucharadas de cilantro fresco picado

sal

Para acompañar

chapati (véase p. 81) o paratha con berzas (p. 49)

lentejas y espinacas

Pelar los cebollinos y cortarlos en rodajas finas, incluida la parte verde. Calentar 4 cucharadas de ghee en una sartén grande antiadherente y rehogar los cebollinos y el pimientito a fuego lento durante 12 minutos, removiendo a menudo.
Tostar entre tanto las semillas de comino en una sarten pequeña antiadherente durante medio minuto a fuego lento, removiendo con una cuchara de madera hasta que empiecen a saltar. Retirar en seguida el fuego y reservar.
Diluir el concentrado de tomate en dos cucharadas de agua caliente y añadirlo a los cebollinos, removiendo a fuego moderado durante un minuto hasta que se reduzca.
En un cuenco grande batir brevemente los huevos con un poco de sal. Bajar la llama al mínimo e incorporar los huevos a los cebollinos, removiendo durante algo más de un minuto hasta que se condensen ligeramente sin llegar a cuajar. Retirar en seguida del fuego e incorporar la nata, el comino tostado y el cilantro picado. Servir en seguida en platos calientes, con acompañamiento de paratha con berzas o chapati y lentejas con espinacas.

—•—

PASTEL DE VERDURAS A LA IRANÍ*

Kukuye Sabzi

2 puerros

2 cebollinos

1,2 kg de espinacas (600 g netos)

1 lechuga

2 cucharadas de perejil picado

14 nueces

8 huevos enteros

2 cucharadas de harina tamizada

aceite

sal y pimienta negra

Para la salsa

2 dl de nata montada

2 dcl de yogur

sal

Para adornar

media granada desgranada

hojitas de menta

Receta para 6 personas. Pelar las espinacas y utilizar sólo las hojas. Lavarlas varias veces en agua fría y escurrirlas en la centrifugadora; picarlas muy finas y colocarlas en un cuenco grande.
Pelar los puerros, la lechuga y los cebollinos, conservando tan sólo el corazón, lavarlos y escurrirlos. Picar muy finos los puerros, los cebollinos y la lechuga en chiffonade (véase p. 24). Ponerlos en el cuenco con las espinacas y el perejil. Precalentar el horno a 160 °C y untar un molde de teflon para roscones de unos 25 cm de diámetro exterior y unos 10 cm de diámetro interior.
Descascarar las nueces y picarlas más bien gruesas. Batir los huevos durante unos segundos con dos cucharaditas y media de sal y media cucharadita de pimienta molida. Echar la harina tamizada y seguir batiendo. Verter en el cuenco de las verduras y amalgamar cuidadosamente. Echar la mezcla en el molde y cocer en el horno precalentado durante 50 minutos hasta que la superficie tome ligeramente color y el pastel se separe de los bordes. Clavar un palillo: si sale seco, el pastel está cocido. Retirar del horno y dejar en reposo 15 minutos antes de sacarlo del molde.
Entre tanto, preparar la salsa: montar la nata, incorporar el yogur y salar ligeramente. Desgranar la granada; lavar y secar las hojitas de menta. Vaciar el molde sobre una fuente de servir y colocar en el centro del timbal una pequeña escudilla. Llenarla de salsa y adornar la superficie con los granos de granada y las hojitas de menta (a falta de escudilla, se puede verter directamente la salsa en el hueco del timbal). Servir la salsa restante en un cuenco aparte, adornada también con granos de granada y hojitas de menta. Servir templado o frío.

—•—

PUERROS AL GRATÉN*

800 g de puerros pelados (peso neto)

4 dl escasos de leche

1 cucharada de almidón

1 dl de nata

nuez moscada

130 g de parmesano rallado

50 g de mantequilla blanda

sal y pimienta

Llevar a ebullición 2 litros y medio de agua salada en una cacerola grande. Pelar los puerros y cortarlos en cuartos longitudinales hasta un palmo de la base de tal forma que se puedan lavar por dentro conservándolos enteros y eliminando los residuos de tierra entre las hojas. Cocerlos 20 minutos en agua salada, escurrirlos y precalentar el horno a 200 °C.
Llevar la leche a ebullición en una olla pequeña. Disolver 1 cucharada de almidón en 2 cucharadas de agua y, removiendo con una cuchara de madera, incorporar la leche y hervir a fuego lento unos segundos hasta que la mezcla empiece a espesar. Retirar del fuego y, batiendo con una espátula, incorporar poco a poco la nata. Salpimentar y gratinar un poco de nuez moscada por encima.
Untar de mantequilla una fuente de horno ovalada. Alinear los puerros hervidos sobre una tabla de madera y cortarlos por la mitad. Alinearlos en la fuente, alternando una parte blanca y una parte verde en una sola capa. Regar con la salsa de leche, la cual deberá ser más bien líquida. Espolvorear con parmesano, distribuir por encima unos cuantos copitos de mantequilla y cocer en el horno durante 25-30 minutos, encendiendo el grill en los últimos minutos para dorarlos por la superficie. Servir en seguida.

—•—

VERDURAS AL VAPOR CON SALSA AL CURRY

4 puerros

2 patatas

2 calabacines

2 nabos

2 hinojos machos grandes

sal

Para la salsa al curry (5 dl)

250 g de harina de coco

1 cebolla grande

medio pimientito verde fresco picante

3 cucharadas de ghee o mantequilla clarificada (véase p. 37)

1 dl de caldo

1 cucharada de harina

1 laminita de jenjibre fresco rallado

3 cucharadas de polvo de curry

2 cucharadas de vinagre

unas cuantas gotas de zumo de lima

2 cucharadas de cilantro fresco picado

sal y pimienta

Para adornar

1 manojito de cilantro

Preparar ante todo la leche de coco para la salsa al curry. Poner la harina de coco en un cuenco grande, verterla encima 4 dl de agua hirviente y dejar en infusión unos 30 minutos. Filtrar a través de un lienzo de lino, estrujando bien con las manos para extraer todo el jugo. Desechar la harina de coco y calentar la leche de coco.
Picar la cebolla y el pimientito muy finos y por separado. Rehogar la cebolla en el ghee o la mantequilla clarificada durante 10 minutos, removiendo con una cuchara de madera. Incorporar el pimientito y el jenjibre rallado y rehogar a fuego lento unos 5 minutos más hasta que empiecen a tomar color. Añadir la harina y tostarla unos segundos, incorporar el polvo de curry disuelto en vinagre y amalgamar, mezclando con una cuchara de madera. Retirar del fuego y echarle de una sola vez toda la leche de coco hirviendo, batiendo con una espátula para que no se formen grumos. Volver a colocar sobre la llama baja, añadir el caldo y, sin dejar de remover, hervir a fuego lento hasta obtener una consistencia suave.
Batir con la batidora de inmersión y reducir a una crema homogénea. Salpimentar y, si se desea, acidular con unas gotas de zumo de lima. En el momento de servir, añadir el cilantro picado.
Mientras la harina de coco está en infusión, pelar las verduras, trocearlas y cocerlas al vapor durante aproximadamente 15 minutos, espolvoreadas ligeramente con sal. Disponerlas en platos individuales, adornar con un manojito de cilantro y regar con la salsa al curry.

PASTEL DE ZANAHORIAS A LA RUSA

600 g de zanahorias tiernas

6 huevos

2 cucharadas de eneldo picado

80 g de mantequilla

70 g de pan rallado

nuez moscada

sal y pimienta

Para acompañar

smetana o nata ácida (véase p. 59)

guisantes con mantequilla

Precalentar el horno a 180 °C. Limpiar y pelar las zanahorias; trocearlas y hervirlas durante aproximadamente 30 minutos en agua salada hasta que estén muy blandas. Escurrirlas y pasarlas por la batidora hasta obtener un puré homogéneo. Recogerlo en un cuenco grande e incorporar 6 yemas de huevo, el eneldo, sal, pimienta y nuez moscada. Añadir 70 g de mantequilla derretida y el pan rallado.
Montar las claras de huevo a punto de nieve con una pizca de sal e incorporarlas delicadamente a la pasta con una espátula, pero sin mezclar, tal como se hace con el soufflé.

Untar con mantequilla una bandeja de horno de 1,3 l de capacidad, espolvorearla con pan rallado y verter en ella la pasta, nivelando la superficie con la espátula. Cocer al horno al baño María durante unos 45 minutos sin abrir la portezuela en ningún momento.
Dejar en reposo unos minutos antes de vaciar la bandeja sobre la fuente de servir. Servir con smetana y guisantes con mantequilla.

ESCORZONERA A LA GRIEGA

900 g de escorzonera dulce

aproximadamente 4 dcl de caldo

2 limones

1 cebolla mediana

2 cucharadas de perejil picado

4 cucharadas de aceite de oliva extra virgen

una cucharada y media de harina

3 yemas de huevo

sal y pimienta

Calentar el caldo. Exprimir el limón y verter el zumo en un cuenco de agua fría. Limpiar la escorzonera, pelarla y, sujetándola con la mano izquierda, cortarla en sentido longitudinal en laminitas gruesas de aproximadamente 4 cm de longitud, eliminando el núcleo leñoso; sumergir en seguida las láminas en el agua acidulada.
Picar la cebolla y el perejil y sofreírlos, removiendo durante 5 minutos. Salar ligeramente, añadir la harina, tostarla 1 minuto e incorporar 2 cucharonadas de caldo hirviendo. Remover, tapar, bajar la llama al mínimo y estofar a fuego lento durante unos 10 minutos, añadiendo un poco de caldo de vez en cuando a medida que se evapore.
Cuando la escorzonera esté tierna, exprimir el segundo limón y batirlo con las yemas de huevo y 2 cucharadas de caldo. Regar la escorzonera y remover a fuego muy lento durante 1 o 2 minutos hasta que los huevos se condensen y formen una salsita cremosa.
Retirar en seguida del fuego, remover unos segundos más, rectificar de sal, pimentar y servir inmediatamente.

ESCORZONERA BLANCA A LA POLACA

800 g de escorzonera blanca

blanco de cocción para hortalizas (véase p. 165)

1 limón

4 huevos duros

3 cucharadas de perejil picado

10 cucharadas de ghee o mantequilla clarificada (véase p. 37)

3 cucharadas de miga de pan de molde seco rallado

sal y pimienta

Para acompañar

rösti (véase p. 195)

Preparar el blanco de cocción para hortalizas y calentarlo. Disponer un cuenco de agua fría acidulada con el zumo de 1 limón. Pelar y preparar las escorzoneras blancas tal como se describe en la receta anterior y, a medida que estén listas, sumergirlas en seguida en el agua acidulada para que no se oscurezcan. Hervirlas en el blanco para hortalizas durante unos 15 minutos aproximadamente hasta que estén tiernas, escurrirlas y cortarlas en rodajas.
Disponerlas en una bandeja de servir muy caliente y espolvorearlas con una picada de huevos duros y perejil. Calentar el ghee y, cuando hierva y empiece a tomar color, añadir la miga de pan de molde rallada, un poco de sal y una rociada de pimienta. Regar las escorzoneras blancas y servir inmediatamente, acompañadas, si se desea, de rösti.

PASTEL NAPOLITANO DE PATATAS*

1 kg y ½ de patatas
2,5-3 dl de leche
80 g de mantequilla
2 huevos
80 g de parmesano rallado
1 limón
160 g de queso fresco ahumado cortado en daditos
120 g de mortadela cortada en trocitos
15 g de albahaca troceada
1 mozzarella grande cortada en lonchitas finas
pan rallado
sal y pimienta

Receta para 8-10 personas. Lavar las patatas y cocerlas al vapor. Pelarlas cuando todavía estén muy calientes, sujetándolas con el correspondiente tenedor, pasarlas un par de veces por el aplastapatatas y después por un tamiz de malla fina, recogiéndolas en un cuenco grande.
Precalentar el horno a 180 °C. Calentar la leche con 60 g de mantequilla, un poco de sal y pimienta, y amalgamarla al puré junto con los huevos, el parmesano y la corteza de limón. La pasta deberá quedar muy suave: añadir en caso necesario un poco más de leche caliente y remover un par de minutos antes de incorporar el queso fresco, la mortadela y la albahaca. Untar con mantequilla una fuente de horno redonda de 24 cm de diametro y extender en ella ¼ del puré, en una capa uniforme, aplastándolo con la palma de las manos. Colocar encima 6 lonchitas de mozzarella. Hacer una segunda capa con otra cuarta parte de puré y repetir el procedimiento. Finalizar con una última capa de puré, repartir por encima los trocitos de mortadela, espolvorear con pan rallado y distribuir algunos copitos de mantequilla. Cocer en el horno durante 30-35 minutos, encendiendo el grill en el último momento para que se forme en la superficie una fina costra dorada. Retirar del horno y dejar 10 minutos en reposo antes de servir.

PATATAS, PIMIENTOS Y TERNERA AL ESTILO DE CAPRI*

2 patatas grandes
2 pimientos amarillos grandes
4 dientes de ajo majados
1 guindilla
2 buenas pizcas de orégano
2 cucharadas de perejil picado
400 g de filete de tenera en lonchas
4 cucharadas de aceite de oliva extra virgen
2 cucharadas de aceite de oliva fino
sal y pimienta

Pelar las patatas y cortarlas en daditos. Hervirlas durante 3 minutos en agua salada, escurrirlas y dejarlas enfriar. Limpiar los pimientos, cortarlos en tiras gruesas y después en trozos de unos 4 cm aproximadamente.
Calentar 4 cucharadas de aceite de oliva extra virgen en un wok o una sartén grande y saltear durante un par de minutos los pimientos y los dientes de ajo. Añadir la guinduilla, 2 pizcas de orégano y 1 cucharada de perejil. Salar ligeramente, saltear un minuto más e incorporar las patatas. Amalgamar, tapar, bajar la llama y estofar a fuego lento durante 10 minutos, removiendo de vez en cuando para que las patatas no se peguen al fondo. Cortar el filete en pequeños daditos y salpimentarlos. Calentar 2 cucharadas de aceite de oliva fino en una sartén grande antiadherente y, cuando esté muy caliente, saltear los daditos de filete durante un minuto, utilizando la correspondiente paleta de teflon. Pasarlos a la sarten de las verduras, amalgamar unos segundos y retirar en seguida del fuego. Repartir por encima el perejil restante y servir en seguida en platos calientes.

FUENTE DE VERDURAS A LA PULLESA

1,1 kg de patatas

2 cebollas grandes

600 g de tomates de pera maduros

80 g de queso de oveja rallado

aceite de oliva extra virgen

orégano

sal y pimienta

Para acompañar

requesón fresco

pan rústico

Precalentar el horno a 170 °C. Pelar las patatas y cortarlas en láminas de aproximadamente 1 cm de grosor. Irlas sumergiendo en un cuenco de agua fría para que no se ennegrezcan. Pelar las cebollas, cortarlas en cuartos longitudinales y después en laminitas finas en el mismo sentido. Pelar y lavar los tomates de pera, cortarlos por la mitad en sentido longitudinal, quitarles las semillas y recogerlos con su jugo en un cuenco. Filtrar el jugo que deberá añadirse a la fuente. Trocear los tomates. Untar con aceite una fuente de horno grande y de bordes bajos. Escurrir las patatas y repartirlas por la bandeja junto con las cebollas y los tomates con su jugo. Salpimentar y espolvorear con un poco de orégano y con el queso de oveja. Regar con un poco de aceite y con 1 vaso de agua hirviendo. Cocer en el horno durante 1 hora y 15 minutos como mínimo hasta que se forme una fina costra dorada. Dejar en reposo 10 minutos antes de servir acompañado de requesón fresco y pan rústico.

—•—

FUENTE DE PATATAS Y ALCACHOFAS A LA NAPOLITANA*

4 patatas grandes

5 corazones de alcachofa

1 limón

4 dientes de ajo majados

2 cucharadas rasas de perejil picado

aceite de oliva extra virgen

sal y pimienta

Para acompañar

crema de leche

pan rústico

Precalentar el horno a 170 °C. Pelar las patatas, cortarlas en láminas más bien finas y sumergirlas en un cuenco de agua fría.
Pelar las alcachofas, cortarlas en cuatro en sentido longitudinal, eliminar la parte lanosa interior y subdividir cada parte en dos. A medida que estén listos, sumergirlas en un cuenco de agua acidulada con el zumo de limón para que no se oscurezcan.
Finalizadas estas operaciones, escurrir las verduras y colocarlas en una fuente grande de bordes bajos. Salpimentar, regar con un poco de aceite y espolvorear con el perejil. Repartir el ajo majado y añadir un vaso de agua hirviendo. Cocer en el horno durante aproximadamente 1 hora hasta que estén tiernas. Dejar en reposo unos minutos antes de servir con crema de leche y pan rústico.
La misma preparación se puede hacer en una sartén, salteando las verduras con aceite y ajo durante unos minutos, salpimentado, espolvoreando con perejil, añadiendo el agua y cociendo la mezcla en el recipiente tapado durante unos veinte minutos.

—•—

SOUFFLÉ DE PATATAS CON SALSA DE ALCACHOFAS*

800 g de patatas

80 g de mantequilla

120 g de queso emmental rallado

4 huevos

crémor tártaro

nuez moscada

sal y pimienta

Para acompañar

salsa de alcachofas (véase p. 77)

Cepillar las patatas bajo el grifo de agua fría para eliminar los residuos de tierra, y cocerlas al vapor. Precalentar el horno a 180 °C. Untar con mantequilla un molde de soufflé de vidrio resistente al calor de 1,2 l de capacidad. Pelar las patatas todavía calientes, pasarlas dos veces por el aplastapatatas y recogerlas en un cuenco grande. Incorporar 70 g de mantequilla derretida, el queso y las yemas de huevo y sazonar con sal, pimienta y nuez moscada.
Montar las claras a punto de nieve con una pizca de sal y el crémor tártaro y añadirlas al puré mediante una espátula con movimientos rápdos de arriba abajo, pero sin mezclar para que no se deshaga.
Verter la mezcla en el molde de vidrio y cocer en el horno sin abrir la portezuela durante 35-40 minutos hasta que el soufflé se hinche y tome color.
Servir inmediatamente con la salsa de alcahofas que se habrá preparado durante la cocción del soufflé.

—•—

PANQUEQUES DE BATATAS CON SALSA DE RÁBANO SILVESTRE Y MANZANA VERDE

600 g de batatas rojas

50 g de harina

1 cebolla pequeña picada (opcional)

2 huevos

1 cucharada de ghee o mantequilla clarificada (véase p. 37)

nuez moscada

sal y pimienta

para la salsa de rábano silvestre

1 trozo de rábano de 5 cm de longitud

1 manzana verde

1 dl de yogur desnatado

1 dl de nata

1 cucharada de zumo de lima

1 cucharadita de azúcar de caña

vinagre

nuez moscada

sal y pimienta

Calentar abundante agua salada. Pelar las batatas, picarlas en trozos más bien grandes en la picadora y sumergirlas en agua hirviendo durante 5 minutos. Escurrirlas y estrujarlas con un lienzo limpio para eliminar el agua.
Ponerlas en un cuenco y añadir la harina, la cebolla, los huevos ligeramente batidos con un poco de sal, pimienta y nuez moscada, y reservarlas en el frigorífico.
Preparar la salsa de rábano silvestre: pelar el rábano y la manzana, trocearlos y pasarlos por la picadora hasta conseguir una mezcla homogénea. Recogerla en un cuenco, acidular con el zumo de lima, añadir 1 cucharadita de azúcar de caña, media cucharadita de vinagre y un poco de sal y pimienta molida. Incorporar el yogur y la nata y rectificar de sal.
Preparar los panqueques. Calentar 1 cucharada de mantequilla clarificada en una sartén pequeña antiadherente de 15 cm de diámetro interior y, cuando esté muy caliente, verter una cucharada de pasta y extenderla con la paleta de teflon, procurando obtener una capa uniforme.
Freír a fuego medio durante unos 3 minutos, dar la vuelta al panqueque y freírlo 2 minutos por el otro lado hasta que quede dorado y crujiente. Poner a escurrir sobre papel de cocina y conservarlo caliente mientras se fríen los demás.
Servirlos en seguida acompañados de salsa picante de rábano silvestre.

CROQUETAS DE PATATAS A LA GRIEGA

Patatakeftédes

1 kg de patatas rojas

3 huevos (uno entero, una yema y dos claras)

1 cebolla pequeña picada

100 g de queso de oveja rallado

2 cucharadas colmadas de perejil picado

harina

aceite de oliva fino

pan rallado

nuez moscada

sal y pimienta

Para la guarnición

perejil rizado francés

rajas de limón

Para acompañar

ensalada de remolacha

Cocer las patatas al vapor, pelarlas cuando todavía estén calientes y pasarlas dos veces por el aplastapatatas, recogiendo el puré en un cuenco. Añadir un huevo entero y una yema (reservando las claras en un plato hondo para pasarles las croquetas antes de rebozarlas y freírlas), la cebolla, el queso y el perejil. Sazonar con sal, pimienta y nuez moscada. Si la mezcla resultara demadiado líquida, añadir un poco de harina.
Formar con las manos unas croquetas del tamaño de un huevo, aplanarlas ligeramente y pasarlas por la clara de huevo y el pan rallado. Alinearlas sobre una tabla de madera, protegerlas con película transparente adhesiva y dejarlas por lo menos 1 hora en el frigorífico.
Poco antes de servir, calentar abundante aceite en una freidora, freír unas pocas croquetas durante unos minutos a calor moderado (180 °C) hasta que se doren y queden crujientes por ambos lados. Ponerlas a escurrir sobre papel de cocina y conservarlas calientes mientras se fríen las demás.
Servir en seguida en una bandeja caliente ovalada con guarnición de manojitos de perejil rizado y rajas de limón. Acompañar con una ensalada de remolacha sazonada con aceite, vinagre, sal, pimienta y perejil picado.

—•—

VERDURAS RELLENAS DE PATATAS AL ESTILO DE LIGURIA*

500 g de patatas

12 flores de calabaza grandes y compactos

1 cebolla muy grande

4 calabacines tiernos

2 huevos

80 g de queso de oveja

1 cucharadita de hojas de mejorana

1 diente de ajo

pan rallado

tomillo

4 cucharadas de aceite de oliva

mantequilla

sal y pimienta negra

Cocer las patatas al vapor y pelar las verduras. Dejar 1 cm de tallo a las flores de calabaza y quitar con mucho cuidado el pistilo del interior, sin romperlo; lavarlas en agua fría y ponerlas a secar sobre un lienzo limpio. Pelar la cebolla y practicar una incisión en forma de cruz en su base. Lavar los calabaciones tras haber eliminado los extremos. Sumergir la cebolla y los calabacines durante 10 minutos en agua hirviente salada (si los calabacines son más bien pequeños, 5-7 minutos serán suficientes), escurrirlos y dejarlos enfriar.
Precalentar el horno a 180 °C. Cuando las patatas estén cocidas, escurrirlas, pelarlas todavía calientes y pasarlas en seguida por el aplastapata-

tas, recogiéndolas en un cuenco grande. Añadir un copo grande de mantequilla, 2 cucharadas de aceite, 2 huevos y 60 g de queso de oveja rallado. Mezclar los restantes 20 g con 2-3 cucharadas de pan rallado y reservar. Picar finamente la mejorana con el ajo y añadirla a las patatas junto con una buena pizca de tomillo, un poco de sal y una generosa rociada de pimienta negra molida. Amalgamar la mezcla y rectificar de sal.
Untar con aceite una fuente de horno. Cortar los calabacines longitudinalmente por la mitad y vaciar un poco su interior con el vaciador. Cortar la cebolla longitudinalmente por la mitad y deshojarla para obtener varias tacitas. Si alguna hoja no fuera cóncova, da igual: se le podrá colocar encima el relleno. Llenar las flores de calabaza con 2-3 cucharaditas de pasta según el grosor, procurando no romperlas y no rellenarlas demasiado. Comprimir los extremos para que no se escape la pasta y colocarlas sobre la placa. Salar ligeramente los calabacines y las hojas de cebolla y rellenarlas, procurando no poner demasiado relleno y repartirlo equitativamente.
Colocarlos sobre la placa, pincelar con aceite y espolvorear con el queso de oveja y el pan rallado. Cocer en el horno durante 15-20 minutos, encendiendo el grill durante los últimos 2-3 minutos de cocción para que se forme una fina costra dorada en la superficie. Servir en seguida bien caliente en platos individuales, adornando con un manojito de albahaca.
Con esta pasta se puede rellenar cualquier clase de verdura, siempre y cuando esté presente la cebolla que potencia agradablemente el sabor.

VERDURAS RELLENAS A LA LOMBARDA*

3 patatas grandes
4 calabacines
2 berenjenas largas
1 cebolla grande
1 pimiento grande
150 g de emmental
150 g de jamón cocido
1 huevo entero
2 cucharadas de bechamel (véase p. 136)
2 tomates maduros
pan rallado
aceite
mantequilla
sal y pimienta

Con unas cuantas horas de antelación o bien la víspera, sumergir las verduras en agua hirviente y preparar el relleno que deberá guardarse en el frigorífico. Llevar a ebullición abundante agua salada. Cortar los calabacines y las berenjenas por la mitad en sentido longitudinal y la cebolla en cuatro trozos. Sumergirlos en agua hirviente durante 10 minutos y, a media cocción, añadir el pimiento entero bien lavado y hervirlo 5 minutos. Escurrir las verduras y dejarlas enfriar un poco. Con una cucharilla vaciar la pulpa interior de los calabacines y las berenjenas y recogerla en un cuenco. Disponer los calabacines y las berenjenas sobre una tabla ligeramente inclinada y dejarlos escurrir.
Pasar por la picadora el emmental, el jamón y la pulpa de verduras hasta obtener una pasta homogénea. Verterla en un cuenco y añadir el huevo y la bechamel; rectificar de sal, y pimentar. Dejar en la nevera por lo menos un par de horas. Precalentar el horno a 160 °C. Untar con aceite una placa de horno. Pelar las patatas y cortarlas en finas láminas. Extenderlas en una sola capa sobre la placa y salpimentarlas ligeramente. Rellenar con la pasta los calabacines y las berenjenas. Cortar el pimiento en 4 partes, limpiarlo y rellenarlo. Hacer lo mismo con la cebolla, separando las hojas para que formen unas tacitas. Rellenarlas con la pasta. Lavar, secar y cortar horizontalmente por la mitad los tomates, quitarles un poco de pulpa y rellenarlos.

Disponer todas las verduras sobre la capa de patatas, alternándolas cromáticamente, espolvorearlas con pan rallado, adornar con un copito de mantequilla y poner en el horno. Cocer durante unos 50 minutos hasta que se forme una fina costra dorada sobre la superficie de las verduras. Retirar del horno y dejar en reposo 10 minutos antes de servir.

—•—

VERDURAS HERVIDAS CON SALSA GUASACACA

3 patatas medianas

4 puerros

2 nabos medianos

4 zanahorias

1 litro de caldo de pollo (véase p. 72)

Para la salsa guasacaca

2 aguacates maduros

1 tomate maduro

1 huevo duro picado

1 cucharada de cilantro fresco picado

media cucharada de perejil picado

medio pimientito verde picante

1 cucharada de vinagre rojo

media cucharadita de pili-pili (véase p. 113)

3 cucharadas de aceite de oliva

sal y pimienta

Para acompañar

trocitos de tortilla

Calentar el caldo. Limpiar y pelar las verduras y cortarlas en trozos más bien gruesos. Hervirlas en el caldo durante 30 minutos hasta que estén tiernas y preparar entre tanto la salsa. Cortar los aguacates longitudinalmente por la mitad, eliminar los cuescos, pelarlos y trocearlos. Colocarlos en un cuenco y aplastar la pulpa con un tenedor. Pelar el tomate, cortarlo y subdividirlo en daditos. Añadirlo a la pulpa de aguacate junto con el huevo duro, el cilantro, el perejil y el pimientito picados. Sazonar con aceite, vinagre, pili-pili, sal y pimienta. Servir las verduras calientes, regadas con un poco de su caldo y acompañadas por la salsa y trocitos de tortilla.

La salsa guasacaca no se conserva mucho en el frigorífico ya que se altera tanto de color como de sabor: es preferible por tanto prepararla con 30 minutos de antelación como máximo.

—•—

BRASEADO DE CEBOLLAS Y ARROZ*
Soubise

1 k de cebollas blancas

120 g de arroz vaporizado

90 g de mantequilla

0,8 dcl de nata

30 g de emmental rallado

1 cucharada colmada de perejil picado

sal y pimienta

Para acompañar

filete a la pimienta

alcachofas húmedas

endibias a la flamenca (véase p. 86)

Precalentar al horno a 150 °C. Llevar a ebullición abundante agua salada, hervir el arroz 4 minutos y escurrirlo. Pelar las cebollas, cortarlas en cuartos longitudinales y cortarlas en finas láminas. Derretir 60 g de mantequilla en una cacerola grande, añadir las cebollas y remover unos segundos. Incorporar el arroz, media cucharadita de sal y 1 rociada de pimienta molida. Amalgamar, tapar y colocar 1 hora en el horno, removiendo de vez en cuando hasta que las cebollas y el arroz estén blandos y tomen ligeramente color. Rectificar de sal y pimienta. Incorporar la nata, el emmental y el perejil, y servir en seguida en platos calientes. Es el acompañamiento ideal para filetes a la pimienta y combina muy bien con las alcachofas húmedas y las endibias belgas braseadas. Es también un exquisito relleno para crêpes.

—•—

CEBOLLITAS AGRIDULCES*

400 g de cebollitas blancas ya listas para la cocción
2 cortezas de naranja
4 dcl de vinagre de vino tinto
8 cucharadas de azúcar de caña
sal
Para acompañar
rösti (véase p. 195)
huevos fritos o tortillas de verduras

Distribuir las cebollitas en una sola capa en dos cacerolas grandes de bordes bajos con tapa. Salarlas ligeramente y añadir a cada cacerola 1,5 dl de agua, 2 dl de vinagre y las cortezas de naranja. Llevar a ebullición y cocer a fuego lento durante 10 minutos.
Añadir a cada cacerola 4 cucharadas colmadas de azúcar de caña, amalgamar, tapar y estofar a fuego lento unos 10 minutos más hasta que el líquido se haya evaporado casi por completo y las cebollitas estén glaseadas. Servirlas con rösti y huevos fritos o tortillas de verduras.

—•—

ARROZ Y PUERROS A LA TURCA
Zeytinyagli Pirasa

900 g de puerros
1 cebolla mediana picada
130 g de arroz vaporizado
3 cucharadas de aceite de oliva
1 cucharadita de harina
½ cucharadita de azúcar
sal
Para adornar
1 limón
Para acompañar
corazones de alcachofas en aceite

Pelar los puerros y utilizar tan sólo el corazón y 5 cm de la parte verde. Lavarlos cuidadosamente y cortarlos longitudinalmente en 4 partes y después en segmentos de 3 cm.
En una cacerola grande de bordes bajos calentar 3 cucharadas de aceite y rehogar la cebolla, removiendo a fuego lento durante unos 10 minutos. Añadir 1 cucharadita de harina, 1 cucharadita rasa de sal y media de azúcar y tostar a fuego lento durante un par de minutos. Incorporar 4 dl de agua caliente, mezclando poco a poco con una espátula. Subir la llama y llevar a ebullición sin dejar de remover hasta que la mezcla se condense ligeramente; a continuación, echar los puerros. Amalgamarlos, bajar la llama al mínimo, tapar y estofar a fuego lento durante 10 minutos.
Añadir el arroz, mezclar, tapar de nuevo y cocer durante 15 minutos más hasta que los puerros y el arroz se amalgamen y el arroz esté *al dente*. Rectificar de sal y dejar enfriar un poco antes de servir en copitas individuales adornadas con rajas de limón para acidular al gusto y acompañadas de corazones de alcachofa en aceite.

—•—

ZANAHORIAS CON NATA

800 g de zanahorias
2 chalotes picados
50 g de mantequilla

2 dl de nata

azúcar

orégano

2 cucharadas de albahaca picada

sal y pimienta

Para acompañar

soufflé de espinacas (véase p. 78) o bien timbales de verduras

Limpiar las zanahorias, pelarlas y cortarlas en bastoncitos. En una freidora grande derretir la mantequilla y rehogar el chalote durante unos 10 minutos, removiendo a menudo. Añadir las zanahorias, salpimentar y espolvorear con dos pizcas de azúcar. Amalgamar a fuego lento durante un minuto, tapar y estofar a fuego lento durante 30 minutos aproximadamente hasta que las zanahorias estén cocidas muy *al dente*. Remover a menudo, añadiendo en caso necesario un par de cucharadas de agua caliente.
Incorporar una buena pizca de orégano, amalgamar a fuego moderado unos segundos y, a continuación, añadir la nata. Remover a fuego lento un par de minutos hasta que la mezcla esté bien amalgamada. Retirar del fuego y rectificar de sal. Verter en la bandeja de servir y espolvorear con la albahaca picada en el último momento. Servir en seguida; combina bien con un soufflé de espinacas u otros timbales de verduras.

ESCORZONERA FRITA

800 g de escorzonera dulce

1 yema de huevo

1 limón

1 taza de harina tamizada

aceite

sal

Poner a hervir abundante agua salada acidulada. Preparar la pasta: batir en un cuenco grande una yema de huevo con media cucharadita de sal y añadirle 2 dl de agua helada. Tamizarle la harina encima y amalgamarla sin mezclar demasiado. Tapar y guardar en la zona más fría del frigorífico.
Limpiar la escorzonera, pasarle por encima el pelapatatas, cortarla en trozos de unos 4 cm y sumergirla en seguida en agua fría acidulada con el zumo de un limón para que no se oscurezca en contacto con el aire. Cuando hierva el agua, echar la escorzonera en la olla y hervirla durante 18 minutos hasta que esté cocida, pero sin perder la consistencia. Escurrirla con cuidado y dejarla enfriar un poco. Cortar cada trozo longitudinalmente por la mitad y eliminar el núcleo leñoso.
Calentar abundante aceite en una freidora. Echar un trozo de escorzonera a la vez en la pasta helada y freír los trozos en la freidora hasta que estén dorados y crujientes, procurando mantener la temperatura del aceite moderada y constante (180 °C). Escurrir sobre papel de cocina y conservar caliente mientras se termina la fritura. Servir en seguida.

PURÉ DE NABOS Y ARROZ

3 nabos grandes

230 g de arroz

5 dl de leche

2 dientes grandes de ajo

1 cucharadita de café de hojitas de tomillo

5 cucharadas de nata

2 cucharadas rasas de perejil picado

30 g de mantequilla

sal y pimienta blanca

Para acompañar

champiñones a la bordelesa (véase p. 264)

guisantes finos con bacon y albahaca (véase p. 234)

Pelar los nabos y picarlos no demasiado finos. En una cacerola grande llevar la leche a ebullición y echar el arroz, 30 g de mantequilla, el ajo, el tomillo y ½ cucharadita de sal. Amalgamar y hervir a fuego lento durante 10 minutos con el recipiente detapado, removiendo de vez en cuando. Incorporar los nabos y más leche para que lo cubra todo.

Tapar, bajar la llama al mínimo y hervir a fuego lento durante 15 minutos, removiendo de vez en cuando, hasta que los nabos estén blandos y la leche se haya absorbido casi por completo. Apagar la llama y reducir a puré con la batidora de inmersión. Hasta esta fase, se puede preparar con antelación y completar en el último momento. Calentar el puré y remover a fuego lento durante unos minutos para que espese, apagar el fuego e incorporar la nata, un poco de pimienta blanca y el perejil. Rectificar de sal y servir con acompañamiento de setas a la bordelesa y guisantes finos con jamón y albahaca.

NAVETTES SALTEADAS

1,2 kg de navettes o nabos largos tiernos

1 limón

mantequilla

aceite de oliva

1 diente grande de ajo majado

3 cucharadas de perejil picado

sal y pimienta

Para acompañar

guisantes finos con bacon y albahaca (véase p. 234)

tortilla de setas

Cortar los extremos de las navettes y pelarlas con el pelapatatas. A medida que estén listas, sumergirlas en un cuenco de agua fría acidulada con el zumo de 1 limón para que no se ennegrezcan. Secarlas y cortarlas en cuartos longitudinales y después en trozos de unos 3 cm. Calentar 30 g de mantequilla y 1 cucharada de aceite en una sartén grande antiadherente y, cuando empiece a reducirse la espuma, saltear la mitad de las navettes a fuego más bien vivo durante 3-4 minutos, removiendo con la paleta de teflon hasta que tomen un poco de color.

Recogerlas con la paleta y colocarlas en un cuenco, añadir un poco más de mantequilla y aceite a la sartén y, cuando se reduzca la espuma, saltear las restantes navettes de la misma manera. Incorporar los ya salteados con el diente de ajo, salpimentar, bajar la llama al mínimo, tapar y estofar a fuego lento durante 8-10 minutos, removiendo de vez en cuando hasta que estén tiernas sin perder la consistencia.

Retirar del fuego, rectificar de sal y pimienta, espolvorear con perejil picado y servir en seguida en platos calientes con acompañamiento de guisantes finos con bacon y albahaca y tortilla de setas.

RABANITOS A LA NATA CON CILANTRO Y GRANADA

5 manojos de rabanitos frescos bien compactos

2 chalotes grandes picados

30 g de mantequilla

3 cucharadas de vinagre aromatizado con frambuesas

3 dcl de nata

2 cucharadas rasas de cilantro picado

⅓ de granada madura desgranada

sal y pimienta

Para acompañar

rösti (véase p. 195) o bien tortillas de verduras

Limpiar los rabanitos y cortarlos en rodajas de 3 mm. Calentar la mantequilla en una cacerola grande y de bordes bajos y rehogar los chalotes durante 10 minutos sin que se doren. Añadir los rabanitos, subir ligeramente la llama y sofreírlos

durante un minuto, removiendo con una cuchara de madera. Salpimentar ligeramente. Verter el vinagre y, removiendo sin interrupción, dejar que se evapore por completo.
Regar con la nata, amalgamar y cocer a fuego lento durante 2-3 minutos, removiendo de vez en cuando. Retirar del fuego y rectificar de sal y pimienta. Verter en la fuente de servir caliente y espolvorear con el cilantro y los granos de granada. Servir en seguida como acompañamiento de rösti o de tortillas de verduras.

REMOLACHAS, TOMATES Y PEPINOS CON YOGUR

1 remolacha cocida

2 tomates medianos compactos

2 pepinos medianos

4 cucharadas de pulpa de coco fresca rallada

2 cucharadas de hojas de cilandro picadas

medio pimientito verde fresco picante picado

4 cucharadas de cacahuetes picados

5 dcl de yogur natural helado

1 cucharadita de azúcar

1 cucharada de aceite de semillas

1 cucharada de semillas de comino

sal

Para acompañar

chapati (véase p. 81)

Pelar la remolacha y los pepinos y cortarlos en daditos. Pelar y cortar los tomates en rodajas, cortando la pulpa en daditos. Colocar las verduras en un cuenco grande, sazonarlas con un poco de sal y 1 cucharadita rasa de azúcar y añadirles el coco, el cilantro, el pimientito, los cacahuetes y el yogur. Rectificar de sal.

En una sartén pequeña antiadherente calentar 1 cucharada de aceite y, cuando esté muy caliente, echar 1 cucharadita de semillas de comino. Sofreírlas durante 2-3 segundos hasta que empiecen a saltar y añadirlas a la mezcla. Amalgamar y servir con chapati como refrescante contorno de platos hindúes con especias picantes.

TARTITA CRUJIENTE DE PATATAS

Rösti

6 patatas blancas grandes

30 g de mantequilla

sal

Para acompañar

huevos fritos o tortillas de verduras

Para 4 tartitas individuales. Cepillar las patatas bajo el grifo de agua fría para eliminar los residuos de tierra y pelarlas sin volver a lavarlas. Trocearlas y picarlas no muy finas en la picadora durante un par de segundos. (Como alternativa, se pueden rallar no demasiado finas.) Recogerlas en un cuenco grande y salpimentarlas.
Derretir un copo de mantequilla en 4 sartenes pequeñas antiadherentes de 23 cm de diámetro. Cuando empiece a chirriar y se reduzca la espuma, repartir equitativamente las patatas picadas y aplastarlas bien con la paleta de teflon para que se distribuyan uniformemente sobre la superficie de las sartenes. Rehogar a fuego moderado durante unos 4 minutos hasta que el borde se oscurezca y quede crujiente. Con la ayuda de una tapadera o un plato, dar la vuelta a las tartitas como si fueran tortillas, pero, antes de volver a colocarlas en las sartenes, derretir otros 4 copos de mantequilla. Cocer durante 4 minutos y, cuando las tartitas estén uniformemente doradas y crujientes, servirlas en seguida como acompañamiento de huevos fritos o tortillas de verduras.

RÖSTI CON CHALOTE*

6 patatas grandes ralladas

8 cucharadas de chalotes picados

30 g de mantequilla

sal y pimienta

Se sigue el mismo procedimiento que en el rösti (véase p. 195) pero, antes de echar las patatas ralladas a las sartenes, sofreír en la mantequilla el chalote muy picado y equitativamente repartido. Cuando el chalote se haya ablandado, echar las patatas y seguir tal como se describe en la receta arriba apuntada.

—•—

ENDIBIAS ROJAS CON CHALOTES

2 chalotes

4 endibias rojas

30 g de mantequilla

2 cucharadas de vinagre al aroma de frambuesa

2 dcl de nata

sal y pimienta

Pelar las endibias, eliminando por completo la base, lavarlas, escurrirlas en la centrifugadora y cortarlas en finas tiras. Picar los chalotes y sofreírlos en la mantequilla en una cacerola grande. Añadir las endibias, subir ligeramente la llama y rehogarlas, removiendo con una cuchara de madera durante un par de minutos.
Regar con el vinagre y, removiendo sin interrupción, dejar que éste se evapore por completo. Salpimentar ligeramente, añadir la nata y amalgamar. Tapar y estofar a fuego lento durante unos 4 minutos. Rectificar de sal y pimienta y servir.

TRIS DE VERDURITAS AL TOMILLO

5 patatas grandes

7 zanahorias grandes

7 calabacines grandes

1 chalote grande picado

2 cucharadas de ghee o mantequilla clarificada (véase p. 37)

1 ramita de tomillo

sal y pimienta

Para acompañar

flan de verduras

Pelar las patatas y sumergirlas en agua fría en un cuenco grande. Pelar las zanahorias, eliminar los extremos de los calabacines, lavarlos y secarlos. Calentar abundante agua salada para sumergir las verduras.
Formar pelotitas de verduras del tamaño de avellanas, utilizando un vaciador redondo y hundiéndolo cada vez a la debida distancia del agujero anterior para obtener formas regulares. Los desechos serán muy abundantes y se podrán picar y utilizar para sopas.
Sumergir las zanahorias durante 5 minutos y las patatas durante 1 minuto en agua hirviente. Escurrirlas con cuidado. Sofreír el chalote en 2 cucharadas de mantequilla clarificada durante 5 minutos, removiendo a menudo para que no se dore. Añadir la ramita de tomillo y las verduras, subir la llama y saltearlas durante unos 5 minutos a fuego moderado hasta que estén cocidas *al dente*. Rectificar de sal, pimentar y servir como contorno de flan de verduras.

—•—

PATATAS SOUFFLÉ

700 g de patatas blancas muy grandes

aceite de oliva fino

sal

Pelar las patatas y cortarlas en rodajas de aproximadamente medio centímetro. Secarlas cuidadosamente por todos lados y cubrirlas con dos lienzos limpios. Calentar abundante aceite en una freidora grande con cestillo a una temperatura media (180 °C), echar las patatas y freírlas durante 4 minutos aproximadamente, hasta que suban a la superficie y empiecen a hincharse ligeramente. Sacarlas y ponerlas a escurrir sobre papel de cocina en una sola capa. Se pueden preparar con algunas horas de antelación hasta esta fase.
En el momento de servir, calentar de nuevo el aceite a temperatura elevada (200 °C) y freír las patatas precocidas durante 1 o 2 minutos hasta que se hinchen y queden doradas y crujientes. Escurrirlas con cuidado, salarlas y servirlas en una bandeja caliente.

PURÉ DE PATATAS MUSELINA

800 g de patatas blancas o rojas

5-6 dl de leche

50 g de mantequilla

nuez moscada

sal y pimienta

Para acompañar

asados de carne de ternera o de cerdo o bien huevos fritos y guisantes con bacon y albahaca (véase p. 234)

Pelar las patatas, trocearlas y hervirlas en agua salada unos 20 minutos o hasta que estén cocidas. Escurrirlas cuidadosamente y pasarlas dos veces por el aplastapatatas. Llevar la leche a ebullición. Disolver la mantequilla en una cacerola, echar el puré de patatas con un poco de sal, pimienta y nuez moscada y, batiendo sin interrupción con una espátula, añadir poco a poco la leche hirviente. Seguir removiendo hasta que hierva el puré y añadir más leche en caso necesario. Rectificar de sal y pimienta, retirar del fuego y seguir removiendo enérgicamente con la espátula hasta que el puré quede muy suave y ligero. Servir inmediatamente sin volver a calentar. Resulta exquisito con asados de carne de ternera o cerdo o simplemente con huevos fritos acompañados de guisantes finos con bacon y albahaca.

GRATÉN DE PATATAS CON TOMILLO

600 g de patatas blancas

40 g de mantequilla

2 ramitas de tomillo

4 dcl de leche

1 diente grande de ajo

50 g de emmental rallado

50 g de parmesano rallado

nuez moscada

sal y pimienta

Para acompañar

huevos fritos, o asados de carne

Precalentar el horno a 200 °C. Pelar las patatas, lavarlas y cortarlas con el cortaverduras en láminas de medio centímetro escaso de grosor. Calentar 30 g de mantequilla en una sartén grande antiadherente con el tomillo y saltear las patatas a fuego moderado durante un par de minutos, levantándolas con la paleta de teflon. Salpimentar, rallar un poco de nuez moscada por encima y regar con la leche. Cocer a fuego moderado durante unos 10 minutos, removiendo a menudo con la paleta para que las patatas no se peguen al fondo.
Entre tanto, frotar el interior de una fuente grande de vidrio resistente al calor de forma ovalada y bordes bajos con un diente de ajo cortado longitudinalmente por la mitad y untar posteriormente con mantequilla.

Cuando las patatas estén cocidas y cremosas, rectificar de sal y pimienta y echarlas en la fuente, formando una capa homogénea. Espolvorear con los dos quesos mezclados, distribuir algunos copitos de mantequilla por la superficie y gratinar en el horno durante unos 15 minutos, hasta que se forme en la superficie una ligera costra dorada. Servir en seguida como acompañamiento de huevos fritos o cualquier tipo de asado.

—•—

CROQUETITAS DE PATATAS CON ALMENDRAS*

500 g de patatas rojas
50 g de mantequilla
3 huevos
180 g de almendras en escamas
nuez moscada
aceite de oliva fino
queso parmesano
Para acompañar
asado de ternera o huevos fritos
ensalada de cogollos de lechuga con salsa de nata (véase p. 163)

Cocer las patatas al vapor, pelarlas todavía calientes y pasarlas un par de veces por el aplastapatatas. Poner el puré en una cacerola y, removiendo vigorosamente, añadir poco a poco la mantequilla. Seguir removiendo hasta que la mezcla esté bien amalgamada, y retirar del fuego. Incorporar poco a poco 2 yemas de huevo y medio huevo entero. Sazonar con sal, pimienta y nuez moscada y dejar enfriar.
Poner las almendras en un plato hondo y batir los 2 huevos y medio restantes en otro plato hondo con una pizca de sal.
Formar con la pasta de patatas unas croquetitas redondas del tamaño de unas nueces y pasarlas por el huevo batido y por las almendras en escamas, de tal modo queden uniformemente cubiertas. Alinearlas sobre una tabla de madera revestida con papel de cocina.
Calentar abundante aceite en una freidora con cestillo y freír las croquetitas durante unos 3 minutos hasta que estén doradas y crujientes. Escurrirlas sobre papel de cocina y servir en seguida. Es un refinado acompañamiento para asados de carne de ternera o huevos fritos acompañados de cogollos de lechuga con salsa de nata.

—•—

AGUATURMAS CON NATA*

600 g de aguaturmas
2 chalotes picados
1 limón
20 g de mantequilla
1 cucharada de aceite de oliva
1 ramita de tomillo
1 dl de caldo
1,5 dl de nata
medio cubito
2 cucharadas de ajo moruno desmenuzado
sal y pimienta

Lavar las aguaturmas, pelarlas con el pelapatatas y, a medida que estén listas, sumergirlas en un cuenco de agua fría acidulada con el zumo de un limón para que no se oscurezcan. Cuando estén todas peladas, escurrirlas y cortarlas en láminas de medio cm de grosor.
En una cacerola grande de bordes bajos rehogar los chalotes en 20 g de mantequilla, 1 cucharada de aceite y 1 ramita de tomillo. Incorporar las aguaturmas, remover un par de minutos para que tomen sabor, regar después con el caldo y cocer

a fuego lento sin tapar durante 5 minutos. Añadir la nata con el medio cubito desmenuzado, mezclar y cocer a fuego lento con la cacerola destapada durante unos 5 minutos más, removiendo de vez en cuando hasta que las aguaturmas estén cocidas *al dente*. Rectificar de sal, pimentar, espolvorear con ajo moruno y servir en seguida.

PASTEL DE ZANAHORIAS

200 g de zanahorias ralladas

5 huevos

180 g de azúcar

200 g de almendras en polvo

60 g de almidón

1 limón

mantequilla blanda

azúcar glas

2,5 dl de nata ligeramente montada

Para adornar

1 zanahorita de mazapán o 1 ramita de grosellas

Precalentar el horno a 180 °C. Pelar las zanahorias y pesar 200 g netos. Trocearlas y picarlas muy finas en la picadora.

Trabajar en un cuenco las yemas de huevo con 90 g de azúcar y, en otro cuenco, montar las claras a punto de nieve con los restantes 90 g de azúcar. Añadir a las yemas las zanahorias y las almendras en polvo junto con el almidón, la corteza rallada y el zumo de limón. Incorporar a golpes de espátula las claras montadas sin mezclar, tal como se hace con el soufflé.

Echar la pasta en una tartera de 25 cm de diámetro previamente untada con mantequilla, nivelarla con la espátula y cocer en el horno durante unos 40 minutos. Dejar enfriar un poco el pastel antes de vaciar el molde. Espolvorear con azúcar glas y adornar, si se quiere, con una zanahorita de mazapán o con 1 ramita de grosellas. Servir con acompañamiento de nata ligeramente montada.

DULCE DE ZANAHORIAS HINDÚ*

Halva

1 kg de zanahorias

1 litro de leche fresca entera

8 cápsulas de cardamomo

11 cucharadas de ghee o mantequilla clarificada (véase p. 37)

4 cucharadas de azúcar

1 cucharada y media de pasas rubias

1 cucharada y media de almendras en escamas

3 dcl de nata ligeramente montada

Para adornar

hojitas de menta

Receta para 8 personas. Limpiar las zanahorias, pelarlas con el pelapatatas y picarlas en la picadora. Ponerlas en una cacerola grande de triple fondo junto con la leche. Practicar una incisión con la uña en las cápsulas de cardamomo para romper la corteza sin que salgan las semillas y añadirlas a la leche. Llevar a ebullición a fuego moderado, bajar la llama y cocer a fuego lento durante unos 30 minutos hasta que la leche se evapore por completo. Añadir 10 cucharadas de ghee, amalgamar y cocer la mezcla con la llama al mínimo durante unos 30 minutos, mezclando sin interrupción hasta que adquiera un color rojizo oscuro. Incorporar 4 cucharadas de azúcar. Rehogar brevemente las pasas y las almendras en 1 cucharada de ghee en una sartén antiadherente y añadirlas a la mezcla. Amalgamar y remover durante un par de minutos. Retirar del fuego y dejar enfriar un poco. Servir templado o a temperatura ambiental en copas individuales con nata ligeramente montada y con guarnición de hojitas de menta. Tratándose de un postre muy nutritivo, las raciones tienen que ser reducidas.

—•—

CREMA DE BATATAS A LA HINDÚ

250 g de batatas dulces blancas o rojas
5 cardamomos en polvo
1 litro de leche
100 g de azúcar
4 cucharadas de escamas de almendras tostadas
hebras de azafrán
Para adornar
2 cucharadas de pistachos picados

Calentar la leche en una cacerola grande. Abrir con la uña 3 cápsulas de cardamomo, extraer las semillas de su interior y pulverizarlas en la picadora. Reservar.
Pelar las batatas, trocearlas, picarlas en la picadora y añadirlas a la leche en ebullición. Cocer a fuego lento durante unos 15 minutos, removiendo a menudo. Añadir el azúcar y remover un par de minutos hasta que se disuelva por completo. Dejar enfriar la crema.
Poner una pizca de hebras de azafrán en una tacita, echarles encima 2 cucharadas de agua hirviendo y mezclar con una cucharilla hasta que se disuelvan. Incorporarlas a la crema de batatas junto con las semillas de cardamomo pulverizadas y las almendras.
Verter la crema en copas individuales, tapar con película transparente adhesiva y dejar un par de horas en el frigorífico. En el momento de servir, adornar con los pistachos picados.

ROSQUILLAS DE CARNAVAL

1 patata grande (de unos 300 g)
20 g de levadura de cerveza
500 g de harina
1 huevo
1 naranja
3 cucharadas de ron
aceite de oliva fino
azúcar
sal

Hervir la patata y pasarla dos veces por el aplastapatatas, recogiéndola en un cuenco. Disolver la levadura en un poco de agua templada con una cucharadita de azúcar. Tamizar la harina sobre el puré de patata y amalgamar la pasta, incorporando el huevo, la corteza rallada de la naranja, el ron, la levadura disuelta y un poco más de agua en caso necesario. Cubrir con un lienzo húmedo y dejar en reposo 1 hora en un lugar caliente hasta que duplique casi el volumen. Formar con la pasta unas pequeñas rosquillas de medio dedo de altura y freírlas en abundante aceite a 160 °C, sin poner demasiadas a la vez, hasta que tomen color por ambos lados. Escurrirlas, pasarlas por el azúcar y servirlas muy calientes.

·LEGUMBRES FRESCAS Y SECAS·

PAKORAS*

p. 209
Preparación: 1 hora
Cocción: 20 minutos
Dificultad: media
Refrigerio

EMPANADILLAS HINDÚES RELLENAS DE LENTEJAS
Urad dal puri

p. 209
Preparación: 45 minutos, más 4 horas para al remojo
Cocción: 25 minutos
Dificultad: elevada
Entremés o refrigerio

SAMOSAS*

p. 210
Preparación: 1 hora y 30 minutos
Dificultad: elevada
Entremés o refrigerio

MOUSSE DE HABAS TIERNAS CON TOMATES AL GRATÉN

p. 211
Preparación: 30 minutos
Cocción: 25 minutos
Dificultad: media
Entremés

PURÉ DE GARBANZOS AL ESTILO ÁRABE*
Hummus

p. 212
Preparación: 15 minutos, más 12 horas para el remojo
Cocción: 3 horas
Dificultad: mínima
Entremés

ENSALADA DE JUDÍAS PINTAS Y ENDIBIAS ROJAS CON SALSA DE RÁBANO SILVESTRE

p. 212
Preparación: 10 minutos
Dificultad: mínima
Entremés o acompañamiento

CREMA DE GUISANTES

p. 213
Preparación: 20 minutos, más 2 horas y 30 minutos para el remojo
Cocción: 1 hora
Dificultad: media
Primer plato

CREMA DE GUISANTES CON HIERBAS

p. 213
Preparación: 25 minutos
Cocción: 45 minutos
Dificultad: mínima
Primer plato

MENESTRA DE GUISANTES Y ESPÁRRAGOS

p. 214
Preparación: 15 minutos
Cocción: 20 minutos
Dificultad: mínima
Primer plato

MENESTRA DE ARROZ Y GUISANTES AL ESTILO VÉNETO
Risi e bisi

p. 214
Preparación: 25 minutos
Dificultad: media
Primer plato

PURÉ DE JUDÍAS BLANCAS A LA NAPOLITANA*

p. 215
Preparación: 15 minutos, más 12 horas para el remojo
Cocción: 1 hora y 30 minutos
Dificultad: media
Primer plato

MENESTRA DE LECHE, JUDÍAS Y CALABAZA*

p. 215
Preparación: 20 minutos
Cocción: 1 hora
Dificultad: mínima
Primer plato

Ensalada de jud ías y endibias rojas con salsa de rábano silvestre

Arroz primavera

MINESTRONE A LA MILANESA

p. 216
Preparación: 1 hora
Cocción: 3 horas y 30 minutos
Dificultad: media
Primer plato

SOPA DE MISO Y TOFU
Tofu no misoshiru

p. 217
Preparación: 5 minutos
Cocción: 10 minutos
Dificultad: mínima
Primer plato

SOPA DE GARBANZOS Y ACELGAS

p. 217
Preparación: 15 minutos, más 12 horas para el remojo
Cocción: 3 horas
Dificultad: mínima
Primer plato

ARROZ CON JUDÍAS Y CALABAZA AL ESTILO DE BRIANZA*

p. 218
Preparación: 40 minutos, más 12 horas para el remojo
Cocción: 3 horas
Dificultad: media
Primer plato

ARROZ PRIMAVERA*

p. 218
Preparación: 30 minutos
Cocción: 20 minutos
Dificultad: media
Primer plato

PASTA Y GUISANTES A LA NAPOLITANA*

p. 219
Preparación: 10 minutos
Cocción: 40 minutos
Dificultad: mínima
Primer plato

PASTA Y JUDÍAS AL ESTILO VÉNETO CON ENSALADA DE ORUGA*

p. 219
Preparación: 15 minutos
Cocción: 3 horas y 30 minutos
Dificultad: mínima
Plato único

JUDÍAS A LA CRIOLLA CON ARROZ Y BANANAS FRITAS

p. 220
Preparación: 45 minutos
Cocción: 2 horas y 30 minutos
Dificultad: media
Plato único

SOPA DE LENTEJAS A LA CAMPESINA

p. 221
Preparación: 15 minutos, más 1 hora para el remojo
Cocción: 1 hora y 15 minutos
Dificultad: mínima
Plato único

SOPA DE GARBANZOS A LA TOSCANA*

p. 221
Preparación: 20 minutos, más 12 horas para el remojo
Cocción: 2 horas y 30 minutos
Dificultad: media
Plato único

GUISANTES Y CUAJADA A LA HINDÚ
Panir mater

p. 222
Preparación: 25 minutos, más 2 horas de espera
Cocción: 30 minutos
Dificultad: media
Segundo plato

GUISANTES Y HUEVOS A LA MILANESA

p. 223
Preparación: 10 minutos
Cocción: 35 minutos
Dificultad: mínima
Segundo plato

FLAN DE GUISANTES CON MUSELINA DE BERENJENAS*

p. 223
Preparación: 40 minutos
Cocción: 60 minutos
Dificultad: media
Segundo plato

CAZUELA DE LEGUMBRES Y ALCACHOFAS A LA ROMANA

p. 224
Preparación: 35 minutos
Cocción: 15 minutos
Dificultad: mínima
Segundo plato

BRASEADO DE GUISANTES FINOS, ALCACHOFAS Y LECHUGA*

p. 225
Preparación: 30 minutos
Cocción: 1 hora y 30 minutos
Dificultad: media
Segundo plato

GUISANTES MOLLARES Y GAMBAS A LA CANTONESA

p. 225
Preparación: 50 minutos, más 30 minutos para el adobo
Cocción: 7 minutos
Dificultad: media
Segundo plato

Frijoles con huevos rancheros a la mexicana*

p. 226
Preparación: 30 minutos
Cocción: 3 horas
Dificultad: mínima
Segundo plato

Judías blancas en ensalada

p. 226
Preparación: 10 minutos
Cocción: 2 horas
Dificultad: mínima
Segundo plato

Pastel de judías verdes y patatas a la genovesa*

p. 227
Preparación: 30 minutos
Cocción: 45 minutos
Dificultad: media
Segundo plato

Judías blancas con jamón y tomate

p. 228
Preparación: 20 minutos
Cocción: 2 horas y 30 minutos
Dificultad: media
Segundo plato

Mousse de habas tiernas con tomates al gratén

Cazuela de garbanzos, berenjenas y tomate al estilo árabe

p. 228
Preparación: 45 minutos, más 12 horas para el remojo
Cocción: 3 horas y 30 minutos
Dificultad: media
Segundo plato

Croquetas de garbanzos a la griega*
Pittarúdia

p. 229
Preparación: 20 minutos, más 12 horas para el remojo
Cocción: 25 minutos
Dificultad: media
Segundo plato o refrigerio

Buñuelos de lentejas y guisantes*

p. 229
Preparación: 30 minutos, más 12 horas para el remojo
Cocción: 25 minutos
Dificultad: media
Segundo plato

Lentejas rosadas con arroz a la hindú*

p. 230
Preparación: 30 minutos, más 20 minutos para el remojo
Cocción: 30 minutos
Dificultad: media
Segundo plato

Puré de judías en blanco

p. 231
Preparación: 10 minutos
Cocción: 2 horas y 30 minutos
Dificultad: mínima
Segundo plato o acompañamiento

Puré de judías al pili-pili*

p. 231
Preparación: 15 minutos
Cocción: 2 horas y 30 minutos
Dificultad: mínima
Segundo plato o acompañamiento

Habas con nata

p. 232
Preparación: 20 minutos
Cocción: 20 minutos
Dificultad: mínima
Segundo plato o acompañamiento

Arroz salteado a la japonesa con guisantes y verduras*
Yakimeshi

p. 232
Preparación: 30 minutos
Cocción: 6 minutos (con arroz previamente cocido)
Dificultad: media
Acompañamiento o refrigerio

Judías blancas en ensalada

Crema de guisantes

Puré de guisantes y patatas

p. 233
Preparación: 20 minutos
Cocción: 35 minutos
Dificultad: mínima
Acompañamiento

Arroz y guisantes salteados a la cantonesa

p. 233
Preparación: 15 minutos
Cocción: 6 minutos (con arroz previamente cocido)
Dificultad: media
Acompañamiento

Pastelitos de guisantes y arroz silvestre*

p. 234
Preparación: 5 minutos
Cocción: 45 minutos
Dificultad: mínima
Acompañamiento

Guisantes finos con bacon y albahaca

p. 234
Preparación: 10 minutos
Cocción: 35 minutos
Dificultad: mínima
Acompañamiento

Judías verdes a la maître d'hotel

p. 235
Preparación: 25 minutos
Cocción: 15-18 minutos
Dificultad: media
Acompañamiento

Pilaf con legumbres variadas

p. 235
Preparación: 30 minutos, más 12 horas para el remojo
Cocción: 1 hora y 30 minutos
Dificultad: media
Acompañamiento

Judías verdes a la toscana

p. 236
Preparación: 20 minutos
Cocción: 35 minutos
Dificultad: mínima
Acompañamiento

Judías verdes con bacon crujiente

p. 236
Preparación: 20 minutos
Cocción: 25 minutos
Dificultad: media
Acompañamiento

Judías verdes, patatas y menta de bosque (nébeda) a la napolitana*

p. 236
Preparación: 20 minutos, más 2 horas de espera
Cocción: 45 minutos
Dificultad: mínima
Acompañamiento

Guisantes mollares con mantequilla*

p. 237
Preparación: 25 minutos
Cocción: 8 minutos
Dificultad: media
Acompañamiento

Guisantes mollares con nata y albahaca

p. 237
Preparación: 25 minutos
Cocción: 8 minutos
Dificultad: media
Acompañamiento

Guisantes mollares con chalotes y bacon

p. 237
Preparación: 25 minutos
Cocción: 8 minutos
Dificultad: media
Acompañamiento

Habichuelas con tomate

p. 238
Preparación: 25 minutos
Cocción: 25 minutos
Dificultad: mínima
Acompañamiento

Lentejas y espinacas a la hindú

p. 238
Preparación: 30 minutos
Cocción: 1 hora y 30 minutos
Dificultad: mínima
Acompañamiento

Lentejas húmedas

p. 239
Preparación: 15 minutos
Cocción: 1 hora y 15 minutos
Dificultad: mínima
Acompañamiento

Conserva dulce de habas rojas de soja

Yude azuki

p. 239
Preparación: 10 minutos, más 12 horas para el remojo
Cocción: 1 hora y 45 minutos
Dificultad: mínima
Postre

Gelatina de azukis mizuyokan

p. 240
Preparación: 20 minutos, más 12 horas para el remojo y 3 horas para la refrigeración
Cocción: 1 hora y 45 minutos
Dificultad: mínima
Postre

PAKORAS*

Para la pasta de garbanzos

250 g de harina de garbanzos

media cucharadita de café de levadura en polvo

1 cucharadita de café de guindilla en polvo

1 cucharadita de café de semillas de cilantro en polvo

1 cucharadita de té de cúrcuma en polvo

sal

Para el chutney de coco

2,5 dl de pulpa de coco fresco rallada

medio diente de ajo

2 cucharadas de jengibre fresco picado

6 cucharadas de cilantro fresco picado

0,5 dl de yogur

1 cucharada escasa de zumo de lima

media cucharadita de semillas de mostaza negra

1 cucharada de aceite de semillas

sal

Para el ketchup picante

2 dl de ketchup

½-1 cucharadita de pili-pili (véase p. 113)

Para los buñuelos

1 cebolla grande

1 patata

60 g de hojas de espinacas

1 berenjena mediana

12 okras o pimientitos verdes dulces

aceite de semillas

Preparar ante todo la pasta. Tamizar conjuntamente en un cuenco grande la harina de garbanzos, la levadura, el pimientito, el cilantro, la cúrcuma en polvo y una cucharadita de café rasa de sal. Remover con una cuchara de madera, añadiendo agua fría poco a poco hasta obtener una pasta más bien espesa. Rectificar de sal, tapar y dejar en reposo.

Preparar el chutney de coco. Rallar la pulpa fresca de coco sin piel y batirla a alta velocidad con 0, 5 dcl de agua fría, el ajo, el jengibre, el pimientito y el cilantro hasta obtener una mezcla homegénea, añadiendo más agua su fuera necesario. Verter en el cuenco de servir e incorporar el yogur, el zumo de lima y un poco de sal. Calentar el aceite en una sartén antiadherente y sofreír las semillas de mostaza unos pocos segundos, removiendo con una paleta hasta que empiecen a saltar; retirarlas en seguida del fuego y mezclarlas con el coco. Rectificar de sal y guardar en el frigorífico hasta el momento de servir.
Amalgamar el *ketchup* con el pili-pili en el cuenco de servir y reservar.
Para los buñuelos, limpiar las verduras, pelar la cebolla y la patata y lavar y escurrir las espinacas. Cortar la cebolla en anillas y la berenjena y la patata en rodajas. Cortar los okras o pimientitos longitudinalmente por la mitad y eliminar las semillas. Calentar abundante aceite de semillas a 180 °C en un wok. Sumergir las verduras una a una en la pasta y echarlas en el aceite caliente. Freír pocas a la vez durante un par de minutos por ambos lados hasta que se hinchen, se doren y queden crujientes. Poner a escurrir sobre papel de cocina y conservar calientes mientras se fríen los restantes buñuelos. Servir en una fuente colocada en el centro de la mesa con los cuencos de chutney de coco y de *ketchup* en los cuales cada uno podrá mojar los buñuelos (pakoras) al gusto, antes de llevarlos a la boca.

EMPANADILLAS HINDÚES RELLENAS DE LENTEJAS

Urad dal puri

180 g de urad dal o lentejas morenas hindúes

130 g de harina

5 cucharadas de ghee (véase p. 37) caliente

1 pimientito verde fresco picante picado

aceite de semillas

sal

Para el garam masala

10 granos de pimienta negra

2 cucharaditas de semillas de cilantro

2 cucharaditas de semillas de hinojo

2 cucharaditas de semillas de comino

Para acompañar

2 dl de yogur natural sazonado con sal

1 corazón de cebollino

Para 5 *puris*. Limpiar las lentejas, lavarlas cuidadosamente, escurrirlas y dejarlas 4 horas en remojo en agua fría. Entre tanto, preparar la pasta para los *puris*.

Tamizar la harina en un cuenco, añadir media cucharadita de sal, 2 cucharadas de ghee caliente y el agua necesaria para obtener una pasta espesa. Trabajar la pasta con las manos sobre una tabla de madera durante unos 10 minutos, formar una pelota, envolverla en película transparente y dejar en reposo 30 minutos.

Preparar el garam masala: calentar una sartén pequeña de teflon y tostar a fuego moderado durante medio minuto, removiendo sin interrupción, los granos de pimienta y las semillas de cilantro, hinojo y comino hasta que empiecen a desprender aroma. Picarlo todo en la picadora y pasarlo por un tamiz de malla fina para eliminar los desperdicios del cilantro.

Una vez finalizado el remojo, escurrir las lentejas y batirlas a alta velocidad con un poco de agua hasta obtener un puré no demasiado homogéneo. Calentar las 3 cucharadas restantes de ghee en una sartén grande y sofreír a fuego lento el pimientito picado durante 2 o 3 minutos, añadiendo a continuación el puré de lentejas con media cucharadita de sal. Remover sin interrupción a fuego moderado durante unos minutos hasta que el puré empiece a tomar color. Retirar del fuego, rectificar de sal y dejar enfriar antes de incorporar el garam masala.

Media hora antes de servir, preparar los *puris*. Trabajar nuevemente la pasta durante un par de minutos y subdividirla en 10 pelotitas iguales. Aplanar dos de ellas con la palma de la mano y extenderlas con el rodillo sobre una superficie ligeramente enharinada hasta obtener unos discos delgados de unos 8 cm de diámetro (entre tanto, proteger las demás pelotitas con película transparente). Colocar en el centro de un disco 2 cucharadas de puré, pasar un dedo mojado en agua fría por los bordes y superponer el otro disco de pasta de tal forma que se ajuste a la perfección. Cerrar los bordes, ejerciendo presión con la punta de los dedos. Repetir la operación hasta obtener 5 *puris*.

Calentar abundante aceite de semillas en un wok y freír los *puris* tres a la vez a calor moderado (180 °C) durante unos minutos, dándoles la vuelta con la paleta hasta que estén dorados y crujientes por ambos lados. Ponerlos a escurrir sobre papel de cocina y conservarlos calientes mientras se fríen los demás.

Servir en seguida acompañados de yogur sazonado con una pizca de sal y el corazón de un cebollino cortado en rodajas.

SAMOSAS*

Pasta para 16 samosas

250 g de harina

6 cucharadas de ghee o mantequilla clarificada (véase p. 37)

0,5 dl de leche caliente

aceite de semillas

sal

Para el relleno

350 g de guisantes finos descongelados

400 g de patatas hervidas

200 g de cebolla picada

1 lámina de jengibre fresco rallado

1 pimientito verde fresco picante picado

2 cucharadas y media de cilantro fresco picado

6 cucharadas de ghee o mantequilla clarificada (véase p. 37)

1 cucharadita de semillas de cilantro pulverizadas y tamizadas

1 cucharadita de curry en polvo

media cucharadita de pili-pili (véase p. 113)

2-3 cucharadas de zumo de lima

sal

Para el chutney de cilantro

80 g de cilantro fresco

1 pimientito verde fresco picante picado

2 cucharadas de zumo de lima

media cucharadita de comino en polvo

sal y pimienta

Preparar la pasta. Pasar la harina por el tamiz; añadirle 2 cucharaditas de sal y 5 cucharaditas de ghee y trabajar la pasta con los dedos hasta que se agriete. Incorporar 5 o 6 cucharadas de leche poco a poco y trabajar la pasta unos cuantos minutos más hasta que quede muy suave. Formar una pelota, untar la superficie con ghee y envolverla en película transparente para que no se seque. Dejarla en reposo 45 minutos.
Entre tanto, preparar el relleno. Pelar las patatas hervidas frías y cortarlas en daditos. En una sartén antiadherente calentar 4 cucharadas de ghee y rehogar la cebolla durante 15 minutos, removiendo a menudo. Incorporar los guisantes finos, la pulpa de jengibre, el pimientito verde, el cilantro y 1 dl de agua. Amalgamar, salar y estofar a fuego lento durante unos 20 minutos hasta que los guisantes estén muy tiernos. Añadir los daditos de patata fríos, el cilantro y el comino en polvo, el curry y el pili-pili, y acidular al gusto con el zumo de lima. Rectificar de sal, amalgamar a fuego lento unos segundos y retirar del fuego.
Preparar el chutney de cilantro. Pelar el cilantro conservando tan sólo las hojas y los tallos tiernos; lavarlo, escurrirlo y ponerlo en la batidora con el pimientito picado, el zumo de lima, media cucharadita escasa de sal, el comino en polvo y una rociada de pimienta molida, y batir a alta velocidad hasta obtener una crema homogénea, añadiendo un poco de agua fría en caso necesario. Traspasar a un cuenco.
Preparar las samosas. Subdividir la pasta en 8 partes iguales y formar pelotitas. Mientras se trabaje una, proteger las restantes con película transparente para que no se sequen. Aplastar las pelotita con las manos y extenderla con el rodillo hasta obtener un disco delgado de unos 18 cm de diámetro. Cortarlo por la mitad con un cuchillo para obtener dos semicírculos. Colocar uno de ellos en la palma de la mano y formar un cono, superponiendo los lados; cerrar estos últimos con la presión de los dedos y juntarlos con un poco de agua fría. Mantener el cono en la palma de la mano izquierda y rellenarlo con la pasta, empujándola hacia el fondo con el dorso de una cuchara. Cerrar los bordes con un poco de agua fría, ejerciendo presión con los dientes de un tenedor. Repetir la operación con las 7 pelotitas restantes, obteniendo en total 16 samosas; proteger las que ya estén hechas con película transparente.
Calentar abundante aceite de semillas en un wok o una freidora grande y freír las samosas a temperatura moderada (180 °C) durante unos minutos hasta que estén doradas y crujientes por ambos lados. Ponerlas a escurrir sobre papel de cocina antes de servirlas calientes (pero no hirviendo) o templadas, acompañadas de chutney de cilantro en el cual se podrán mojar antes de llevarlas a la boca.

MOUSSE DE HABAS TIERNAS CON TOMATES AL GRATÉN

500 g de habas tiernas

900 g de tomates medianos maduros, pero compactos

1 huevo entero

60 g de parmesano rallado

medio diente de ajo picado

1 filete de anchoa

2 cucharadas de aceite de oliva extra virgen

pan rallado

sal y pimienta

Poner a hervir agua salada para cocer las habas. Precalentar el horno a 200 °C. Lavar los tomates, secarlos y cortarlos horizontalmente hasta los 3/4, eliminando la parte superior. Con un cuchillo de hoja curvada vaciar su interior, recogiendo en un cuenco la pulpa y las semillas que, pasadas por el tamiz, podrán utilizarse en otra preparación. Untar ligeramente de aceite una fuente de horno y alienar los tomates el uno al lado del otro. Salar ligeramente su interior.
Cuando hierva el agua, echar las habas y cocerlas durante unos 15 minutos, escurrirlas y pelarlas. Pasarlas por la picadora hasta obtener un puré homogéneo y echar el puré en un cuenco grande. Batir ligeramente 1 huevo con un poco de sal y pimienta y mezclarlo con el puré junto con el parmesano y el ajo. Freír el filete de anchoa a fuego lento en 2 cucharadas de aceite hasta que se deshaga, e incorporarlo al puré. Espesar la mezcla con un poco de pan rallado fresco, rectificar de sal y pimienta y echarla a cucharadas en una manga con pico mediano en forma de estrella. Llenar bien los tomates con la mousse y gratinarlos al horno durante 7-10 minutos hasta que se dore ligeramente la superficie. Servirlos templados.

PURÉ DE GARBANZOS AL ESTILO ÁRABE
Hummus

450 g de garbanzos

8-10 cucharadas de tahina (crema de sésamo árabe que se vende en el comercio)

4 dientes de ajo picados

8-10 cucharadas de zumo de limón

pimentón picante

1 manojito de perejil

aceite de oliva extra virgen

sal

Para acompañar

pan árabe caliente

Lavar los garbanzos y ponerlos en remojo la víspera en agua fría durante 12 horas por lo menos. Escurrirlos, ponerlos en una cacerola grande de barro, cubrirlos con 3 dedos de agua y llevar a ebullición. Bajar la llama al mínimo, tapar parcialmente y cocer a fuego lento durante unos 3 horas hasta que los garbanzos estén muy tiernos. Salar al término de la cocción. Escurrirlos, conservando el líquido de la cocción. Reservar algunos como guarnición; pasar los restantes por el pasapuré de malla fina y recoger el puré en un cuenco.
Batiendo con una espátula, incorporar la tahina, el ajo y el zumo de limón, acidulando ulteriormente al gusto. Añadir un poco de líquido de cocción hasta obtener una crema muy suave. Rectificar de sal y verter el puré en una fuente de servir. Espolvorear con pimentón picante, adornar el centro con los garbanzos enteros y el manojito de perejil y regar alrededor con un hilillo de aceite. Colocar la fuente en el centro de la mesa en la cual se podrá servir todo el mundo, recogiendo el hummus con el pan árabe caliente.

ENSALADA DE JUDÍAS PINTAS Y ENDIBIAS ROJAS CON SALSA DE RÁBANOS SILVESTRES

500 g de judías pintas cocidas o en conserva

300 g de endibias rojas

1 cucharada de rábano silvestre rallado encurtido

1 cucharada de vinagre

5-6 cucharadas de aceite de oliva

sal y pimienta molida

Para acompañar

solomillo de ternera curado o carne asada de cerdo fría

Pelar la endibia roja, conservando en parte la raíz amarga, trocearla, lavarla y escurrirla. Escurrir las judías y mezclarlas con la endibia en un cuenco grande. En otro cuenco, disolver en el vinagre ¾ de cucharadita de sal, pimienta y rábano silvestre y, batiendo con una espátula, emulsionar el aceite, añadiéndolo poco a poco. Sazonar la ensalada, rectificar de sal y repartir en los cuencos o los platos hondos individuales. Resulta exquisita también para acompañar el solomillo curado de ternera cortado en finas lonchas y sazonado con un poco de aceite y pimienta o bien la carne asada de cerdo fría.

CREMA DE GUISANTES

450 g de guisantes secos descortezados

1 cebolla pequeña

1 zanahoria mediana

1 nervadura de apio

1 puerro (sólo la parte verde)

60 g de bacon magro

1 ramita de tomillo

1 hoja de laurel

4 ramitas de perejil

1,2 l de caldo de pollo (véase p. 72)

1 manojo de perifollo o de berros

1 dl de nata

2 cucharadas de aceite de oliva

sal y pimienta

Para acompañar

Picatostes fritos con mantequilla

Poner los guisantes en remojo en agua fría durante 2 horas y 30 minutos y, a continuación, enjuagarlos, escurrirlos y ponerlos en una olla con 7 dcl de agua.

Durante el remojo, picar no muy finos la cebolla, la zanahoria, el puerro y el bacon y rehogarlos a fuego lento en 2 cucharadas de aceite durante 15 minutos, removiendo a menudo. Añadir el sofrito a los guisantes junto con un manojito integrado por laurel, tomillo y perejil, llevar a ebullición, tapar parcialmente y cocer a fuego lento durante 40 minutos hasta que los guisantes estén tiernos. Eliminar el manojito y batir con una batidora de inmersión hasta obtener un puré espeso. Incorporar el caldo hirviente para alcanzar la consistencia deseada, rectificar de sal y pimienta y llevar a ebullición a fuego lento, removiendo a menudo.

Entre tanto, limpiar el perifollo o los berros, sumergirlo unos pocos segundos en agua salada en ebullición, escurrirlos, pasarlos bajo el grifo de agua fría, escurrirlos y reservarlos. Añadir la nata a la crema de guisantes, calentar unos segundos y retirar del fuego. Rectificar de sal e incorporar el perifollo o los berros junto con la mantequilla. Servir con picatostes aparte.

CREMA DE GUISANTES A LA HINDÚ*

Hara shorba

300 g de guisantes congelados

2 patatas cortadas en daditos

1 cebolla en daditos

60 g de hojas de espinacas

2 cucharaditas y ½ de semillas de comino

media cucharadita de semillas de cilantro

1 lámina de jengibre de 3 cm de grosor

1,3 l de caldo de pollo (véase p. 72)

2 cucharadas de cilantro fresco

medio pimientito verde picante picado

2 cucharadas de zumo de lima

6 hojas de menta

1,5 dl de nata

canela

sal y pimienta

Para adornar

hojas de cilantro

Pelar y preparar todas las verduras. Pulverizar las semillas de comino en la picadora y reservar media cucharadita. Añadir las semillas de cilantro y pulverizarlas. Pasarlas por el tamiz para eliminar los desperdicios del cilantro y reservar.
Poner en una olla las patatas, la cebolla, el jengibre, el cilantro, el comino en polvo y el caldo de pollo. Llevar a ebullición, tapar y cocer a fuego lento durante 20 minutos. Incorporar los guisantes, las espinacas, el cilantro fresco, la menta, el comino previamente reservado, el pimientito y 1 cucharadita de sal. Cocer con la olla tapada otros 25 minutos. Eliminar el jengibre y batir en la batidora hasta obtener una crema homogénea. Añadir la nata, rectificar de sal, acidular con el zumo de lima, y echar una pizca de canela y un poco de pimienta molida. Verter en los cuencos individuales, adornar con hojas de cilantro y servir en seguida.
Esta crema exótica de delicado sabor combina muy bien con una comida occidental.

MENESTRA DE GUISANTES Y ESPÁRRAGOS*

200 g de guisantes desgranados

150 g de puntas de espárragos

2 cebollinos

2 patatas nuevas

1 lechuga pequeña

1,2 l de caldo desgrasado

200 g de arroz

2 puñados de parmesano rallado

2 cucharadas de perejil picado

1 cucharada de aceite

35 g de mantequilla

sal y pimienta

Calentar el caldo y pelar las verduras. Cortar las puntas de espárragos en trocitos de 2 cm aproximadamente. Cortar el corazón de los cebollinos en rodajas finas. Pelar las patatas y cortarlas en daditos. Utilizar tan sólo el cogollo de la lechuga y cortarlo en chiffonade (véase p. 24).
Derretir 20 g de mantequilla y 1 cucharada de aceite en una olla de barro y rehogar los cebollinos. Incorporar los guisantes y la lechuga y dejarlos 1 minuto para que tomen sabor. Añadir el caldo, remover y llevar a ebullición. Cuando hierva, echar el arroz poco a poco y después las puntas de espárragos y las patatas. Tapar parcialmente, bajar un poco la llama y cocer durante 14-15 minutos hasta que el arroz esté cocido *al dente*. Añadir 2 puñados de parmesano, 15 g de mantequilla y 2 cucharadas de perejil picado. Rectificar de sal, pimentar y servir la menestra caliente, pero no hirviente.

MENESTRA DE ARROZ Y GUISANTES AL ESTILO VÉNETO
Risi e bisi

300 g de guisantes desgranados

50 g de bacon picado

1 cebollino cortado en rodajas

2 cucharadas y ½ de perejil picado

1,2 l de caldo hirviendo

200 g de arroz

60 g de mantequilla

2 cucharadas de aceite de oliva extra virgen

6 cucharadas de parmesano ralaldo

sal y pimienta

Calentar el caldo y preparar los ingredientes. En una cacerola grande de barro rehogar en 30 g de mantequilla y 2 cucharadas de aceite de oliva extra virgen el bacon con el cebollino y el perejil. Incorporar los guisantes, subir ligeramente la llama y dejar que tomen sabor durante 1 minuto, removiendo a menudo.
Añadir 2 cucharadas de caldo hirviendo, volver a bajar la llama, tapar y estofar a fuego lento durante unos 10 minutos. Verter el resto del caldo, llevar a ebullición, echar el arroz muy poco a poco sin dejar de remover y cocer a fuego moderado y con la olla destapada durante unos 14 minutos hasta que el arroz esté cocido *al dente*.
Retirar del fuego, sazonar con el resto de la mantequilla y 6 cucharadas de parmesano rallado. Rectificar de sal y pimienta y dejar en reposo 5 minutos antes de servir en cuencos individuales de barro. Deberá quedar una sopa espesa.

—•—

PURÉ DE JUDÍAS BLANCAS A LA NAPOLITANA*

500 g de judías blancas remojadas

1 cucharada de aceite de oliva extra virgen

media cucharadita de bicarbonato

sal

Para la salsa

1 diente grande de ajo majado

8 tomates de pera cortados y picados

½-1 pimientito rojo seco (opcional)

1 pizca de orégano

2 cucharadas de aceite de oliva extra virgen

sal y pimienta molida

Para adornar

Picatostes calientes

Poner en una olla grande de barro las judías blancas previamente remojadas en agua fría durante toda la noche y añadir agua fría hasta que las cubra 4 dedos junto con media cucharadita de bicarbonato.
Llevar a ebullición a fuego moderado, tapar parcialmente y cocer a fuego lento durante 1 hora y 30 minutos aproximadamente, espumando la superficie de vez en cuando y salando al término de la cocción.
Entre tanto, preparar la salsa. Calentar 2 cucharadas escasas de aceite, sofreír el ajo durante 1 minuto e incorporar los tomates frescos picados, el pimientito desmenuzado, un poco de sal y una pizca de orégano. Cocer durante 2-3 minutos y reservar.
Cuando las judías estén tiernas, pasarlas por el pasapuré. Rectificar de sal y repartir el puré en los platos hondos individuales; colocar en el centro de cada uno la salsa de tomate, regar con un poco de aceite, molerle encima abundante pimienta negra y adornar con los manojitos de albahaca. Servir el puré templado con picatostes calientes.

—•—

MENESTRA DE LECHE, JUDÍAS Y CALABAZA

100 g de judías pochas secas o bien una lata de judías pochas en conserva

500 g de calabaza

2 patatas grandes

1 litro de leche

100 g de arroz
1 cubito de caldo
media cucharada de azúcar
2 cucharadas de perejil picado
sal y pimienta blanca

Si se utilizan judías secas, ponerlas en remojo en agua fría durante 12 horas como mínimo. En el momento de guisarlas, escurrirlas, ponerlas en una cacerola de barro, cubrirlas con agua fría y cocerlas a fuego lento durante 45 minutos, salándolas al término de la cocción. Si, por el contrario, se usan judías en conserva, escurrirlas y utilizar tan sólo ¾.

Mientras se cuecen las judías, limpiar, pelar la calabaza y trocearla: deberán quedar 500 g. Pelar las patatas y cortarlas en trozos del mismo tamaño que los de la calabaza. Poner la calabaza y las patatas en una cacerola, añadir 9 dl de agua y 1 cucharadita de sal; tapar y cocer a fuego lento durante 40 minutos. Retirar del fuego y batir con la batidora de inmersión o, si no se dispone de ella, aplastar la calabaza y las patatas con el dorso de una cuchara de madera contra los bordes de la cacerola.

Incorporar 1 litro de leche y las judías y volver a poner sobre llama moderada. Cuando hierva la leche, añadir el arroz y el cubito de caldo, amalgamar, bajar la llama y cocer a fuego lento sin tapar durante 12-13 minutos, removiendo a menudo. Incorporar el azúcar al término de la cocción, rectificar de sal y pimentar ligeramente; la menestra deberá resultar espesa y cremosa, las judías deberán quedar enteras y el arroz *al dente*. Verter en los platos hondos individuales y espolvorear con perejil; dejar 10 minutos en reposo y servir.

MINESTRONE A LA MILANESA

500 g de guisantes tiernos desgranados
250 g de judías pintas desgranadas
500 g de tomates de pera troceados
3 patatas blancas grandes y peladas enteras
2 calabacines tiernos cortados a rodajas
2 nervaduras de apio cortadas en rodajas
2 zanahorias peladas y cortadas en rodajas
¼ de col rizada cortada en trozos grandes
50 g de tocino picado
1 diente de ajo picado
1 cebolla mediana picada
2 hojas de salvia picadas
algunas cortezas de tocino ben rascadas
100 g de bacon picado
10 hojas de albahaca picadas
200 g de arroz
parmesano rallado
aceite de oliva extra virgen
sal y pimienta

Receta para 6 personas. Preparar todas las verduras arriba indicadas. Picar conjuntamente el tocino, el ajo y el perejil. Cortar el bacon y las cortezas de tocino a la juliana. En una cacerola muy grande de barro, poner la picada de tocino, ajo y perejil junto con la cebolla, la salvia y el bacon. Sofreírlo todo a fuego moderado-bajo durante 15-20 minutos hasta que la cebolla se ablande y se dore ligeramente. Añadir todas las restantes verduras, excepto los guisantes y la col, incluidas las judías y la albahaca. Incorporar 3 litros de agua con 2 cucharaditas de sal marina y llevar a ebullición. Tapar, bajar la llama al mínimo y cocer a fuego lento durante 2 horas y 30 minutos, espumando la superficie de vez en cuando. Sacar las patatas, aplastarlas en un plato hondo con el dorso de un tenedor y volver a ponerlas en la olla. Añadir los guisantes tiernos y la col rizada y cocer durante 30 minutos más. Hasta esta fase, se puede preparar con un día de antelación y guardar en el frigorífico.

Destapar, llevar a ebullición y echar el arroz en una fina lluvia, removiendo con la cuchara de madera. Cocer con la olla destapada y a fuego mo-

derado durante 13-14 minutos hasta que el arroz quede *al dente*. Rectificar de sal y verter en los platos hondos individuales 5 minutos antes de llevarlos a la mesa, espolvoreando con abundante parmesano.
También resulta delicioso frío: en este caso, preparar la base del minestrone la víspera, dejarla en el frigorífico toda la noche, retirar la capa de grasa que se habrá formado en la superficie, antes de calentarla para cocer el arroz. Verterlo en los platos hondos individuales y dejarlo enfriar un par de horas antes de servir, sazonado con un hilillo de aceite extra virgen y una rociada de pimienta molida, y adornado con manojitos de albahaca.

—•—

SOPA DE MISO Y TOFU

Tofu no misoshiru

4 cucharadas de shiro miso (pasta fermentada de habas de soja claras)
1 cucharada de dashi no moto (caldo de pescado liofilizado)
1 pizca de ajinomoto o de glutamato monosódico
1 panecillo de tofu
corazón de medio puerro cortado a la juliana

Para acompañar

arroz al vapor (véase p. 126) y encurtidos japoneses, o zukemono

En una olla de barro preparar el caldo con 1 litro de agua, el dashi no moto y una pizca de ajinomoto, y llevar a ebullición. Bajar la llama. Poner el shiro miso en un cuenco y disolverlo cuidadosamente con una cucharonada del líquido preparado. Añadirlo al caldo, pasándolo por un colador y ejerciendo presión con el dorso de una cuchara de madera. Amalgamar a fuego lento durante un par de minutos, procurando que no se reanude el hervor, ya que el miso no debe hervir jamás.
Cortar el tofu en daditos, incorporarlos al caldo de miso, dejar que se calienten un par de minutos y retirar en seguida del fuego. Verter en los cuencos individuales, adornar con el puerro cortado a la juliana y servir en seguida, acompañado de arroz al vapor y encurtidos japoneses para una cena ligera, pero sustanciosa. (El miso posee un alto valor proteínico y contrarresta los efectos nocivos del tabaco.)

—•—

SOPA DE GARBANZOS Y ACELGAS

500 g de garbanzos
2,5 l de caldo
250 g de acelgas
1 cebolla pequeña
1 diente de ajo
1 zanahoria pequeña
1 nervadura de apio
2 cucharadas de harina
4 cucharadas de aceite de oliva extra virgen
bicarbonato
sal y pimienta negra

La víspera, poner los garbanzos en remojo en abundante agua fría con 1 cucharada de bicarbonato y dejarlos toda la noche. Enjugarlos con agua templada, escurrirlos y ponerlos en una olla de barro con el caldo. Tapar y cocer a fuego lento durante 1 hora y 30 minutos.
Pelar y lavar las acelgas, escurrirlas y cortarlas en tiras. Picar conjuntamente la cebolla, el ajo, la zanahoria y el apio y sofreírlos en 3 cucharadas de aceite durante 5 minutos en una cacerola grande hasta que se ablanden. Incorporar la harina y tostarla durante 1 minuto, removiendo con una cuchara de madera. Añadir las acelgas, mezclar y verter dos cucharonadas del agua de cocción de los garbanzos. Retirar del fuego, batir enérgicamente con una espátula para que no se formen

grumos y verter esta bechamel en la olla de los garbanzos. Amalgamar, tapar y cocer durante una hora más a fuego muy lento hasta que los garbanzos estén tiernos.

Sacar 5 cucharonadas y reservarlas en un cuenco. Pasar el resto por el pasapuré para obtener una crema homogénea. Volver a colocarla en la olla de barro, añadir los garbanzos previamente reservados rectificar de sal y pimentar. Servir la sopa no demasiado caliente en platos hondos individuales, sazonada con un poco de aceite de oliva extra virgen y una rociada de pimienta negra.

—•—

ARROZ CON JUDÍAS Y CALABAZA AL ESTILO DE BRIANZA

1 kg de judías blancas remojadas
1 kg de calabaza redonda (peso bruto)
2 cubitos de caldo
1 cebolla pequeña picada
70 g de mantequilla
500 g de arroz
1 dl de Martini dry
1,5 dl de leche
70 g de parmesano rallado
1 cucharada y media de perejil picado
sal y pimienta

Para 6 personas. La víspera se ponen en remojo las judías en agua fría y se dejan toda la noche. Después, se lavan, se escurren, se pelan una a una y se colocan en una olla de barro grande con 2 litros y medio de agua. Llevar a ebullición, bajar la llama, tapar parcialmente y cocer a fuego lento durante 1 hora.

Entre tanto, pelar la calabaza y cortarla en daditos. Al cabo de 1 hora de cocción, añadirla a las judías y cocer durante 1 hora más, aproximadamente, hasta que las judías estén muy tiernas. Batir con la batidora de inmersión. Se debería obtener un puré más bien líquido; alargarlo en caso necesario con un poco de agua, incorporar los 2 cubitos y llevar a ebullición a fuego lento, removiendo con una cuchara de madera.

En una cacerola grande, rehogar la cebolla en 30 g de mantequilla durante unos 10 minutos, incorporar el arroz, tostarlo 1 minuto y medio a llama moderada y echar el Martini. Dejar que se evapore por completo y añadir un par de cucharonadas de puré hirviendo de judías y calabaza. A medida que se vaya absorbiendo, añadir más cucharonadas, removiendo de vez en cuando. Al cabo de 10 minutos, añadir la leche caliente y amalgamarla. Proseguir la cocción otros 4 minutos aproximadamente hasta que el arroz esté cocido *al dente*, procurando que quede muy suave. Retirar en seguida del fuego, rectificar de sal, mezclar con unos 40 g de mantequilla y el queso parmesano, molerle encima un poco de pimienta, espolvorear con el perejil y servir.

El puré sobrante se podrá utilizar en la preparación de menestras de verduras.

—•—

ARROZ PRIMAVERA

100 g de guisantes finos desgranados
50 g (peso neto) de judías verdes
100 g de puntas de espárragos frescos
2 alcachofas
1 patata
1 zanahoria
3 tomates
1 lechuga
1 cebolla
1 tallo de apio verde
400 g de arroz
0,7 de Martini dry
1,5 litros de buen caldo
1 puñado de parmesano rallado

60 g de mantequilla

4 cucharadas de aceite de oliva

sal y pimienta

Receta para 6 personas. Poner a calentar el caldo, pelar y lavar las hortalizas. Cortar las judías en trozos de 1 cm y las puntas de los espárragos en trozos de aproximadamente 2 cm; trocear el corazón de las alcachofas, la patata, la zanahoria y los tomates pelados y cortados en daditos. Cortar el cogollo de la lechuga en chiffonade (véase p. 24) y picar conjuntamente la cebolla y el apio. En una cacerola ancha de bordes bajos calentar 4 cucharadas de aceite y 30 g de mantequilla y rehogar la cebolla y el apio picados. Incorporar todas las verduras excepto los guisantes y las puntas de espárragos. Rehogarlas a fuego lento durante unos 10 minutos, removiendo a menudo y añadiendo unas cuantas cucharadas de caldo hirviente. Añadir los guisantes y los espárragos, amalgamar y echar finalmente el arroz.
Subir la llama y dejar que se tueste el arroz durante 1 o 2 minutos a fuego moderado sin dejar de remover; verter el Martini. Dejar que se evapore y añadir a continuación un par de cucharonadas de caldo hirviente. Amalgamar y, añadiendo más caldo a medida que se evapore, cocer con la olla destapada a fuego vivo durante unos 14 minutos, removiendo de vez en cuando. Probar el arroz y, si fuera necesario, cocer durante 1 o 2 minutos más, procurando que quede muy suelto y *al dente*.
Retirar del fuego e incorporar 30 g de mantequillas y un puñado de parmesano. Rectificar del fuego e incorporar 30 g de mantequilla y 1 puñado de parmesano. Rectificar de sal, pimentar y servir.

PASTA Y GUISANTES A LA NAPOLITANA

300 g de guisantes desgranados

1 cebolla blanca pequeña picada

1 diente pequeño de ajo picado

2 lonchas de jamón crudo picadas

5 hojas de albahaca picadas

3 cucharadas de aceite de oliva

4 dl de caldo de carne (véase p. 38)

50 g de pasta troceada

parmesano rallado

sal y pimienta molida

Calentar abundante agua salada para cocer la pasta. Picar la cebolla con el ajo, el jamón y la albahaca. Rehogarlos en una cacerola de barro ancha y de bordes bajos en 3 cucharadas de aceite y a fuego lento durante unos 15 minutos y, a continuación, incorporar los guisantes y rehogarlos a fuego lento durante 5 minutos. Añadir el caldo y una pizca de sal, tapar y estofar durante unos 25 minutos, removiendo de vez en cuando.
Entre tanto, cocer la pasta y escurrirla muy al dente, procurando que coincidan los tiempos; conservar un poco de agua de cocción.
Añadirla a los guisantes y proseguir la cocción un par de minutos más, echándole un poco de agua de cocción para que la mezcla quede un poco caldosa. Rectificar de sal, molerle encima una buena cantidad de pimienta, incorporar el parmesano y dejar en reposo 5 minutos antes de servir.

PASTA Y JUDÍAS AL ESTILO VÉNETO CON ENSALADA DE ORUGA*

1 kg de judías pintas desgranadas

1 nervadura pequeña de apio verde

1 cebolla pequeña cortada en láminas

2 dientes de ajo

2 cubitos de caldo

150 g de pasta al huevo troceada

aceite de oliva extra virgen

sal y pimienta molida

Para la ensalada

6 manojitos de oruga tierna

aceite de oliva extra virgen

vinagre

salsa pili-pili (véase p. 113), opcional

sal y pimienta

Para acompañar

Picatostes calientes

Poner las judías en una olla grande y cubrirlas con 3 dedos de agua fría. Llevar a ebullición a fuego moderado, cocer a fuego lento con la olla destapada durante 15 minutos y escurrirlas. Volver a colocarlas en el recipinete de cocción, añadir 2 l de agua, el apio, la cebolla y el ajo y llevar nuevamente a ebullición. Bajar la llama al mínimo, tapar parcialmente y cocer a fuego lento durante unas 3 horas, espumando la superficie de vez en cuando. Hacia el final de la cocción, añadir los cubitos de caldo o, si se prefiere, sal y un poco de pimienta. Las judías deberán cocer muy despacio y quedar al final muy tiernas, pero no desehechas. Quitar el apio, reservar ⅓ de las judías y pasar las restantes por un pasapuré de malla fina. La preparación hasta esta fase de puede efectuar por adelantado.

Poco antes de llevar a la mesa, cocer la pasta muy *al dente* en abundante agua salada. Mezclar el puré de judías y las judías en la olla de barro, llevar de nuevo a ebullición a fuego lento, incorporar la pasta escurrida y terminar de cocer con la olla destapada durante 1 o 2 minutos más, removiendo a menudo. Rectificar de sal y dejar en reposo unos minutos mientras se prepara la ensalada. Limpiar, lavar y escurrir la oruga con mucho cuidado, ponerla en un cuenco de servir y aliñarla con un poco de aceite, vinagre en abundancia, sal y pimienta. Disolver en una escudilla 2 cucharaditas de pili-pili con un poco de aceite y una pizca de sal. Verter la pasta y las judías en los platos hondos individuales, procurando no llenarlos demasiado, regar con un poco de aceite de oliva extra virgen, molerle encima abundante pimienta negra y servir con la oruga que se podrá añadir al gusto y con la salsa pili-pili que deberá añadirse con prudencia siempre que a uno le guste el sabor picante. Acompañar con picatostes picantes.

JUDÍAS A LA CRIOLLA CON ARROZ Y BANANAS FRITAS

659 g de judías negras

1 cebolla mediana picada

1 diente de ajo picado

200 g de pimientitos verdes dulces picados

1 pimientito verde picante picado

3 cucharadas de aceite de oliva

sal y pimienta

Para el arroz

300 g de arroz largo vaporizado

8 dl de caldo de pollo (véase p. 72)

media cebolla

medio pimiento verde

1 dcl de vino blanco

45 g de mantequilla

2 cucharadas colmadas de cilantro picado

rajas de lima

Para las bananas fritas

5 bananas

harina

aceite de semillas

canela en polvo

Lavar las judías bajo el agua del grifo, escurrirlas y ponerlas en una cacerola grande de barro con 2 l de agua. Llevar a ebullición, tapar parcialmente, bajar la llama al mínimo y cocer a fuego lento durante 2 horas, removiendo de vez en cuando; salar al término de la cocción.

En una sartén grande calentar 3 cucharadas de aceite de oliva y sofreír la cebolla, el ajo y los pimientitos picados, removiendo a menudo durante unos 10 minutos. Salpimentar y añadir a las judías. Cocer a fuego lento otros 15-20 minutos hasta que las judías estén tiernas aunque sin perder la consistencia.

Entre tanto, preparar el arroz y las bananas fritas. Calentar el caldo. Pelar la cebolla y limpiar

el pimiento y rehogarlos a fuego lento en 30 g de mantequilla durante 5 minutos, hasta que se doren por todos los lados. Incorporar el arroz y tostarlo durante 1 minuto; echar el vino blanco, dejar que se evapore y añadir poco a poco el caldo hirviente. Tapar, bajar la llama al mínimo y cocer durante unos 15 minutos hasta que el arroz esté cocido *al dente* y el caldo se haya absorbido. Dejar en reposo 5 minutos antes de separar cuidadosamente el arroz con un tenedor y mezclarlo con el cilantro y 15 g de mantequilla blanda. Mientras se cuece el arroz, freír las bananas. Quitarles la piel, cortarlas longitudinalmente por la mitad y cortarlas después en trocitos de unos 4 cm. Pasarlas por la harina y sacudir el exceso. Calentar abundante aceite de semillas y freír las bananas a calor moderado (180 °C) durante unos minutos hasta que queden doradas y crujientes por todos los lados. Ponerlas a escurrir sobre papel de cocina y conservarlas calientes.
Echar el arroz en la fuente de servir caliente y disponer los trozos de banana alrededor; espolverear con un poco de canela. Servir en seguida con las judías en su cacerola, acompañado de rajas de lima, para acidularlo al gusto.

—•—

SOPA DE LENTEJAS A LA CAMPESINA

500 g de lentejas
1 tallo de apio verde
1 diente grande de ajo
3 o 4 hojas de salvia
4 filetes de anchoa
1 lata de 400 g de tomate picado
tostadas de pan
100 g de queso de oveja rallado
2 cucharadas de aceite de oliva extra virgen
15 g de mantequilla
sal

Para acompañar

ensalada verde mixta y rabanitos

Lavar cuidadosamente las lentejas bajo el grifo de agua fría y dejarlas en remojo 1 hora. Calentar 2 l de agua salada en una cacerola de barro y, cuando alcancen la ebullición, echar las lentejas y cocerlas durante 1 hora hasta que estén tiernas. Entre tanto, picar el apio, el ajo y la salvia y rehogarlos en el aceite y la mantequilla durante unos 10 minutos en una cazuelita preferiblemente de barro. Retirar del fuego, trocear los filetes de anchoa con el dorso de una cuchara de madera, añadirlos al sofrito y volver a poner la cazuelita sobre la llama. Incorporar el tomate picado y remover durante 5 minutos para que se consuma el jugo.
Sacar dos cucharonadas del agua de cocción de las lentejas para que el cocido quede más espeso. Incorporar el condimento a las lentejeas, amalgamarlo bien y llevar de nuevo a ebullición. Rectificar de sal. Disponer en los cuencos de barro individuales las tostadas de pan (hechas a la parrilla o doradas en aceite), cubrirlas con el queso de oveja y verterles encima la sopa. Servir en seguida con acompañamiento de ensalada verde mixta y rabanitos.

—•—

SOPA DE GARBANZOS A LA TOSCANA*

350 g de garbanzos
2 l de caldo
1 ramito de romero atado
2 dientes de ajo sin pelar
1 cucharada de concentrado de tomate
bicarbonato

Para el condimento

3 dientes de ajo majados

3-4 cucharadas de aceite de oliva extra virgen

1 pimiento rojo fresco picado

3 filetes de anchoa en aceite

½ lata de tomate troceado

sal y pimienta negra

Para acompañar

oruga

tostadas de pan

La víspera poner los garbanzos a remojar en agua fría con 1 cucharadita de bicarbonato. En el momento de cocinarlos, escurrirlos, enjuagarlos y ponerlos en una cacerola grande de barro con 2 l de caldo, el ramito de romero atado con un hilo blanco para que no se desmenuce durante la cocción, 2 dientes de ajo sin pelar y el concentrado de tomate.
Llevar a ebullición, espumar, destapar parcialmente y cocer a fuego lento durante unas 2 horas y 15 minutos hasta que los garbanzos estén tiernos. Sacar 4 cucharonadas y pasarlas por el pasapurés colocado directamente en la cazuela de barro. Eliminar el romero y el ajo. Rectificar de sal.
Poco antes de servir, calentar los garbanzos a fuego lento y preparar el condimento final. Rehogar a fuego lento los 3 dientes de ajo majados en 3-4 cucharadas de aceite junto con el pimientito en una sartén pequeña antiadherente durante 1 minuto, retirar del fuego y añadir los filetes de anchoa troceados con el dorso de la paleta de teflon. Incorporar el tomate troceado, mezclar bien y volver a poner sobre fuego moderado durante 3-4 minutos, removiendo a menudo para que se consuma el jugo.
Condimentar los garbanzos con esta mezcla, rectificar de sal y dejarlos en reposo 10 minutos antes de servirlos en los cuencos de barro individuales con una rociada de pimienta negra recién molida.
Hay que comerlos calientes, pero no hirviendo; acompañados por una ensalada de oruga y tostadas de pan, pueden servir como plato único.

GUISANTES Y CUAJADA A LA HINDÚ
Panir mater

450 g de guisantes descongelados

1 cebolla grande y 2 dientes de ajo picados

1 lámina de 2 cm de grosor de jengibre fresco picado

1 pimientito verde fresco picado

2 tomates grandes maduros troceados

1 cucharada de cilantro picado

1 cucharadita de semillas de comino

sal - aceite de semillas - azafrán

Para el panir (180 g aproximadamente)

2 litros de leche entera

1 cucharadita de sal

2 cucharadas de vinagre

Para acompañar

chapati (véase p. 81)

Preparar ante todo la cuajada o panir. En una cacerola grande, llevar a ebullición 2 l de leche. Salar, bajar ligeramente la llama y añadir poco a poco el vinagre, removiendo con una cuchara de madera hasta que la leche cuaje y se espese. Poner una gasa sobre un colador y echar la leche cuajada.
Recoger los extremos de la gasa, retorcerlos y estrujar hasta obtener una pelota de queso compacto y eliminar todo el líquido. Colocar el queso en un cuenco grande, aplanarlo con las manos y aplastarlo con unos pesos. Dejarlo en reposo un par de horas, escurrir el líquido que se habrá producido, desenvolver la gasa y depositar el queso sobre una tabla de madera. Con un cuchillo grande de cocina, cortarlo en daditos.
Mientras reposa el queso, se habrán preparado todas las verduras. Calentar 6 cucharadas de aceite en una sartén antiadherente y freír los daditos de panir a fuego medio, dándoles la vuelta con la paleta de teflon para que se doren por todos lados. Recogerlos con la paleta y ponerlos a escurrir sobre papel de cocina.

En una cacerola grande de bordes bajos calentar 3 cucharadas de aceite y rehogar la cebolla durante 15 minutos, removiendo a menudo. Cuando se empiece a dorar, añadir el jengibre y el pimientito y sofreír a fuego lento durante unos segundos. Incorporar el tomate troceado y los guisantes, salar, tapar y bajar la llama al mínimo. Estofar a fuego lento durante unos 20 minutos hasta que los guisantes estén tiernos, añadiendo un poco de agua en caso necesario. Echar los daditos de panir, cocer un par de minutos más y fuego muy lento para que se calienten y retirar en seguida del fuego. Rectificar de sal. Verter en la fuente de servir, espolvorear con cilandro y servir caliente con acompañamiento de chapati.

—•—

GUISANTES Y HUEVOS A LA MILANESA

300 g de guisantes desgranados

2 corazones de cebollinos en rodajas

30 g de mantequilla

1 loncha de jamón cocido de ½ cm de grosor

1,5 dl de caldo

4 huevos

sal y pimienta

Para acompañar

puré de patatas muselina

Rehogar los cebollinos durante 10 minutos en mantequilla en una sartén grande antiadherente. Picar en trozos gruesos el jamón, incluyendo la grasa, y rehogarlo a fuego lento, removiendo durante 1 minuto. Incorporar los guisantes, el caldo y un apizca de sal y pimienta. Tapar y estofar a fuego lento durante 25 minutos hasta que los guisantes estén tiernos. Rectificar de sal y pimienta y dejar evaporar el exceso de líquido, removiendo a fuego moderado durante unos cuantos segundos.

Formar con el dorso de una cuchara de madera 4 huecos a distancias regulares y romper los huevos en su interior. Salpimentarlos, bajar la llama al mínimo y cocer los huevos durante 2-3 minutos hasta que la clara se condense por completo. Servir en seguida con acompañamiento de puré de patatas muselina.

—•—

FLAN DE GUISANTES CON MUSELINA DE BERENJENAS*

100 g de guisantes congelados

1 chalote pequeño picado

mantequilla

2 hojas de albahaca

1,5 dl de caldo

2 yemas de huevo

2 huevos enteros

1,5 dl de nata

1,5 dl de leche

40 g de parmesano rallado

nuez moscada

sal y pimienta

Para la salsa de berenjenas

2 berenjenas medianas (600 g aproximadamente)

2 tomates grandes maduros troceados

6 hojas de albahaca

2 cucharadas de zumo de limón

6 cucharadas de aceite de oliva

½ diente de ajo

½ pimientito rojo seco

sal y pimienta

Para adornar

manojitos de albahaca

Para acompañar

judías verdes con bacon crujiente *(véase p. 236)*

Precalentar el horno a 200 °C. Cocer las berenjenas tal como están durante 25-30 minutos, dándoles la vuelta a media cocción.
Entre tanto, cocer los guisantes. En una cacerola pequeña, rehogar el chalote en 15 g de mantequilla durante 10 minutos y, a continuación, añadir los guisantes, la albahaca y el caldo. Tapar y cocer a fuego lento durante 25 minutos, añadiendo un poco de caldo si fuera necesario, hasta que los guisantes estén muy tiernos. Rectificar de sal y pimentar; remover a fuego moderado hasta que el líquido se evapore por completo. Echar en un pasapurés de malla fina y recoger el puré en un cuenco. Cuando las berenjenas estén asadas, ponerlas a enfriar y bajar la temperatura del horno a 180° C. Untar cuidadosamente con mantequilla 4 moldes individuales de 2 dl de capacidad o 6 moldes de 1,4 dl de capacidad y calentar agua para la cocción en el horno al baño María. Batir brevemente en un cuenco las 2 yemas de huevo con los 2 huevos enteros y una pizca de sal, pimienta y nuez moscada. Incorporar la nata, la leche, el puré de guisantes y el queso parmesano. Rectificar de sal y pimienta y echar en los moldes. Poner los moldes en una cacerola, echar agua hirviente en la cacerola hasta ⅔ de altura de los moldes y cocer en el horno durante 30 minutos.
Entre tanto, preparar la salsa de berenjenas. Pelar las berenjenas, cortarlas en cuartos longitudinales, eliminar las semillas y trocear la pulpa. Ponerla en la batidora con los tomates troceados, 6 hojas de albahaca, el zumo de limón, ¾ de cucharadita de café de sal, un poco de pimienta molida, el aceite de oliva, el ajo y el pimiento. Batir a alta velocidad hasta obtener una crema homogénea bastante espesa. Rectificar de sal y pimienta y recoger el puré en un cuenco. (Para los flanes será suficiente la mitad: lo que sobre se podrá guardar en el frigorífico y usar como exquisita salsa para mojar crakers de sésamo como acompañamiento de aperitivo).
Cuando los flanes estén cocidos, dejarlos en reposo unos minutos, separarlos de los bordes, introduciendo alrededor la hoja de un cuchillo y vaciarlos directamente sobre los platos calientes individuales. Verter a su lado un poco de salsa de berenjenas y adornar con manojitos de albahaca. Acompañar con judías verdes con bacon crujiente.

CAZUELA DE LEGUMBRES Y ALCACHOFAS A LA ROMANA

150 g de guisantes desgranados
200 g de habas desgranadas
6 alcachofas
1 limón
1 cogollo de lechuga
1 cebolla mediana
1 diente de ajo
1 ramita de tomillo
4 cucharadas de aceite de oliva extra virgen
sal y pimienta

Para acompañar

pan rústico

Desgranar los guisantes y las habas. Pelar las alcachofas, eliminar las hojas exteriores y cortarlas hasta ¾ y después en cuartos lontigudinales. Limpiarlas por dentro. Lavarlas bajo el grifo de agua fría, cortarlas en láminas longitudinales y sumergirlas en un cuenco de agua fría acidulada con unas gotas de limón.
Pelar y lavar la lechuga y cortarla en chiffonade (véase. p. 24).
Cortar la cebolla en cuartos longitudinalmente y subdividirla después en finas láminas.
Escurrir las alcachofas y ponerlas en una cazuela grande y de bordes bajos preferentemente de barro junto con las demás hortalizas, añadiendo el diente de ajo majado y la ramita de tomillo.
Salpimentar. Regar con 1,5 dl de agua y 4 cucharadas de aceite.
Llevar a ebullición a fuego moderado, tapar, bajar la llama y cocer a fuego lento durante unos 15 minutos hasta que las verduras estén tiernas y bien amalgamadas sin perder su consistencia. Rectificar de sal y pimienta y dejar en reposo con la cazuela destapada.
Servir a temperatura moderada con pan rústico.

BRASEADO DE GUISANTES FINOS, ALCACHOFAS Y LECHUGA

300 g de guisantes finos tiernos desgranados
2 lechugas
1 limón
6 alcachofas tiernas
1 cebolla pequeña picada
1 ramita de tomillo
2 dcl de caldo
1 cucharada colmada de perejil picado
20 g de mantequilla
2 cucharadas de aceite de oliva
sal y pimienta
Para acompañar
mozzarella sazonada con aceite de oliva, albahaca, sal y pimienta

Precalentar el horno a 160 °C. Pelar las lechugas eliminando las hojas exteriores, lavarlas, escurrirlas y cortarlas en chiffonade (véase p. 24). Preparar un cuenco lleno hasta la mitad de su capacidad con agua acidulada con el zumo de limón. Pelar las alcachofas, conservando tan sólo la parte tierna, cortarlas en gajos y, a medida que estén listas, sumergirlas en el agua acidulada para que no se oscurezcan.
En una cacerola grande y baja con tapa, resistente al horno, sofreír la cebolla en 20 g de mantequilla y 2 cucharadas de aceite junto con la ramita de tomillo durante unos diez minutos, removiendo a menudo. Añadir las alcachofas bien escurridas, subir ligeramente la llama y rehogarlas 15 minutos. Incorporar los guisantes finos, salpimentar y cocer a fuego lento durante 5 minutos. Si los guisantes son congelados, tapar la cacerola y prolongar la cocción hasta que se hayan descongelado por completo. Añadir las lechugas cortadas en tiras y el caldo, tapar y cocer durante aproximadamente 1 hora en el horno precalentado; rectificar de sal y traspasar a la fuente de servir caliente, espolvorear con perejil y servir con acompañamiento de mozzarella cortada en lonchas y aliñada con aceite, sal y pimienta molida y adornada con unas cuantas hojitas de albahaca.

GUISANTES MOLLARES Y GAMBAS A LA CANTONESA

500 g de guisantes mollares
500 g de colas de gambas
1,5 de fumet de mariscos (véase p. 38)
1 lámina de jengibre de 2 cm de grosor, picada
4 cucharadas de harina
4 corazones de cebollinos en segmentos
1 diente de ajo majado
0,6 dl de Martini dry o de saké
6 cucharadas de aceite de semillas
sal
Para acompañar
arroz a la cantonesa
sopa de brotes de bambú y puntas de espárragos (véase p. 118)

Pelar las gambas; con un cuchillo pequeño, practicar una fina incisión hacia el final de la cola, alcanzar los intestinos con un palillo y tirar de ellos con cuidado, procurando no romperlos. Colocar las colas limpias en un cuenco y añadir 1 cucharadita de sal y el jengibre bien picado, mezclando con las manos. Dejar en adobo 30 minutos y, también con las manos, amalgamar delicadamente la harina.
Durante el adobo, calentar abundante agua salada para los guisantes mollares; pelarlos tal como se describe en la p. 22, escurrirlos y sumergirlos 2 minutos en agua hirviente. Escurrirlos, pasarlos bajo el grifo de agua fría y escurrirlos nuevamente con cuidado. Cortar el corazón de los cebollinos primero en trozos de 3-4 cm y después

a la juliana (véase p. 24) en sentido longitudinal. Calentar 3 cucharadas de aceite en un wok y, cuando esté caliente, saltear el diente de ajo con los guisantes mollares durante 3-4 minutos, levantándolos con la paleta y procurando que no se deshagan. Recogerlos con una espumadera y colocarlos en una fuente caliente.
Añadir 3 cucharadas más de aceite al wok y saltear los cebollinos durante 1 minuto. Incorporar las colas de gambas, sacudiéndolas para eliminar el exceso de harina, y saltearlas un par de minutos. Apagar con el Martini, regar con media cucharonada de fumet de mariscos, bajar la llama y añadir los guisantes mollares, levantándolos con la paleta. Cocer a fuego lento unos segundos, retirar en seguida del fuego y servir con acompañamiento de arroz a la cantonesa, sopa de brotes de bambú y puntas de espárragos.

—•—

FRIJOLES CON HUEVOS RANCHEROS A LA MEXICANA*

400 g de frijoles rojos mexicanos secos
1 cebolla pequeña picada
300 g de tomates picados
1-2 pimientitos rojos frescos picados
1 diente pequeño de ajo picado
20 g de mantequilla
2 cucharadas de aceite de oliva
sal y pimienta

Para los huevos rancheros

1 cebolla mediana picada no muy fina
un pimientito verde fresco picado
300 g de tomate picado
4 huevos
2 cucharadas de aceite de oliva
sal y pimienta

Para acompañar

1 aguacate maduro cortado en gajos
trozos de tortilla

Lavar los frijoles en un cuenco bajo el agua del grifo. Escurrirlos y colocarlos en una cacerola grande de barro con 1,5 l de agua, la mitad de la cebolla, 4 cucharadas de tomate picado y el pimientito, y llevar a ebullición. Espumar la superficie, bajar la llama, tapar parcialmente y cocer a fuego lento durante 2 horas y 30 minutos, removiendo de vez en cuando. Salpimentar.
En una cacerola grande y baja, sofreír la cebolla restante con el ajo en 20 g de mantequilla y 2 cucharadas de aceite durante 10 minutos. Subir la llama, echar el tomate picado restante con un poco de sal y cocer a fuego vivo durante 3 minutos. Incorporar una cucharonada de frijoles y aplastarlos con el dorso de un tenedor. Amalgamar bien, añadir otra cucharonada y aplastarla, prosiguiendo el procedimiento hasta que se terminen los frijoles. Mezclar los frijoles aplastados durante unos minutos hasta obtener una pasta compacta. Tapar y conservar caliente.
Preparar los huevos rancheros. En una sartén grande antiadherente, rehogar la cebolla y el pimientito picado en 2 cucharadas de aceite. Añadir 300 g de tomate picado, salpimentar y cocer a fuego vivo durante 2-3 minutos. Hacer 4 huecos con el dorso de una cuchara de madera y romper los huevos en su interior. Salpimentarlos, bajar la llama y cocerlos a fuego lento durante 2-3 minutos hasta que la clara se condense por completo.
Servir, adornando la fuente con gajos de aguacate y trocitos de tortilla acompañados de frijoles.

—•—

JUDÍAS BLANCAS REDONDAS EN ENSALADA

500 g de judías blancas redondas desgranadas
1 cebolla pequeña
1 zanahoria

1 ramito de romero atado

2 hojas de laurel

1 loncha gruesa de bacon magro

1 cucharada de perejil picado

aceite de oliva

vinagre

sal y pimienta en grano

Para acompañar

pan rústico

ensalada de achicoria y tomates

Desgranar, lavar y escurrir las judías (si se usan secas, ponerlas en remojo la víspera y dejarlas toda la noche). Colocarlas en una olla de barro con 1 cebolla pequeña, 1 zanahoria, 1 ramito de romero atado y 2 hojas de laurel. Incorporar unos cuantos granos de pimienta en el bacon troceado. Cubrir con agua fría y llevar a ebullición. Espumar, tapar parcialmente y cocer a fuego lento durante 2 horas aproximadamente, removiendo de vez en cuando hasta que las judías estén tiernas. Salarlas al término de la cocción.
Recogerlas con un cucharón sin escurrirlas demasiado para que no queden demasiado secas y distribuirlas en las escudillas de barro o los platos hondos individuales. Espolvorear con perejil picado, regar con un poco de aceite y moler por encima una buena cantidad de pimienta. Servirlas templadas con pan rústico y una ensalada de achicoria en chiffonade (véase p. 24) y tomates.

PASTEL DE JUDÍAS VERDES Y PATATAS A LA GENOVESA*

450 g de judías verdes congeladas

500 g de patatas rojas

1 cebolla grande picada

2 huevos

50 g de parmesano rallado

1 cucharadita colmada de hojas de mejorana picada

1 diente de ajo picado

60 g de mortadela en lonchas

50 g de mantequilla

2 cucharadas de aceite de oliva

pan rallado

nuez moscada

sal y pimienta

Para acompañar

ensalada de achicoria

tomates con salsa a la vinagreta (véase p. 35)

Lavar las patatas bajo el agua del grifo y cocerlas en la olla de cocción al vapor durante 30-40 minutos. Hervir las judías verdes en agua salada durante 20-25 minutos hasta que estén muy tiernas. Precalentar el horno a 200 °C. Sofreír la cebolla en 30 g de mantequilla y la cucharada de aceite durante 20-25 minutos, removiendo a menudo hasta que se ablande y empiece a dorarse. Pelar las patatas todavía calientes y pasarlas dos veces por el aplastapatatas, recogiendo el puré en un cuenco grande. Escurrir las judías, aplastarlas con el dorso de una cuchara de madera para eliminar toda el agua y reducirlas a puré en la picadora. Mezclarlas con el puré de patatas junto con los huevos y la cebolla. Pasar por la picadora el parmesano con la mejorana, el ajo y la mortadela hasta obtener una pasta y mezclarlo todo con el puré. Sazonar con sal, pimienta y nuez moscada.
Untar con aceite una fuente redonda de horno de 4 cm de altura y unos 24 cm de diámetro y espolvorearla con pan rallado. Echar la mezcla y extenderla en una capa uniforme. Espolvorear la superficie con pan rallado, salpicar con copitos de mantequilla y cocer durante 10 minutos en el horno, encendiendo el grill en los últimos minutos para que se forme una fina costra dorada en la superficie. Dejar en reposo unos minutos antes de servir con el tradicional acompañamiento de ensalada de achicoria cortada en chiffonade (véase p. 24) y tomates con salsa a la vinagreta.

JUDÍAS DE CARETA CON JAMÓN Y TOMATE

400 g de judías blancas secas
1 ramita de romero atada
1 diente de ajo sin pelar
2 cebollinos picados
1 diente pequeño de ajo picado
100 g de jamón cocido con su grasa
2 cucharadas de albahaca picada
2 cucharadas de perejil picado
500 g de tomates frescos troceados y picados
2 cucharadas de aceite de oliva
sal y pimienta
Para acompañar
quesitos frescos
pan rústico

Lavar las judías secas, escurrirlas y ponerlas en una olla grande de barro. Cubrirlas con 3 dedos de agua fría, llevar a ebullición y cocer a fuego moderado durante 2-3 minutos. Escurrirlas, pasarlas bajo el grifo de agua fría, volverlas a colocar en la olla de barro y cubrirlas de nuevo con 3 dedos de agua. Añadir el ramito de romero y el diente de ajo sin pelar y llevar nuevamente a ebullición. Bajar la llama, tapar parcialmente y cocer a fuego lento durante unas 2 horas, hasta que las judías estén cocidas; salar hacia el término de la cocción.

Entre tanto, preparar el condimento. En una cazuela de barro calentar 2 cucharadas de aceite y sofreír a fuego lento los cebollinos, el ajo y el jamón, removiendo a menudo durante 10 minutos. Añadir la mitad de la albahaca y la mitad del perejil y rehogar unos segundos. Añadir los tomates frescos picados con un poco de sal y pimienta. Subir la llama y dejar que espese la salsa a fuego moderado durante unos 15 minutos, removiendo a menudo. Reservar.

Escurrir las judías, conservando una parte del agua de cocción. Volver a colocarlas en la olla con media cucharonada de su agua e incorporar la salsa de tomate. Mezclar a fuego muy lento durante unos minutos para que tomen sabor, añadiendo un poco más de agua de cocción si fuera necesario. Rectificar de sal y pimienta y dejar en reposo 10 minutos antes de servir con acompañamiento de quesitos frescos y pan rústico.

CAZUELA DE GARBANZOS, BERENJENAS Y TOMATES AL ESTILO ÁRABE

300 g de garbanzos secos
2 berenjenas grandes
3 cebollas
1 kg de tomates maduros
bicarbonato
aceite de oliva ligero
sal y pimienta
Para acompañar
pan árabe o pitta griego

Receta para 6 personas. La víspera, poner en remojo los garbanzos en abundante agua fría y dejarlos toda la noche. Enjuagarlos, escurrirlos y ponerlos en una cazuela grande de barro, cubriéndolos con agua y añadiendo una pizca de bicarbonato. Llevar a ebullición a fuego vivo, bajar la llama al mínimo, tapar la cazuela, dejando sin embargo una pequeña rendija, y cocer a fuego lento durante 2 horas, añadiendo un poco de agua hirviendo en caso necesario. Salar hacia el término de la cocción. Escurrir los garbanzos y reservarlos.

Precalentar el horno a 180 °C. Pelar parcialmente las berenjenas, cortarlas en cuartos longitudinales y después en trozos de unos 4 cm. Calentar un dedo de aceite en una sartén antiadherente y

freír las berenjenas, echando en la sartén pocos trozos a la vez y dejando que se doren durante unos minutos por ambos lados a fuego moderado. Sacarlas con la paleta de teflon y ponerlas a escurrir sobre papel de cocina. Salpimentarlas.
Cortar las cebollas en cuartos y después en finas láminas. Sofreírlas a fuego lento durante unos 10 minutos en el aceite que haya quedado en la sartén, hasta que se ablanden y se doren ligeramente. Retirar del fuego.
Introducir los tomates en agua hirviendo durante 10 segundos, pelarlos, cortarlos en cuartos y eliminar las semillas. Picarlos no muy finos, ponerlos en un cuenco y salpimentarlos.
Poner las berenjenas en una fuente de horno o una fuente de vidrio resistente al calor, distribuyéndolas en una sola capa. Echarles por encima las cebollas, salpimentar ligeramente, echar los garbanzos y finalmente los tomates. Verter 3 dcl de agua y poner la fuente sobre la llama al mínimo. Llevar a ebullición y colocarla en el horno. Cocer durante unos 45 minutos, hasta que las verduras estén bien amalgamadas y muy tiernas. Servir templado con acompañamiento de pan árabe o pitta griego.

CROQUETAS DE GARBANZOS A LA GRIEGA*
Pittarúdia

200 g de garbanzos remojados
425 g de pulpa de tomate
1 cebolla pequeña picada
1 cucharada y media de comino en polvo
1 cucharada y media de menta seca
1 cucharadita de café de pimienta molida
120 g de harina
1 cucharadita de levadura en polvo
4 cucharadas de pan rallado fresco
1 cucharadita y media de perejil picado
aceite de oliva fino
sal

Para acompañar

cacik (*véase p. 149*)
pan griego pitta caliente

La víspera poner en remojo los garbanzos en agua fría y dejarlos por lo menos 12 horas. Escurrirlos muy bien y picarlos más bien gruesos en la picadora. Pasarlos a un cuenco y añadir el tomate picado, la cebolla picada, el comino, la menta, la pimienta y 1 cucharadita de sal. Tamizarle encima la harina y la levadura e incorporar el pan rallado y el perejil. La pasta deberá quedar muy suave. Rectificar de sal y dejar en reposo 30 minutos antes de proceder a la fritura.
Entre tanto, preparar unos pepinos con yogur o un cacik y poner en el frigorífico.
Calentar abundante aceite de oliva en un wok a 180° C y, con una cuchara grande, echar en el aceite muy caliente unas cuantas cucharadas de pasta a la vez, bien distanciadas unas de otras; al cabo de 1 minuto, dar la vuelta a las croquetas con la paleta. Freírlas a fuego lento hasta que estén doradas y crujientes. Ponerlas a escurrir sobre papel de cocina y conservarlas calientes mientras se fríen las demás. Servir en seguida con el cacik fresco y el pan pitta caliente. (Es posible que las pittarudia deriven de las pakoras).

BUÑUELOS DE LENTEJAS Y GUISANTES

180 g de moong dal (lentejas amarillas indias descortezadas)
3 pimientitos verdes dulces picados
1 pimientito verde fresco picante picado
una cucharadita de levadura en polvo
3 cucharadas de yogur

1 lámina fina de jengibre picada

100 g de guisantes cocidos

ghee o mantequilla clarificada (véase p. 37)

1 cucharadita de semillas de comino

2 cucharadas de cilantro picado

3 cucharadas de aceite de semillas

sal y pimienta

Para acompañar

chutney de cilantro (véase p. 211)

Lavar las lentejas y dejarlas en remojo en agua fría durante toda la noche. Escurrirlas y batirlas con 3 pimientitos dulces y seis cucharadas de agua hasta obtener una pasta suave. Añadir la levadura, el yogur y un poco de sal, y reservar. Preparar el relleno de guisantes. Aplastarlos con el tenedor. Picar conjuntamente el jengibre, los 2 pimientillos dulces y el pimientito picante. Calentar 1 cucharada y ½ de ghee en una sartén pequeña y saltear las semillas de comino unos segundos. Incorporar los pimientitos, rehogarlos durante 1 minuto, añadir los guisantes aplastados y un poco de sal y remover a fuego lento durante 1 minuto. Echar el cilantro y retirar del fuego. Calentar 4 cucharadas de aceite en una freidora y, cuando esté caliente, echar 2 o 3 cucharadas grandes de pasta y extenderlas con la paleta hasta formar unas crêpes redondas de unos 4 cm de diámetro. Colocar en el centro de cada una un poco de relleno. Cocerlas a fuego moderado un par de minutos, darles la vuelta con la paleta y cocerlas por el otro lado durante aproximadamente 1 minuto. Ponerlas a escurrir sobre papel de cocina y conservarlas calientes. Servirlas calientes con chutney de cilantro.

—•—

LENTEJAS ROSADAS CON ARROZ A LA HINDÚ

200 g de lentejas rosadas del Nilo, descortezadas

3 laminitas de jengibre fresco

1 cucharadita de café de cúrcuma

1 cucharadita de semillas de cilantro

3 cucharadas de ghee o mantequilla clarificada (véase p. 37)

1 cucharadita de semilla de comino

2 cucharadas de cilantro picado

media cucharadita de guindilla en polvo

sal

Para el arroz a la hindú

300 g de arroz Basmati

1 cucharada de mantequilla

sal

Para el condimento de azafrán

media cucharadita de hebras de azafrán

4 cucharadas de ghee

Para acompañar

chapati (véase p. 81)

lassi (bebida de yogur natural batido con agua helada y una pizca de sal)

Medir el arroz por volumen y preparar 1,3 partes de agua (aproximadamente 3,9 dcl) para cocerlo después. Lavarlo bajo el grifo de agua fría hasta que el agua salga limpia. Escurrirlo, ponerlo en un cuenco, cubrirlo con agua fría y dejarlo en remojo 20 minutos antes de escurrirlo de nuevo. Pasarlo a una cacerola de triple fondo con el agua previamente medida, media cucharadita de sal y la mantequilla; tapar herméticamente y cocer a fuego muy lento durante unos 20 minutos hasta que el agua se absorba por completo y el arroz quede blando, pero sin perder la consistencia. Durante el remojo y la cocción del arroz, preparar las lentejas. Lavarlas cuidadosamente varias veces con agua fría y escurrirlas. Ponerlas en una olla de barro con 7 dl de agua, y llevar a ebullición. Espumar la superficie. Incorporar las laminitas de jengibre y amalgamar la cúrcuma. Bajar la llama, tapar parcialmente y cocer a fuego lento durante 20 minutos hasta que las lentejas estén blandas, removiendo de vez en cuando para que no se peguen al fondo. Eliminar el jengibre, salar ligeramente y retirar del fuego.

Pulverizar las semillas de cilantro y pasarlas por el tamiz para eliminar los desperdicios. Calentar en una olla pequeña 3 cucharadas de ghee y saltear las semillas de comino durante unos segundos. Añadir el cilantro fresco picado y la guindilla en polvo, mezclar y condimentar las lentejas. Rectificar de sal, colocar en la fuente de servir y espolvorear con cilantro.
Preparar el condimento de azafrán. Disolver las hebras de azafrán en 1 cucharada de agua hirviente; calentar 4 cucharadas de ghee, añadirles el azafrán con su agua y regar el arroz en el cuenco de servir. Servir en seguida con chapati y el lassi.

PURÉ DE JUDÍAS EN BLANCO

600 g de judías pintas secas

1 ramito de romero atado

1 diente de ajo sin pelar

sal

Para el condimento

1,5 dl de nata

30 g de mantequilla

sal y pimienta

Para acompañar

ensalada de oruga y tomate

picatostes

Cocer las judías con el sistema rápido sin remojar tal como se describe en la página. Escurrirlas, conservando una parte del agua de cocción, y pasarlas por el pasapurés de malla fina. Volver a poner el puré en la olla de barro y, si fuera demasiado espeso, añadirle unas cuantas cucharadas del agua de cocción. Llevar a ebullición a fuego muy lento, removiendo sin cesar con la cuchara de madera, y incorporar la nata poco a poco. Seguir removiendo un minuto para que espese el puré; retirar del fuego. Rectificar de sal, pimentar y amalgamar la mantequilla cruda.
Servir en seguida con picatostes y una ensalada de oruga y tomate.

PURÉ DE FRIJOLES AL PILI-PILI

600 g de frijoles mexicanos remojados

1 lámina de jengibre fresco sin pelar

sal

Para el condimento

4 dientes de ajo cortados en finas láminas

5 cucharadas de aceite de oliva

2 tomates de pera cortados en daditos

1 cucharadita de pili-pili (véase p. 113)

1 cucharada y media de cilantro picado

sal y pimienta

Para acompañar

ensalada de oruga

pan pitta griego caliente

Hervir los frijoles como se describe en la página, añadiendo tan sólo una lámina gruesa de jengibre con piel; salar hacia el término de la cocción. Escurrir los frijoles, conservando una parte de su caldo. Pasarlos por un pasapurés de malla fina y recoger el puré en la olla de barro, añadiendo un poco de agua de cocción para aclararlo. Reservar y preparar el condimento picante. Pelar los dientes de ajo y cortarlos en laminitas de 2 mm de grosor. Blanquearlos durante 2 segundos en un poco de agua salada en ebullición, escurrirlos inmeditamente y pasarlos bajo el grifo de agua fría; tamponarlos con papel de cocina.
En una cazuela de barro calentar el aceite y rehogar las laminitas de ajo a fuego lento durante

unos 10 minutos hasta que empiecen a dorarse. Subir ligeramente la llama y saltear los daditos de tomate durante algo más de 1 minuto. Salar y retirar del fuego: mezclar con el pili-pili y conservar caliente.
Calentar el puré, removiendo a fuego lento con una cuchara de madera y llevar a ebullición. Rectificar de sal y pimienta y verterlo en los cuencos individuales. Regar con el condimento picante, repartiendo equitativamente las laminitas de ajo, espolvorear con cilantro y servir con pan pitta griego caliente y ensalada de oruga.

—•—

HABAS CON NATA

600 g de habas desgranadas

1 diente de ajo majado

2,5 dl de nata

30 g de mantequilla

sal y pimienta

Para acompañar

queso Brie

pan francés caliente

vino nuevo

Calentar abundante agua salada. Cuando alcance la ebullición, echar las habas y cocerlas a fuego lento y con la olla destapada durante 10 minutos. Escurrirlas, pasarlas bajo el grifo de agua fría y, a continuación, pelarlas una por una.
Calentar la mantequilla con el diente de ajo en una cacerola grande de bordes bajos y echarle las habas para que tomen sabor durante un par de minutos. Incorporar la nata y reducirla a fuego moderado con la cacerola destapada durante 2 o 3 minutos hasta que adquiera una consistencia cremosa. Rectificar de sal, pimentar y servir en seguida en platos calientes con acompañamiento de queso Brie, pan francés caliente y crujiente y un bueno vino nuevo.

ARROZ SALTEADO A LA JAPONESA CON GUISANTES Y VERDURAS*
Yakimeshi

60 g de guisantes hervidos

2 corazones de cebollinos en rodajas

½-1 pimientito verde fresco picante en rodajas

1 zanahoria pequeña cortada en daditos

½ pimiento rojo cortado en daditos

1 pepino pequeño

1 huevo

¼ de cucharadita de dashi no moto

100 g de carnes cocidas cortadas en daditos

280 g de arroz al vapor (véase p. 126)

1 pizca de azúcar

4 cucharadas de aceite de semillas

sal

Para acompañar

sopa de miso y wakame

La víspera cocer el arroz, ponerlo en el frigorífico y sacarlo 30 minutos antes de usarlo.
Preparar las verduras: cortar la piel del pepino con un grosor de ½ cm aproximado y reducirla a daditos, utilizando el resto para otras preparaciones.
Batir el huevo en un cuenco con ¼ de cucharadita escasa de dashi no moto (caldo de pescado liofilizado, sustituíble por un poco de cubito de caldo desmenuzado), 2 cucharadas de agua y pizca de azúcar y sal.
Calentar 1 cucharadita de aceite en una sartén antiadherente y hacer una tortilla delgada a fuego lento para que no se dore. Extenderla sobre una tabla de madera, dejarla enfriar y picarla muy fina. Recogerla en un cuenco y reservarla para mezclarla con el arroz en el último momento.
Calentar en el wok el aceite restante y saltear a fuego vivo todas las verduras y la carne durante un par de minutos, removiendo con la paleta para que no se quemen. Salar ligeramente e incorporar el arroz frío. Bajar la llama y removerlo con

la paleta para eliminar los grumos y amalgamarlo con las verduras, mezclando durante 3 minutos hasta que se caliente. Añadir 1 cucharadita de sal y almalgamar la tortilla desmenuzada.
Retirar del fuego, rectificar de sal (la mezcla deberá resultar más bien insípida para realzar el sabor y el frescor de las verduras). Servir como acompañamiento de una sopa de miso y wakama.

PURÉ DE GUISANTES Y PATATAS

350 g de guisantes congelados
2 patatas medianas
1 chalote picado
3 hojas de albahaca
6 dcl de caldo
1 yema de huevo
½ diente de ajo picado
40 g de parmesano
2 cucharadas de aceite de oliva
nuez moscada
sal y pimienta
Para acompañar
pasteles de verduras, huevos fritos o derivados lácteos

Pelar las patatas y cortarlas en daditos. Ponerlas en una cacerola con los guisantes, el chalote, las hojas de albahaca y el caldo. Llevar a ebullición y cocer a fuego lento durante 30 minutos aproximadamente, hasta que los guisantes estén tiernos. Escurrir el líquido sobrante, reservarlo y pasar la mezcla por el pasapuré de malla fina. Volver a poner el puré en la cacerola, y llevar de nuevo a ebullición, aclarándolo con un par de cucharadas del caldo reservado.
Incorporar la yema de huevo, batiendo con una espátula a fuego lento durante un par de segundos. Retirar el fuego, salpimentar, rallarle por encima un poco de nuez moscada y una punta de ajo e incorporar el parmesano. Añadir poco a poco el aceite de oliva, batiendo con una espátula. Servir en seguida como contorno de pasteles de verduras, huevos fritos o derivados lácteos.

ARROZ Y GUISANTES SALTEADOS A LA CANTONESA

90 g de guisantes cocidos
2 nervaduras de apio verde cortadas en daditos
4 cebollinos grandes en rodajas
300 g de arroz al vapor (véase p. 126)
3 huevos
1 loncha gruesa de jamón cocido (120 g) en daditos
5 cucharadas de aceite de semillas
1 pizca de azúcar
glutamato monosódico
sal

La víspera cocer el arroz al vapor, ponerlo en el frigorífico y sacarlo 30 minutos antes de saltearlo. Batir los huevos con una pizca de sal, de glutamato monosódico y de azúcar. Calentar 1 cucharada de aceite en una sartén grande antiadherente y hacer una tortilla delgada a fuego lento, procurando que no se dore. Extenderla sobre una tabla de madera, dejarla enfriar y picarla más bien gruesa. Reservar.
En un wok grande calentar 4 cucharadas de aceite y saltear los corazones de cebollinos y el apio durante un minuto. Añadir los guisantes y el jamón y saltearlos durante un minuto y medio más. Salar ligeramente y añadir el arroz frío; bajar la llama, separarlo con la paleta para disolver los grumos y amalgamarlo con las verduras. Añadir

1 cucharadita de sal y remover durante 3 minutos hasta que se caliente el arroz.
Incorporar la tortilla desmenuzada, remover con la paleta unos segundos, rectificar de sal y retirar del fuego. El plato deberá resultar más bien insípido para que realce debidamente los platos chinos aderezados con salsa de soja. Servir en cuencos individuales.

—•—

PASTELITOS DE GUISANTES FINOS Y ARROZ SILVESTRE *

80 g de guisantes finos desgranados
1 chalote picado
1 ramita de tomillo
35 g de mantequilla
2 dl de caldo
80 g de arroz silvestre (1 dcl)
130 g de arroz integral vaporizado (1,5 dcl)
sal y pimienta
Para acompañar
escarola con langosta, guiso de alcachofas (véase p. 129), o pisto manchego (véase p. 139)

Poner en una olla pequeña el arroz silvestre con 5, 5 dl de agua. Llevar a ebullición, bajar la llama al mínimo y cocer durante 30 minutos. Añadir el arroz integral con media cucharadita de sal, amalgamar, tapar de nuevo y cocer durante unos 14 minutos más hasta que los dos arroces queden cocidos *al dente* y el agua se haya consumido casi por completo.
Mientras se cuece el arroz, rehogar el chalote en 15 g de mantequilla con el tomillo durante 5 minutos; incorporar los guisantes finos y el caldo y llevar a ebullición; tapar y cocer a fuego lento durante unos 25 minutos hasta que los guisantes estén tiernos. Eliminar el tomillo y, con la cacerola destapada, remover a fuego moderado para que el caldo se evapore por completo. Rectificar de sal y pimentar. Incorporar cuidadosamente los guisantes al arroz junto con su jugo y 10 g de mantequilla, rectificando nuevamente de sal.
Untar con mantequilla 4 moldes individuales, y llenarlos de arroz y guisantes, aplastándolos con el dorso de una cuchara para que no queden huecos en el interior. Mantener calientes al baño María si no se sirven en seguida.
Vaciar los moldes sobre los platos individuales antes de disponer en ellos el plato al que deberán acompañar: escarola con langosta, guiso de alcachofas, pisto manchego u cualquier tipo de curry. (Se puede transformar en un sabroso segundo plato, cubriendo los moldes con una yema de huevo ligeramente salpimentada y acidulada con unas cuantas gotas de lima y acompañado de bananas fritas espolvoreadas con un poco de canela, y adornado con hojas de cilantro).

—•—

GUISANTES FINOS CON BACON Y ALBAHACA

300 g de guisantes finos congelados
2 chalotes picados
20 g de mantequilla
2 lonchitas de bacon magro ahumado de ½ cm de grosor
2 hojas de albahaca
1 cucharada y ½ de albahaca picada
1 dl de nata
sal y pimienta
Para acompañar
pasteles de verduras, tartitas de patatas u asados

Rehogar el chalote en una cacerola grande y baja en la mantequilla durante 5 minutos, removiendo a menudo. Eliminar la corteza y los cartílagos del bacon, y cortar las lonchas por la mitad en sentido longitudinal y posteriormente en tiritas finas. Incorporarlas al chalote y sofreír, removiendo a fuego lento un par de minutos más. Añadir los guisantes finos congelados, el caldo, las hojas de albahaca y una pizca de sal y pimienta. Tapar y cocer a fuego lento durante 20-25 minutos sin dejar de remover.
Amalgamar la nata y dejar que se consuma durante un par de minutos, removiendo a fuego moderado hasta obtener una salsa cremosa. Rectificar de sal y pimienta, añadir la albahaca picada y servir en seguida como acompañamiento de pasteles de verduras, tartitas de patatas o asados.

JUDÍAS VERDES A LA MAÎTRE D'HÔTEL

850 g de judías verdes

5 dcl de bechamel líquida (véase p. 36)

40 g de emmental rallado

1 cucharadita de menta fresca picada

2 cucharadas de perejil picado

sal

Para acompañar

pasteles de verduras o tortillas

Calentar abundante agua salada para hervir las judías. Pelarlas, lavarlas y hervirlas *al dente* con la olla destapada.
Entre tanto, preparar una bechamel muy líquida. Escurrir las judías y, si son anchas, cortarlas longitudinalmente por la mitad. Disponerlas en una cacerola grande y baja, incorporarles la bechamel y el emmental y calentar a fuego lento hasta alcanzar la ebullición. Espolvorear con la menta y el perejil y servir en seguida como acompañamiento de pasteles de verduras o tortillas.

PILAF CON LEGUMBRES VARIADAS

3 cucharadas de judías de careta secas

3 cucharadas de judías rojas (kidney) secas

3 cucharadas de garbanzos secos

3 cucharadas de cacahuetes descascarados

400 g de arroz al vapor (véase p. 126)

6 cucharadas de ghee o mantequilla clarificada (véase p. 37)

1 cucharadita y ½ de semillas de mostaza

1 cebolla grande picada

1 pimientito y ½ verde fresco picante picado

2 tomates grandes troceados y triturados

1 cucharadita y ½ de curry o de garam masala en polvo

90 g de brotes de soja

3 cucharadas de zumo de lima

sal

Para adornar

abanicos de pepino (véase p. 29)

Lavar las judías y los garbanzos la víspera y dejarlos en remojo en agua fría toda la noche. Escurrirlos, ponerlos en una olla de barro, cubrirlos con agua y llevar a ebullición. Bajar la llama, tapar parcialmente la olla y cocer durante aproximadamente 1 hora hasta que estén tiernos. Añadir la sal y los cacahuetes hacia el término de la cocción y cocer a fuego lento unos 15 minutos más. Escurrir y reservar.
Mientras se cuecen las legumbres, preparar el arroz, dejarlo enfriar a temperatura ambiental y ponerlo en el frigorífico. La preparación hasta este punto se puede hacer la víspera.
Calentar 4 cucharadas de ghee en una sartén y sofreír las semillas de mostaza unos segundos hasta que empiecen a saltar. Incorporar la cebolla y el pimientito y rehogarlos a fuego lento durante 10 minutos, removiendo a menudo. Subir la llama, incorporar el tomate triturado con un poco de sal y cocer durante un par de minutos. Añadir el curry o el garam masala, los brotes de soja, las legumbres cocidas y el zumo de lima. Tapar

y cocer a fuego lento durante 2-3 minutos. Calentar en una sartén las 3 cucharadas restantes de ghee y saltear el arroz un par de minutos. Salar y amalgamar con las legumbres. Servir bien caliente, adornando con abanicos de pepino.

—•—

JUDÍAS VERDES A LA TOSCANA

600 g de judías verdes
½ cebolla pequeña picada
2 dientes de ajo majados
unas cuantas hojitas de salvia
500 g de pulpa de tomate triturada
3 cucharadas de aceite de oliva
sal y pimienta
Para acompañar
pan rústico
quesitos de cabra frescos aliñados con aceite de oliva virgen, sal y pimienta

Pelar las judías y cortarlas en trozos de unos 3 cm. Lavarlas y escurrirlas.
Calentar el aceite en una cacerola grande baja y rehogar a fuego lento la cebolla, el ajo y la salvia durante unos 10 minutos. Incorporar las judías y el tomate triturado, salpimentar y amalgamar bien, añadiendo agua suficiente para cubrir la mezcla.
Llevar a ebullición, tapar y cocer a fuego lento durante unos 25 minutos hasta que las judías estén cocidas *al dente*. Si el jugo quedara demasiado líquido, dejar cocer unos minutos más con la cacerola destapada. Rectificar de sal y pimienta y servir con acompañamiento de quesitos de cabra frescos aliñados con aceite de oliva virgen, sal y pimienta molida, y pan rústico.

JUDÍAS VERDES CON BACON CRUJIENTE

250 g de judías verdes
8 lonchas finas de bacon ahumado
copitos de mantequilla
sal y pimienta
Para acompañar
tortillas, pasteles o crêpes de verduras

Calentar abundante agua salada. Precalentar el horno a 160 °C. Pelar las judías, lavarlas y hervirlas *al dente* durante 12-15 minutos con la olla destapada. Escurrirlas y dejar que se enfríen.
Untar una bandeja de horno con mantequilla. Subdividir las judías en 8 manojitos y envolver cada uno de ellos en una loncha de bacon. Alinear los manojitos en la bandeja, pimentarlos y distribuírles por encima unos copitos de mantequilla. Gratinarlos en el horno durante unos 10 minutos hasta que el bacon esté crujiente y servirlos en seguida muy calientes como contorno de pasteles de verduras, tortillas o crêpes de verduras, calculando 2 por persona.

—•—

JUDÍAS VERDES, PATATAS Y MENTA DE BOSQUE (NÉBEDA) A LA NAPOLITANA

600 g de judías verdes
600 g de patatas nuevas
1 limón
1 manojo de menta de bosque
aceite de oliva
sal y pimienta
Para acompañar
tomates al gratén
crema de leche

Calentar abundante agua salada para hervir las judías y preparar la olla de vapor para cocer las patatas.
Pelar las judías, lavarlas y hervirlas *al dente* con la olla destapada durante unos 15 minutos. Escurrilas, pasarlas bajo el grifo de agua fría y dejarlas enfriar.
Entre tanto, lavar bien las patatas, cocerlas en la olla de vapor durante 30-40 minutos y dejarlas enfriar.
Al cabo de 1 o 2 horas, preparar la ensalada. Pelar las patatas, cortarlas en láminas de 1 cm de grosor y subdividirlas en 4. Amalgamarlas con las judías en un cuenco de servir y sazonarlas con sal, pimienta y el zumo de limón.
Espolvorear con hojas de menta de bosque y servir como almuerzo estival con acompañamiento de tomates al gratén y crema de leche.

GUISANTES MOLLARES CON MANTEQUILLA

800 g de guisantes mollares
60 g de mantequilla
sal y pimienta
Para acompañar
pasteles de verduras o tortillas

Preparar la olla de cocción al vapor. Pelar los guisantes mollares tal como se describe en la p. 22, eliminando cuidadosamente los filamentos, lavarlos y escurrirlos; cocerlos al vapor durante 5 minutos.
Calentar la mantequilla en una sartén grande y, cuando empiece a reducirse la espuma, saltear los guisantes durante 2-3 minutos, levántandolos con la paleta de teflon sin removerlos para que no se deshagan; deberán quedar *al dente.*
Salpimentar y servir en seguida en platos calientes como contorno de pasteles de verduras o tortillas.

GUISANTES MOLLARES CON NATA Y ALBAHACA

800 g de guisantes mollares
30 g de mantequilla
2 dcl de nata
30 g de emmental rallado
10 hojas de albahaca troceadas
sal y pimienta
Para acompañar
tortillas o timbales de verduras

Preparar la olla de cocción al vapor. Pelar los guisantes, lavarlos, escurrirlos y cocerlos al vapor durante 3 minutos. Calentar la mantequilla en una sartén grande y saltear los guisantes durante 2 minutos, levantándolos con la paleta de teflon sin removerlos para que no se rompan. Salpimentar, incorporar la nata y cocer a fuego lento durante 5 minutos hasta que los guisantes estén cocidos *al dente*. Añadir el queso y la albahaca, rectificar de sal, pimentar y servir en platos calientes como acompañamiento de tortillas o timbales de verduras.

GUISANTES MOLLARES CON CHALOTES Y BACON

800 g de guisantes mollares
4 lonchas de bacon magro ahumado en daditos
2 chalotes grandes picados
1 ramita de tomillo
50 g de mantequilla
sal y pimienta
Para acompañar
rösti (véase p. 195), timbal de coliflor (véase p. 83), tortillas o pasteles de verduras

Preparar la olla de cocción al vapor. Pelar los guisantes mollares, lavarlos y cocerlos al vapor durante 3 minutos. Eliminar la corteza y los cartílagos del bacon y cortarlo en daditos. Calentar una sartén pequeña de teflon y, cuando esté caliente, saltear el bacon en seco con la correspondiente paleta hasta que quede dorado y crujiente y se haya eliminado toda la grasa. Rehogarlo con la paleta y ponerlo a escurrir sobre papel de cocina.

Calentar la mantequilla en una sartén grande y rehogar los chalotes a fuego lento durante 10 minutos junto con el tomillo. Subir la llama y al cabo de unos segundos, saltear los guisantes mollares durante unos 4 minutos hasta que estén cocidos *al dente*. Salpimentar, incorporar el bacon crujiente y servir en seguida en platos calientes como acompañamiento de rösti, timbal de coliflor, tortillas y pasteles de verduras.

HABICHUELAS CON TOMATE

500 g de habichuelas

1 cebolla pequeña picada

500 g de tomates pelados y triturados no muy finos

1 pizca de azúcar

1 pizca de orégano

1 cucharada de perejil picado

1 cucharada de albahaca picada

3 cucharadas de aceite de oliva

sal y pimienta

Para acompañar

mozzarella

pan caliente y crujiente

Calentar abundante agua salada en una olla grande. Pelar las habichuelas tal como se indica en la página 22, lavarlas, escurrirlas y, cuando hierva el agua, cocerlas en la olla destapada y a fuego vivo durante 10 minutos. Escurrirlas y pasarlas bajo el grifo de agua fría.

En una cacerola grande y baja calentar 3 cucharadas de aceite de oliva y rehogar la cebolla y el diente de ajo durante unos 10 minutos, removiendo a menudo. Añadir el tomate triturado con una pizca de azúcar y un poco de sal y pimienta, y llevar a ebullición. Bajar la llama y cocer a fuego lento con la cacerola destapada durante unos 10 minutos hasta que espese la salsa. Añadir el perejil y el orégano e incorporar las habichuelas. Tapar y cocer a fuego lento durante unos 5 minutos hasta que las habichuelas estén cocidas *al dente*. Rectificar de sal y pimienta, espolvorear con albahaca y servir caliente, pero no hirviendo con acompañamiento de mozzarella y pan caliente crujiente.

LENTEJAS Y ESPINACAS A LA HINDÚ

220 g de lentejas pardas

1,2 k de espinacas

6 cucharadas de ghee o mantequilla clarificada (véase p. 37)

1 lámina de jengibre fresco picada

1 pimientito y medio verde fresco picante, picado

3 cucharadas de cilantro fresco picado

3 cucharadas de zumo de limón

sal y pimienta

Para acompañar

chapati (véase p. 81)

berenjenas con yogur (véase p. 147)

Limpiar y lavar las lentejas, escurrirlas y ponerlas en una olla de barro con 1 litro escaso de agua. Llevar a ebullición, espumar, bajar la llama, tapar parcialmente y cocer a fuego lento durante 1 hora.

Entre tanto, pelar las espinacas, utilizando tan sólo las hojas y los tallos tiernos, reservando el resto

para otras preparaciones. Lavarlas varias veces en agua fría y escurrirlas.
Calentar el ghee en una cacerola grande y baja y sofreír durante unos pocos segundos al jengibre y el pimientito. Añadir el cilantro, amalgamar e incorporar las espinacas, removiendo a fuego moderado hasta que se ablanden. Echar las lentejas con su agua de cocción, 1 cucharada escasa de sal y una rociada de pimienta negra molida, y mezclarlo todo. Tapar, bajar nuevamente la llama y cocer a fuego lento durante unos 30 minutos. Rectificar de sal y pimienta, acidular con el zumo de lima, remover un par de minutos más y retirar del fuego. Servir con chapati y berenjenas con yogur.

LENTEJAS HÚMEDAS

500 g de lentejas
2 lonchas de bacon magro
1 cebolla pequeña
1 zanahoria mediana
1 puerro (sólo la parte verde)
1,5 dl de vino blanco seco
250 g de pulpa de tomate
1,2 l de caldo
4 cucharadas de aceite de oliva
sal y pimienta

Para acompañar

zampone (pierna de cerdo rellena) cocido o derivados lácteos con tostadas de pan

Lavar las lentejas y escurrirlas bien. Calentar 4 cucharadas de aceite en una cacerola grande de barro y rehogar el bacon, la cebolla, la zanahoria y el puerro durante 15 minutos, removiendo a menudo.
Subir ligeramente la llama, incorporar las lentejas y tostarlas durante un par de minutos. Echar el vino blanco, dejar que se evapore casi por completo y añadir a continuación la pulpa de tomate y el caldo hirviente hasta que cubran las lentejas. Tapar, bajar de nuevo la llama y cocer durante aproximadamente 1 hora hasta que las lentejas estén tiernas.
Rectificar de sal, pimentar y dejar espesar el jugo si fuera necesario, removiendo unos minutos a fuego moderado con la olla destapada. Servir como acompañamiento del clásico zampone o, como alternativa, con derivados lácteos y tostadas de pan.

CONSERVA DULCE DE HABAS ROJAS DE SOJA
Yude azuki

250 g de azukis o habas rojas de soja remojadas
bicarbonato
azúcar de caña
aceite de cacahuete
1 sobre de vainillina
sal

Para adornar

hojas de menta

Para acompañar

helado de vainilla con rajas de kiwi o macedonia de frutas

Dejar los azukis en remojo en agua fría durante toda una noche, enjuagarlos con agua fría y escurrirlos. Ponerlos en una cacerola de barro con 1,5 l de agua. Llevar a ebullición a fuego vivo y bajar a continuación la llama: añadir una pizca de bicarbonato, tapar parcialmente y cocer a fuego lento durante 1 hora y 30 minutos hasta que los azukis estén muy tiernos. Hacia el término de la cocción añadir ½ cucharadita de café de sal. Retirar del fuego y pasar los azukis por un pasapurés de malla fina.

Medir el volumen del puré y volverlo a echar en la cacerola. Añadir una cantidad de azúcar equivalente a ¼ del volumen del puré y aceite de cacauhete en la proporción de ⅛; echar la vainillina. Amalgamar la mezcla, removiendo a fuego lento durante 15 minutos hasta obtener una crema muy espesa. Dejar enfriar a temperatura ambiental y conservar en recipientes de vidrio de cierre hermético para mermelada. Para conferir un carácter japonés a los helados de vainilla con rajas de kiwi o a la macedonia de frutas, añadirlos bolitas de esta conserva, recogiéndolas con un pequeño vaciador y adornando con hojas de menta.

GELATINA DE AZUKIS

Mizuyokan

250 g de azukis o habas rojas de soja remojadas

bicarbonato

azúcar de caña

1 sobre de vainillina

5 hojas de pescado

sal

Para adornar

hojas de menta

Para acompañar

macedonia de frutas o helado de vainilla

Remojar los azukis, lavarlos, cocerlos y hacer un puré tal como se describe en la receta anterior. Añadir una cantidad de azúcar equivalente a ¼ de su volumen, pero excluir el aceite de cacahuete. Remojar la cola de pescado en agua templada, estrujarla y ponerla en una olla pequeña con 1 dcl de agua y 1 cucharada de azúcar de caña. Remover a fuego muy lento hasta que se disuelva por completo e incorporarla al puré de azukis, amalgamando con cuidado. Verter en seguida la mezcla en un recipiente bajo y rectangular de pyrex o bien de plástico previamente sumergido en agua fría, y nivelarla con una paleta. Dejar que se enfríe por completo antes de ponerla en el frigorífico por lo menos 3 horas.

Pasar la hoja de un cuchillo por los bordes del recipiente y vaciar la gelatina sobre una tabla de madera; cortarla en tajadas si se sirve como postre, adornándola con hojas de menta; cortarla en daditos para enriquecer la macedonia de frutas con bolitas de helado de vainilla.

·Setas y trufas·

Ensalada de oronjas y parmesano*
p. 249
Preparación: 20 minutos
Dificultad: mínima
Entremés

Ensalada de oronjas y trufas*
p. 249
Preparación: 15 minutos
Dificultad: mínima
Entremés

Ensalada de boletos comestibles y aguaturmas*
p. 250
Preparación: 35 minutos
Dificultad: media
Entremés

Ensalada de setas y spaghetti de soja*
Rien pan san su
p. 251
Preparación: 30 minutos
Cocción: 15 minutos
Dificultad: media
Entremés

Ensalada de oronjas, emmental y apio verde*
p. 249
Preparación: 30 minutos
Dificultad: mínima
Entremés

Tarrina de boletos comestibles con salsa virgen*
p. 249
Preparación: 40 minutos
Cocción: 50 minutos
Dificultad: media
Entremés

Ensalada de arroz con boletos comestibles y trufa
p. 250
Preparación: 30 minutos
Cocción: 20 minutos
Dificultad: media
Entremés

Armilarias color miel y puntas de espárragos con salsa de pesto*
p. 252
Preparación: 35 minutos
Cocción: 15 minutos
Dificultad: media
Entremés

Huevos fritos con trufa y polenta

Champiñones a la bordelesa

Hierbas variadas, pollo y trufa con salsa de anchoas

p. 252
Preparación: 15 minutos
Cocción: 10 minutos
Dificultad: media
Entremés

Sopa de setas

p. 253
Preparación: 20 minutos
Cocción: 15 minutos
Dificultad: media
Primer plato

Sopa china de setas y pollo

p. 253
Preparación: 25 minutos, más 30 minutos para el remojo
Cocción: 5 minutos
Dificultad: media
Primer plato

Arroz a la parmesana con boletos comestibles*

p. 254
Preparación: 20 minutos
Cocción: 25 minutos
Dificultad: media
Primer plato

Arroz crujiente con mojardones

p. 254
Preparación: 20 minutos
Cocción: 4-5 minutos con arroz previamente cocido
Dificultad: media
Primer plato

Arroz con trufa blanca

p. 255
Preparación: 15 minutos
Cocción: 25 minutos
Dificultad: media
Primer plato

Tallarines verdes con boletos comestibles

p. 255
Preparación: 20 minutos
Cocción: 10 minutos
Dificultad: media
Primer plato

Tallarines con trufa*

p. 255
Preparación: 5 minutos
Cocción: 3 minutos
Dificultad: mínima
Primer plato

Pasta de sopa con setas a la genovesa

p. 256
Preparación: 15 minutos, más 30 minutos para el remojo
Cocción: 30 minutos
Dificultad: mínima
Primer plato

Vol-au-vents con setas a la polaca

p. 256
Preparación: 25 minutos
Cocción: 15 minutos
Dificultad: media
Primer plato

Noquis con guiso de setas

p. 257
Preparación: 1 hora
Cocción: 25 minutos
Dificultad: elevada
Primer plato

Setas rojas rellenas a la genovesa*

p. 257
Preparación: 30 minutos
Cocción: 40 minutos
Dificultad: media
Segundo plato

Empanada de boletos comestibles y espárragos con salsa pizzaiola cruda*

p. 258
Preparación: 45 minutos
Cocción: 20 minutos
Dificultad: media
Segundo plato

Strudel de setas y espinacas con salsa de jamón*

p. 258
Preparación: 40 minutos
Cocción: 30 minutos
Dificultad: media
Segundo plato

Empanada de boletos comestibles*

p. 259
Preparación: 35 minutos
Cocción: 25 minutos
Dificultad: media
Segundo plato

Flan de setas con salsa pizzaiola cruda

p. 260
Preparación: 30 minutos
Cocción: 45 minutos
Dificultad: media
Segundo plato

Sopa china de setas y pollo

Gnocchi con guiso de setas

ENSALADA DE ORONJAS Y PARMESANO

400 g de oronjas (peso bruto)
40 g de parmesano en escamas finas
aceite de oliva extra virgen
sal

Limpiar y pelar bien las oronjas, eliminando la tierra y conservando la membrana blanca en caso de que no esté deteriorada. Lavarlas y secarlas con papel de cocina. Cortarlas en el último momento en finas láminas, repartirlas en los platos individuales, y sazonarlas con una pizca de sal y un poco de aceite.
Servir con un trozo de parmesano que cada comensal cortará en finas lonchas en su propio plato con el cortatrufas.

ENSALADA DE ORONJAS, EMMENTAL Y APIO VERDE

400 g de oronjas (peso bruto)
90 g de emmental
2 nervaduras de apio verde
aceite extra virgen de oliva
sal

Limpiar bien las oronjas tal como se describe en la receta anterior. Lavarlas y secarlas con papel de cocina. Cortar el emmental en finas lonchas y después a la juliana (véase p. 24). Limpiar las nervaduras de apio y pasarles por encima el pelapatatas para eliminar las fibras superficiales, lavarlas y cortarlas primero en bastoncitos y después a la juliana.
Amalgamar en un cuenco el emmental y el apio y aliñarlos con un poco de aceite y sal. En el último momento, cortar las oronjas en finas láminas. Distribuir la ensalada de apio y emmental en los platos individuales para formar un lecho y colocarle encima las oronjas. Regar con un hilo de aceite y un poco de sal; servir inmediatamente.

ENSALADA DE ORONJAS Y FRUTAS

400 g de oronjas (peso neto)
1 trufa blanca grande
aceite de oliva extra virgen
1 limón
sal

Limpiar las oronjas tal como se describe en la primera receta. Poco antes de servirlas, cortarlas en finas láminas y sazonarlas con muy poca sal, un poquito de zumo de limón y un hilillo de aceite. Limpiar la trufa, cortarla en finas láminas, colocarla sobre las oronjas y servir en seguida.

TARRINA DE BOLETOS COMESTIBLES CON SALSA VIRGEN

180 g de boletos comestibles limpios
2 cucharadas de aceite de oliva
medio diente de ajo picado
2 cucharadas de perejil picado
2 dl de nata
2 dl de leche
2 huevos enteros
4 yemas de huevo
nuez moscada

1 cuchara de parmesano rallado

2 cucharadas de harina blanca

sal y pimienta

Para la salsa virgen

1 apio (300 g aproximadamente)

4 cucharadas de aceite de oliva

2 ramitas de tomillo

2 tomates maduros cortados en rodajas

2 manojitos de albahaca

1 limón

20 g de mantequilla

sal y pimienta

Receta para 10-12 personas. Precalentar el horno a 180 °C. Cortar las setas en láminas y rehogarlas unos minutos en el aceite junto con el ajo y 1 cucharada de perejil picado, procurando que se evapore bien el jugo. Salpimentar, reservar ⅓ y pasar las restantes por la batidora junto con la nata, la leche, los huevos enteros y las yemas, añadiéndoles el parmesano y un poco de sal, pimienta y nuez moscada. Incorporar las setas reservadas y otra cucharada de perejil y rectificar de sal y pimienta. Untar con mantequilla una tarrina rectangular de vidrio resistente al calor de 1,2 l de capacidad y forrar el fondo con papel de barba untado con mantequilla. Echar la mezcla, colocar la tapadera y sellar los bordes con una pasta hecha con harina y un poco de agua (dejando, sin embargo, destapado el agujerito de la tapadera). Cocer en el horno al baño María durante 50 minutos.
Entre tanto, preparar la salsa virgen. Pelar el apio, cortarlo muy fino con el cortaverduras en sentido longitudinal y cortarlo después a la juliana (véase p. 24). Calentar el aceite en una sartén grande con el tomillo y rehogar unos minutos el apio, procurando que conserve su consistencia. Añadir las rodajas de tomate trituradas con la albahaca cortada a la juliana, salpimentar y saltear un par de minutos más. En el momento de servir, volver a calentar la salsa, acidular con el limón, retirar del fuego y mezclar con la mantequilla cruda. Conservar la tarrina caliente al baño María y después vaciarla sobre una tabla de madera, cortarla en tajadas de un dedo de grosor y servirla en seguida con la salsa virgen.

ENSALADA DE BOLETOS COMESTIBLES Y AGUATURMAS

200 g de boletos comestibles

300 g de aguaturmas

1 limón

aceite de oliva extra virgen

sal y pimienta

Para adornar

perejil picado francés

Flores de rabanitos (véase p. 28)

Limpiar las setas, lavarlas y conservarlas envueltas en un lienzo húmedo hasta el momento de cortarlas. Preparar un cuenco de agua fría acidulada con el zumo de 1 limón. Pelar las aguaturmas y, a medida que estén listas, sumergirlas en el agua acidulada para que no se oscurezcan. La preparación se puede hacer por adelantado hasta este punto.
Poco antes de servir, cortar los sombreros y los tallos de las setas en finas láminas y cortar las aguaturmas en finas láminas con el cortatrufas. Amalgamar con cuidado las setas y las aguaturmas en un cuenco grande. Repartirlas en los platos individuales, adornar con flores de rabanitos y un manojito de perejil rizado y sazonar con un poco de aceite, sal y pimienta. Servir inmediatamente.

ENSALADA DE ARROZ CON BOLETOS COMESTIBLES Y TRUFA

1 trufa blanca

400 g de arroz

2 dcl de vino blanco

120 g de puntas de espárragos

120 g de nervaduras de apio blanco

120 g de boletos comestibles (peso neto)

Para la salsa

1 yema de huevo duro

2 cucharadas de zumo de limón

2 cucharadas de jerez seco

1 cucharadita de café de mostaza negra

1 cucharadita escasa de café de pimentón picante

7 cucharadas de aceite de oliva fino

3 cucharadas de nata

sal y pimienta recién molida

Precalentar el horno a 170 °C. Hervir el arroz 8 minutos y completar la cocción en el horno tras haberlo regado con el vino. Dejar que se enfríe y preparar las verduras: hervir *al dente* las puntas de espárragos y cortar el apio a la juliana (véase p. 24); las setas se cortarán en láminas en el último momento.
Preparar la salsa: aplastar la yema de huevo con un tenedor y mezclarla con el zumo de limón, el jerez, la mostaza, el pimentón picante y un poco de sal y pimienta. Batiendo con un tenedor pequeño, añadir poco a poco el aceite y finalmente la nata. Amalgamar con cuidado el arroz, el apio, las puntas de espárragos y los boletos cortados en láminas y condimentar con la salsa. Llevar a la mesa con la trufa que se cortará en láminas al gusto.

—•—

ENSALADA DE SETAS Y SPAGUETTI DE SOJA

Rien pan san su

4 sombreros de shitake (setas chinas) secas

1 sobre de harusame (spaguetti de soja transparentes)

2 huevos

½ cucharadita de café de jengibre

½ cucharadita de cafe de ajinomoto

2 lonchas gruesas de jamón cocido magro a la juliana

2 pepinos medianos

aceite de semillas

sal

Para la salsa de sésamo

1,2 dl de aceite de sésamo

0,7 de vinagre dulce japonés

1 cucharadita de mostaza japonesa en polvo

3 cucharadas de salsa de soja

3 cucharadas de mirin o saké dulce japonés

ajinomoto

Calentar abundante agua ligeramente salada para cocer los spaguetti de soja. Poner en remojo los sombreros de las setas en agua caliente durante media hora. Escurrirlos (conservando 1/3 del agua de remojo), estrujarlos con las manos y cortarlos a la juliana (véase p. 24). Batir los huevos con 1/2 cucharadita de café de sal, el azúcar y el ajinomoto. En una sartén grande antiadherente calentar 1 cucharada de aceite de semillas y hacer una tortilla delgada a fuego lento, procurando que no se dore. Extenderla sobre una tabla de madera, dejarla enfriar y cortarla a la juliana en trozos de las mismas dimensiones que el jamón.
Lavar y secar los pepinos. Eliminar los extremos y hacerlos rodar sobre sal. Pasarles por encima un lienzo, cortar la piel con un grosor de 3 mm y después a la juliana en trozos del mismo tamaño que los del jamón.
Preparar la salsa para condimentar los spaguetti en el último momento. Amalgamar todos los ingredientes en un cuenco junto con el agua de remojo reservada y una pizca de ajinomoto.
Cocer los spaguetti de soja durante 3 minutos, escurrirlos y pasarlos bajo el grifo de agua fría. Levantarlos con las manos para que no se peguen. Si son largos, cortarlos con unas tijeras en trozos de 20 cm. Colocarlos sobre una bandeja grande de servir y distribuir el jamón, el pepino, la setas y la tortilla cortados a la juliana en haces separados para crear llamativos contrastes cromáticos.

Proteger la ensalada con película transparente adhesiva y dejarla en el frigorífico media hora antes de servirla helada. Amalgamarla en la mesa, distribuirla en los platos individuales y condimentarla con la salsa de sésamo. Resulta perfecta para un almuerzo estival.

—•—

ARMILARIAS COLOR DE MIEL Y PUNTAS DE ESPÁRRAGOS CON SALSA DE PESTO

400 g de armilarias color de miel

16 espárragos grandes

1 chalote grande picado

1 dl de caldo

3 hojas de albahaca

3 cucharadas de aceite de oliva fino

sal y pimienta

Para la salsa de pesto

4 cucharadas escasas de pesto (véase p. 177)

3 cucharadas escasas de nata

sal

Para adornar

1 tomate maduro cortado en daditos

Pelar los espárragos tal como se describe en la p. 177, eliminado tan sólo dos dedos y ½ de los extremos (todo el resto ese comestible). Subdividirlos y atarlos en 4 manojitos y cocerlos *al dente* en agua salada durante unos 12 minutos; escurrirlos y conservarlos calientes.
Mientras se cuecen los espárragos, limpiar las armilarias: separar los sombreritos de los pies y eliminar la parte final leñosa de estos últimos; lavarlas con cuidado, escurrirlas bien y abrir longitudinalmente por la mitad los pies más grandes.

Calentar el aceite en una sartén grande antiadherente y saltear las armilarias con el chalote y el ajo a fuego vivo durante un par de minutos. Salpimentar e incorporar el caldo y la albahaca troceada; tapar y estofar a fuego lento durante unos 6 minutos hasta que las armilarias estén cocidas. Diluir el pesto con la nata.
Disponer en cada plato individual tres espárragos en abanico con las puntas dirigidas hacia abajo y superponer uno al través con el tallo a la derecha al alcance de la mano. Regar las puntas de los espárragos con la salsa de pesto, adornar con los daditos de tomate y colocar a un lado las armilarias. Servir en seguida.

—•—

HIERBAS VARIADAS, POLLO Y TRUFA CON SALSA DE ANCHOAS

1 trufa negra en aceite

200 g de hierbas variadas de ensalada (cerraja, diente de león, oruga, etc,)

2 pechugas de pollo deshuesadas de 140 g cada una

1 cucharada de zumo de limón

1 dl de caldo

1 dl de vino blanco seco

2 chalotes picados

2 ramitas de tomillo

sal y pimienta

Para la salsa de anchoas

2 cucharadas de aceite de trufa

2 cucharadas de zumo de limón

2 cucharadas de vinagre blanco

8 cucharadas de aceite de oliva

2 filetitos de anchoa

1 cucharada de ajo moruno desmenuzado

pimienta

Salpimentar ligeramente las pechugas de pollo y rociarlas con zumo de limón por ambos lados. Dejarlas en adobo 10 minutos y, entre tantos, limpiar y lavar las hierbas de ensalada, escurrirlas, mezclarlas y formar con ellas una capa en los platos individuales. Colocar el pollo con su adobo en una sartén antiadherente junto con el caldo, el vino blanco, el chalote y el tomillo. Tapar y rehogar a fuego muy lento durante unos 6 minutos, dándole la vuelta a media cocción y procurando que el líquido no alcance la ebullición para que el pollo resulte tierno.
Entre tanto, preparar la salsa de anchoas, batiendo conjuntamente a alta velocidad todos los ingredientes. Comprobar si las pechugas están cocidas por dentro practicando una incisión en la parte más alta. Retirarlas en seguida del fuego, colocarlas sobre una tabla de madera y cortarlas en finas lonchas.
Distribuir las lonchas en abanico sobre el lecho de ensalada, regar con la salsa de anchoas y echarles por encima las laminillas de trufa negra. Servir la ensalada templada.

SOPA DE SETAS

250 g de níscalos
9 dcl de caldo
2 chalotes picados
1 diente de ajo majado
1 tomate grande maduro en daditos
1 cucharada de perejil picado
4 rebanadas de pan rústico tostado
50 g de parmesano rallado
8 hojas de albahaca
aceite de oliva extra virgen
sal y pimienta molida

Calentar el caldo. Limpiar las setas y cortarlas en cubitos. En una cacerola grande de bordes bajos calentar 3 cucharadas de aceite y sofreír el chalote y el ajo durante 15 minutos. Subir la llama, añadir las setas con un poco de sal y saltearlas un par de minutos, levantándolas con la paleta. Incorporar el caldo hirviendo y el tomate; cocer a fuego lento con la cacerola destapada durante unos 8 minutos hasta que las setas estén cocidas *al dente*. Rectificar de sal y añadir el perejil.
Colocar las rebanadas de pan en los platos hondos individuales, espolvorearlas con parmesano, regar con un poco de aceite, pimentar generosamente y verterles encima la sopa de setas con un cucharón. Adornar con la albahaca troceada y servir en seguida.

SOPA CHINA DE SETAS Y POLLO

15 g de setas chinas secas (sólo los sombreros)
20 g de setas negras chinas secas
60 g de pechuga de pollo a la juliana
60 g de colas de quisquillas peladas
1 litro de caldo
30 g de brotes de bambú en conserva cortados a la juliana
50 g de hojas de espinacas cortadas longitudinalmente por la mitad
sal
Para el adobo
media cucharadita de glutamato monosódico
1 rociada de pimienta blanca molida
1 cucharada de de saké o de Martini dry
1 cucharada de maizena
media cucharadita de sal

Poner en remojo por separado las setas secas en agua templada y dejarlas por lo menos media hora. A continuación, lavarlas y escurrirlas. Cortarlas a la juliana (véase p. 24) y reservarlas.

Durante el remojo, preparar el adobo amalgamando bien todos los ingredientes en un cuenco grande. Incorporar el pollo, el pescado y las quisquillas mezclando bien con las manos para que queden impregnados, y dejarlos en adobo 15 minutos.
Entre tanto, calentar el caldo. Cuando alcance la ebullición, echarle todos los ingredientes excepto las espinacas. Cocer a fuego lento 3 minutos, removiendo de vez en cuando, y echar finalmente las espinacas. Cocer 1 minuto más y retirar del fuego. Rectificar de sal y servir muy caliente como primer plato o colofón de una comida china.

ARROZ A LA PARMESANA CON BOLETOS COMESTIBLES

160 g de sombreros de boletos comestibles
3 cucharadas de ghee o mantequilla clarificada (véase p. 37)
1 puntita de ajo picado (opcional)
1 cucharada de perejil picado (opcional)
Para el arroz a la parmesana
320 g de arroz
1,5 dcl de caldo de pollo (véase p. 72)
70 g de mantequilla
2 chalotes finamente picados
0,7 dcl de Martini dry
4 cucharadas de parmesano rallado
sal y pimienta

Calentar el caldo. En una cacerola grande de bordes bajos calentar 30 g de mantequilla y rehogar el chalote 5 minutos; incorporar el arroz y tostarlo a fuego moderado durante 1 minuto y ½. Echar el Martini, dejar que se evapore y añadir una cucharonada de caldo hirviente y, a medida que se consuma, añadir más cucharonadas, removiendo de vez en cuando. Al cabo de 14 minutos, probar el arroz y, si fuera necesario, cocerlo 1 minuto más: deberá quedar suelto y *al dente*. Mientras se cuece el arroz, preparar los boletos. Pasar un lienzo seco por los sombreros para eliminar la tierra y el polvo; en el último momento, pasarlos bajo el grifo de agua fría y secarlos con papel de cocina. Cortarlos en laminitas de medio centímetro de grosor. Calentar la mantequilla clarificada en una sartén antiadherente y saltear los boletos durante 2-3 minutos; salpimentar ligeramente, procurando que conserven la consistencia. Cuando el arroz esté listo, retirarlo en seguida del fuego, mezclarlo con los 40 g de mantequilla restantes y el parmesano, rectificar de sal y pimentar; añadirle con cuido los boletos y, si se desea, el ajo y el perejil. Servir en seguida en platos calientes.

ARROZ CRUJIENTE CON MOJARDONES

250 g de mojardones o de gamuzas limpios
300 g de arroz al vapor (véase p. 126) frío
3 dientes grandes de ajo majados
2-3 hojas de salvia
20 g de mantequilla
3 cucharadas de aceite de oliva fino
1 cucharada de perejil picado muy fino
sal y pimienta

Cocer el arroz al vapor la víspera y dejarlo en el frigorífico. Sacarlo del frigorífico media hora antes de saltearlo. Limpiar y lavar las setas y secarlas con papel de cocina. Separar los sombreros de los pies y cortarlos primero por la mitad y después en rodajas de 3 mm de grosor. Cortar los pies con el mismo grosor.
En un wok o una sartén grande calentar el aceite

y la mantequilla con el ajo y la salvia y rehogar medio minuto. Subir la llama, incorporar el arroz con 1 cucharadita de sal y saltearlo con la paleta a fuego vivo durante dos minutos. Bajar nuevamente la llama y separar con la paleta los grumos que se habrán formado, removiendo el arroz durante 3-4 minutos para que se caliente. Rectificar de sal y pimentar, amalgamar bien y distribuir en los platos hondos calientes.
Echar por encima los boletos cortados en láminas, espolvorear con un poco de perejil y servir en seguida. Cada comensal mezclará las perfumadas setas crudas con el arroz crujiente, creando un delicioso contraste.

ARROZ CON TRUFA BLANCA

1 trufa blanca pequeña

Para el arroz a la parmesana

véase cantidades en la receta «Arroz a la parmesana con boletos comestibles», más otras 3 cucharadas de parmesano

Preparar el arroz tal como se describe en la receta citada. Cepillar bien la trufa con el correspondiente pincel y colocarla en un platito sobre la mesa con el cortatrufas. Servir el arroz en los platos hondos individuales; cada cual podrá echarle encima finísima escamas de trufa al gusto. Calcular 5 g por persona como mínimo.

TALLARINES VERDES CON BOLETOS COMESTIBLES

200 g de boletos comestibles (peso neto)

250 g de tallarines verdes frescos

2 dientes de ajo majados

3 cucharadas de aceite de oliva

2 cucharadas de perejil picado

15 g de mantequilla

sal y pimienta

Calentar abundante agua salada para cocer los tallarines y, entre tanto, preparar el jugo. Limpiar las setas, lavarlas y secarlas con papel de cocina y cortarlas en láminas de unos 3 mm de grosor. Calentar el aceite en una sartén grande y saltear las setas con el ajo un par de minutos.
Añadir 2 cucharadas del agua de cocción de la pasta, el perejil y un poco de sal y pimienta; bajar la llama, tapar y estofar durante 3-4 minutos hasta que las setas estén cocidas *al dente*. Retirar del fuego, rectificar de sal y mezclar con la mantequilla cruda.
Escurrir los tallarines *al dente* y conservar un poco del agua de cocción. Ponerlos de nuevo en la olla y añadir un poco de agua para que queden sueltos. Condimentar con ¾ de los boletos; distribuir en platos hondos individuales, adornándolos en el centro con las setas restantes. Servir en seguida.

TALLARINES CON TRUFA

1 trufa blanca pequeña

250 g de tallarines frescos

50 g de mantequilla

40 g de parmesano rallado

sal

Calentar abundante agua salada y, cuando alcance una fuerte ebullición, echar la pasta y cocerla *al dente* durante 2-3 minutos. Escurrirla, conservando una parte del agua. Volver a ponerla en la olla, echar un poco de agua y, sobre llama baja, añadirle la mantequilla un poco derretida, sin dejar que se fría, y el parmesano. Distribuir los tallarines en los platos hondos individuales calientes y servir en seguida, cortándole encima laminitas de trufa al gusto.

—•—

PASTA DE SOPA CON SETAS A LA GENOVESA

30 g de boletos comestibles secos remojados
250 g de pasta de sopa
media zanahoria
media cebolla
media nervadura de apio
1 diente de ajo
1 puñado de perejil
3 cucharadas de aceite de oliva
1 hoja de laurel
2 cucharadas de tomate triturado fresco
1,5 dl de caldo
1 cucharada y ½ de piñones
parmesano rallado
sal y pimienta

Poner las setas en remojo durante 30 minutos en agua templada y calentar abundante agua salada para la pasta de sopa.
Escurrir las setas (eliminado el agua de remojo que nunca debe utilizarse, ni siquiera filtrándola), estrujarlas y picarlas no muy finas. En una cacerola pequeña, calentar el aceite y rehogar durante unos diez minutos la picada de zanahoria, cebolla, apio, ajo, perejil y laurel. Subir ligeramente la llama, añadir las setas escurridas, salpimentar y rehogarlas un par de minutos. Añadir el tomate triturado y el caldo y cocer a fuego lento con la cacerola parcialmente destapada durante unos 20 minutos. Destapar la cacerola del todo y reducir el caldo a fuego moderado. Tostar aparte los piñones en una sartén pequeña antiadherente en un poco de aceite y a fuego moderado durante 1 o 2 minutos o hasta que estén dorados y crujientes e incorporarlos al jugo en el último momento. Cocer la pasta de sopa y escurrirla *al dente*, conservando medio cazo del agua de cocción para que quede suelta en la fuente de servir. Condimentar las setas con el jugo, espolvorear con parmesano al gusto y servir en seguida.

—•—

VOL-AU-VENTS CON SETAS A LA POLACA

400 g de boletos anaranjados?
4 vol-au-vents individuales con tapa
100 g de cebolla picada
1 chalote picado
40 g de mantequilla
0,6 dl de jerez o Martini dry
0,6 dl de caldo
2 cucharadas rasas de pimentón picante
1 guindilla seca desmenuzada
1 cucharada de harina
1 dl de leche
1 dl de nata
1-2 cucharadas de zumo de limón
1 cucharada y ½ de perejil picado
sal y pimienta
Para adornar
Flores de rabanitos (véase p. 28)
perejil rizado francés

Calentar los vol-au-vents en el horno a 180° C durante unos diez minutos y conservarlos calientes. Limpiar y lavar las setas y picarlas no muy finas.

En una sartén grande rehogar la cebolla y el chalote en la mantquilla durante unos 10 minutos. Añadir las setas y saltearlas a fuego moderado un par de minutos. Salpimentar y echar el jerez y el caldo. Amalgama y reducir el jugo durante un par de minutos. Espolvorear con el pimentón picante, la guindilla y la harina, amalgamar y regar con la leche y la nata. Tapar y cocer a fuego lento durante 4 minutos y después subir un poco la llama para que se reduzca el jugo con la sartén destapada. Acidular con limón, incorporar el perejil y rectificar de sal. La salsa deberá resultar cremosa. Verter la mezcla en los vol-au-vents calientes, cubrirlos con su tapa y servirlos en seguida, adornados con flores de rabanitos y perejil rizado.

ÑOQUIS CON GUISO DE SETAS

600 g de setas variadas (gorros verdes, níscalos, armilarias de miel, etc.)
1,2 kg de ñoquis de patata
1 cebolla mediana picada
2 hojas de salvia
1 cucharada de jugo de carne
4 cucharadas de salsa de tomate
medio diente de ajo
1 cucharada y ½ de perejil picado
5 cucharadas de aceite de oliva
4 cucharadas de parmesano rallado
15 g de mantequilla
sal y pimienta

Preparar los ñoquis tal como se describe en la p. 177. Limpiar y lavar las setas, escurrirlas y cortarlas en laminillas de unos 3 mm de grosor, exceptuando las armilarias, cuyos sombreros deberán dejarse enteros mientras que los pies más grandes deberán cortarse longitudinalmente por la mitad.
En una cacerola grande y baja rehogar la cebolla con la salvia en aceite de oliva durante 10 minutos, removiendo a menudo. Subir la llama, añadir las setas con un poco de sal y pimienta y sofreírlas, removiendo durante un par de minutos. Diluir el jugo de carne con 2 cucharadas de agua hirviente e incorporarlo a las setas junto con la salsa de tomate. Amalgamar, bajar la llama, tapar y cocer a fuego lento durante unos 10 minutos, removiendo de vez en cuando hasta que las setas estén cocidas sin perder la consistencia. Rectificar de sal y conservar caliente.
Cuando los ñoquis estén casi cocidos, calentar el guiso, retirar del fuego, añadir el ajo y el perejil, mezclar con el parmesano y la mantequilla y condimentar los ñoquis. Servir en seguida.

SETAS ROJAS RELLENAS A LA GENOVESA

8 agáricos augustos grandes con sombreros
4 patatas
2 cucharadas colmadas de perejil picado
1-2 dientes de ajo picados
aceite de oliva
orégano
sal y pimienta

Precalentar el horno a 180 °C. Untar abundantemente con aceite una fuente grande rectangular. Pelar las patatas, cortarlas en rodajas de un dedo de grosor y extenderlas en la fuente en una sola capa; salpimentar y regar con un poco de aceite y 2 dl de agua. Limpiar y lavar los agáricos y separar los sombreros de los pies. Picar los pies con el ajo y el perejil y mezclarlos en un cuenco con un poco de aceite, una buena pizca de orégano, sal y pimienta.
Rellenar el interior de los sombreros con la mezcla y colocarlos boca abajo y bien separados unos de otros sobre el lecho de patatas. Regar con un hilillo de aceite y cocer en el horno durante 40-45 minutos.

EMPANADA DE BOLETOS COMESTIBLES Y ESPÁRRAGOS CON SALSA «PIZZAIOLA» CRUDA*

150 g de boletos comestibles
18 espárragos gigantes de California
60 g de apio
1 chalote grande
1 ramita de tomillo
1 cucharada de albahaca picada
80 g de emmental
80 g de queso fresco ahumado
1 hoja de 250 g de pasta de hojaldre descongelada
1 huevo
semillas de amapola
mantequilla
2 cucharadas de aceite de olvia fino
sal y pimienta
Para la salsa «pizzaiola»
500 g de tomates maduros
1 cucharada colmada de alcaparras encurtidas
1 filetito de anchoa
medio diente de ajo
1 buena pizca de orégano
unas cuantas hojas de albahaca picadas
1 limón
2 cucharadas de aceite de oliva extra virgen
sal y pimienta molida

Precalentar el horno a 200 °C. Limpiar los boletos, lavarlos y cortarlos en láminas. Pelar los espárragos y cocerlos *al dente*. Pelar el apio, picarlo y rehogarlo en un poco de mantequilla un par de minutos para que quede *al dente*. Salpimentar ligeramente. Picar el chalote.
Calentar en una sartén antiadherente 2 cucharadas de aceite de oliva fino y rehogar las setas con el chalote y el tomillo. Añadir la albahaca picada, salpimentar y retirar del fuego.
Picar por separado el emmental y el queso fresco en la picadora.
Extender la hoja de pasta con el rodillo sobre una superficie enharinada para agrandarla ligeramente. Colocarla sobre una placa de horno y cortarla en dos por la mitad. Batir el huevo y pincelar con él una parte de la hoja de hojaldre; repartirle por encima las setas rehogadas hasta una distancia de un dedo de los bordes. Colocarle encima los espárragos de tres en tres uno al lado de otro con las puntas en la misma dirección para que formen tres filas sucesivas. Colocar una capa homogénea de apio por encima y, a continuación, todo el emmental. Hacer otra capa de espárragos, pero esta vez con las puntas en dirección contraria, distribuyéndolos equitativamente. Cubrir los espárragos con el queso fresco ahumado. Superponer la otra hoja de pasta y sellar bien los bordes con la punta de un tenedor. Pincelar nuevamente la superficie con huevo batido y espolvorearla con las semillas de amapola. Cocer en el horno durante 20 minutos.
Entre tanto, preparar la salsa «pizzaiola». Sumergir en agua hirviendo, pelar y cortar en rodajas los tomates. Ponerlos en la batidora con las alcaparras, la anchoa, el ajo, el orégano, 2 cucharadas de aceite de oliva extra virgen, sal y pimienta, y batirlos a alta velocidad hasta obtener una salsa más bien líquida.
Verterla en la salsera, incorporar la albahaca picada y acidular con un poco de zumo de limón. Servirla a temperatura ambiente como acompañamiento de la empanada de boletos.

—•—

STRUDEL DE SETAS Y ESPINACAS CON SALSA DE JAMÓN

200 g de boletos comestibles
500 g de espinacas crudas (peso bruto)
20 g de mantequilla

2 chalotes picados

2 cucharadas de aceite

ajo

1 cucharada y ½ de perejil picado

200 g de requesón

2 huevos

50 g de parmesano rallado

1 hoja de 250 g de pasta de hojaldre descongelada

1 cucharada de semillas de sésamo claras

nuez moscada

sal y pimienta

Para la salsa de jamón

100 g de jamón cocido en lonchas

1 dl de vino tinto

1 rociada de vino de Marsala

1 chalote picado

1 ramita de tomillo

1 hoja de laurel

2,5 dl de caldo de carne

media cucharadita de almidón

pimienta negra

Calentar abundante agua salada en una cacerola grande. Precalentar el horno a 200 °C. Limpiar las setas, lavarlas, secarlas y cortarlas en laminita. Saltearlas brevemente en aceite con un diente de ajo; salar ligeramente, pimentar, añadir el perejil y reservar. Limpiar las espinacas, reservando los tallos coriáceos y las bases de las plantillas para otras preparaciones, y lavarlas cuidadosamente varias veces en agua fría. Sumergirlas 3 minutos en agua hirviente y escurrirlas. Calentar la mantequilla en una sartén, rehogar el chalote y saltear las espinacas durante 2-3 minutos. Rallarle encima un poco de nuez moscada y reservar. Amalgamar el requesón con un huevo entero y el parmesano, más una puntita de ajo picado, nuez moscada, sal y pimienta.

Extender con el rodillo la hoja de pasta de hojaldre para agrandarla ligeramente, colocarla sobre una placa de horno y cortarla longitudinalmente por la mitad para obtener 2 rectángulos iguales. Distribuir en el centro de uno de ellos una tira de espinacas, superponerle una capa de setas y, finalmente, la mezcla de requesón, utilizando a ser posible una manga de cocina con pico ancho. Superponer la otra hoja de pasta y sellar bien los bordes con la punta de un tenedor para que no se escape el relleno durante la cocción. Pincelar la superficie con 1 huevo batido y espolvorear con semillas de sésamo. Cocer en el horno durante unos 20 minutos hasta que el strudel se dore.

Entre tanto, preparar la salsa de jamón. Cortar la mitad del jamón (50 g) a la juliana (véase p. 24), sumergirlo 1 minuto en agua hirviente y escurrirlo. Batir la otra mitad en la picadora hasta obtener una pasta homogénea y sin grumos pegajosos. Echar en una olla pequeña el vino tinto, una rociada de Marsala, 1 chalote picado, una ramita de tomillo, 1 hoja de laurel y unos cuantos granos de pimienta. Cocer a fuego lento unos minutos para que se reduzca el líquido a ⅓ y, a continuación, añadir el caldo frío en el que previamente se habrá amalgamado el almidón y la pasta de jamón. Mezclarlo todo y reducirlo a fuego lento hasta conseguir una salsita cremosa. Pasar por el pasapuré de malla fina y reservar. En el momento de servir, volver a calentar la salsa y añadirle el jamón previamente sumergido en agua en abullición. Calcular 2 cucharadas de salsa por persona, con la cual se condimentará el strudel cortado en trozos.

EMPANADA DE BOLETOS COMESTIBLES

700 g de boletos comestibles

1 diente de ajo picado

2 cucharaditas de perejil picado

2 cucharadas de aceite de oliva

250 g de pasta de hojaldre descongelada

mantequilla

harina

5 dl de bechamel espesa (véase p. 36)

200 g de requesón dulce en lonchitas

1 huevo batido

semillas de sésamo

sal y pimienta

Receta para seis personas. Precalentar el horno a 200 °C. Limpiar y lavar los boletos, cortarlos en finas láminas. Calentar en un wok el aceite y rehogar las setas con el ajo y el perejil durante unos 5 minutos, salpimentando hacia el final. Reducir el jugo hasta que adquiera una consistencia cremosa. Reservar.

Preparar una bechamel más bien espesa, incorporarle el requesón dulce en lonchitas y, removiendo a fuego lento un par de minutos, disolverla por completo. Rectificar de sal y pimienta.

Cortar la pasta de hojaldre en 2 partes iguales, apelotonarlas, aplastarlas en dos discos y, sobre una superficie ligeramente enharinada, extenderlas con el rodillo para que queden muy delgadas. Untar con mantequilla una bandeja redonda de horno de unos 24 cm de diámetro, espolvorearla ligeramente con harina y forrarla, incluyendo los bordes, con 1 de las 2 hojas de pasta de hojaldre. Pincelar con el huevo batido, extender ⅔ de la bechamel en una capa uniforme y echarle encima las setas y después el resto de la bechamel. Cubrir con el segundo disco de pasta y sellar los bordes con la punta de un tenedor. Pincelar de nuevo con el huevo batido y practicar un orificio en el centro para que salga la humedad. Espolvorear con una cucharada abundante de semillas de sésamo y cocer en el horno durante 20-25 minutos.

—•—

FLAN DE SETAS CON SALSA «PIZZAIOLA» CRUDA

120 g de boletos comestibles (peso neto)

1 chalote picado

1 ramita de tomillo

1 dl de caldo

20 g de mantequilla

4 huevos

40 g de parmesano rallado

1,5 dl de nata

1,5 dl de leche

1,5 de salsa «pizzaiola» cruda (véase p. 258)

sal y pimienta

Para adornar

manojos de albahaca

1 tomate en capullo de rosa (véase p. 27)

Precalentar el horno a 180 °C. Limpiar y lavar las setas, secarlas con papel de cocina y cortarlas en finas láminas.

Sofreír el chalote en la mantequilla con 1 ramita de tomillo durante 5 minutos, subir ligeramente la llama, añadir los boletos con un poco de sal y dejar que tomen sabor, removiendo a menudo durante un par de segundos. Regar con el caldo, tapar, bajar la llama y cocer a fuego lento durante unos 15 minutos hasta que las setas estén bien cocidas. Rectificar de sal, pimentar, eliminar el tomillo y pasar por un pasapurés de malla fina. Recoger el puré en un cuenco y añadirle la nata, la leche, 2 yemas de huevo y 2 huevos batidos conjuntamente con un poco de sal, pimienta y parmesano. Calentar agua para la cocción al baño María. Untar generosamente con mantequilla 4 moldes de acero inoxidable de 2 dl de capacidad, llenarlos con la mezcla y colocarlos en una cacerola de bordes bajos; echar agua hirviente en la cacerola hasta cubrir ⅔ de los moldes y cocer en el horno durrante 30 minutos. Entre tanto, preparar la salsa.

Una vez finalizada la cocción, abrir un poco la portezuela del horno y dejar 10 minutos en reposo antes de sacar los moldes; a continuación, pasar la hoja de un cuchillo pequeño alrededor de los flanes y vaciar los moldes en los platos individuales calientes.

Verter un poco de salsa al lado y adornar con capullos de tomate y manojitos de albahaca.

SETAS FRITAS CON SALSA TÁRTARA

500 g de sombreros de champiñones anisados o de boletos comestibles (peso neto)

3 huevos

pan rallado fresco

aceite de oliva ligero

sal y pimienta

Para la salsa tártara

4 huevos duros

4 cucharaditas escasas de mostaza

2,5 dl de aceite de oliva fino

zumo de limón

3 pepinillos encurtidos finamente picados

3 cucharadas de alcaparras encurtidas finamente picadas

2 cucharadas de ajo moruno desmenuzado

2 cucharadas de perejil picado

media cucharadita de sal

Para adornar

1 tomate en capullo de rosa (véase p. 27)

perejil rizado

Para acompañar

espárragos o alcachofas al vapor

Preparar ante todo la salsa (aproximadamente 3,5 dcl). Separar las yemas de los huevos duros de las claras; pasar las claras por el pasapuré de malla fina y reservarlas. Aplastar las yemas en un cuenco con un tenedor e incorporar la mostaza y la sal hasta obtener una pasta homogénea y sin grumos. Añadir el aceite de oliva poco a poco, como se hace con la mayonesa, batiendo con una espátula hasta obtener una crema voluminosa y compacta. Acidular al gusto con zumo de limón. Poner los pepinos y las alcaparras encurtidos y picados en un lienzo, estrujarlos para eliminar el líquido e incirporarlos a la salsa junto con las hierbas y las claras de huevo. Rectificar de sal y pimentar.

Limpiar y lavar los sombreros de las setas, secarlos, tapándolos con papel de cocina, y cortarlos en tiritas de un dedo de grosor. Batir los huevos con un poco de sal y pimienta en un cuenco; pasar la setas por el huevo y el pan rallado y freírlas en abundante aceite de oliva a 180 °C durante un par de minutos, poniendo pocas a la vez, hasta que estén doradas y crujientes. Escurrirlas sobre papel de cocina y conservarlas calientes mientras se fríen las demás.

Servirlas en seguida con la salsa tártara acompañadas de espárragos o alcachofas al vapor y adornadas con capullos de tomate y perejil rizado.

TORTILLA DE SETAS CON HIERBAS

400 g de gamuzas o de rebozuelos

2 chalotes

30 g de mantequilla

1 cucharada de aceite

1 cucharada de hojas de ajedrea picadas

1 cucharada de perejil picado

6 huevos

40 g de parmesano rallado

sal y pimienta

Para adornar

ramitas de ajedrea

Para acompañar

ensalada de tomates y oruga

Lavar las setas y picarlas no muy finas. En una sartén grande, calentar la mantequilla y el aceite y rehogar los chalotes durante unos 10 minutos. Subir la llama y saltear las setas a fuego moderado durante unos 6 minutos hasta que estén cocidas *al dente* y el jugo se haya reducido casi por completo. Hacia el final de la cocción, salpimentar e incorporar las hierbas.

Batir los huevos en un cuenco con un poco de

sal y pimienta durante unos segundos; añadir el parmesano y echarlos en la sartén, repartiéndolos por toda la superficie. Bajar la llama y freír la tortilla durante 2-3 minutos, deslizarla sobre una tapadera o un plato, superponerle la sartén y darle la vuelta. Cocer durante 1 minuto más a fuego lento, procurando que quede viscosa, y colocarla en seguida en la bandeja de servir. Adornar con ramitas de ajedrea y servir en seguida, acompañada de una buena ensalada de tomates y oruga.

—•—

SETAS REHOGADAS CON POLENTA

500 g de setas variadas a partes iguales: rebozuelos, armilarias de miel, gorros verdes, níscalos

2 chalotes grandes picados

4 cucharadas de aceite de oliva fino

2 cucharadas de perejil picado

1 cucharada de harina

2 dl de caldo

2 cucharadas de parmesano

30 g de mantequilla

sal y pimienta

Para la polenta

500 g de harina de maíz

1,8 dl de agua

sal

Preparar en primer lugar la polenta: llevar a ebullición en una olla grande 1,8 l de agua con 1 cucharada rasa de sal y echarle la harina en fina lluvia, removiendo sin interrupción con una cuchara de madera. Cocerla durante 40 minutos sin dejar de remover hasta que esté perfectamente cocida. Rectificar de sal y conservar caliente.
Limpiar y lavar las setas, secarlas con papel de cocina. Separar los sombreros de los pies y cortar las setas en láminas de unos 4 mm de grosor a excepción de las armilarias, cuyos pequeños sombreros deberán dejarse enteros, cortando los pies más grandes longitudinalmente por la mitad con las manos. Calentar el aceite en una cacerola grande y baja y rehogar los chalotes durante 5 minutos. Añadir el perejil remover unos segundos, y, a continuación, subir la llama y añadir las setas con un poco de sal.
Saltearlas a fuego vivo un par de minutos, espolvorearlas con la harina, regar con el caldo y llevar a ebullición. Bajar la llama, tapar y cocer a fuego lento durante 10 minutos, removiendo de vez en cuando hasta que las setas estén cocidas *al dente*. Retirar del fuego, rectificar de sal, molerles encima un poco de pimienta fresca, mezclar con 20 g de mantequilla y el parmesano y servir con la polenta caliente.

—•—

MATACANDELAS A LA MILANESA

4 sombreros grandes de matacandelas

harina

4 huevos

pan rallado

mantequilla

aceite de oliva

sal y pimienta

Para adornar

rajas de limón

perejil rizado

capullos de tomate (véase p. 27)

Para acompañar

ensalada de diente de león y tomate

Limpiar, lavar y secar los sombreros de las setas con papel de cocina. Pasarlos por la harina, sacudiendo el exceso, pasarlos a continuación por los

huevos batidos con un poco de sal y pimienta y, finalmente, por el pan rallado.
Manipularlos con cuidado para que no se rompan y colocarlos sobre una tabla de madera.
En una sartén grande calentar 20 g de mantequilla y 2 cucharadas de aceite y, cuando se reduzca la espuma, freír los sombreros de las setas aproximadamente 3 minutos por cada lado hasta que queden dorados y crujientes. Escurrirlos sobre papel de cocina y conservarlos calientes mientras se frien los demás, añadiendo mantequilla y aceite cada vez. Servir en seguida muy calientes, adornados con rajas de limón, perejil rizado y capullos de tomate; acompañar con ensalada de cerraja y tomates.

—•—

CROQUETITAS DE SETAS CON SALSA «PIZZAIOLA»

500 g de rebozuelos

1 ramita de tomillo

1 diente y ½ de ajo

2 huevos enteros

40 g de parmesano rallado

4 cucharadas de pan rallado fresco

2 cucharadas de perejil picado

aceite de oliva fino

sal y pimienta molida

Para adornar

perejil rizado

1 tomate en capullo de rosa (véase p. 258)

espárragos o brécoles al vapor

Limpiar y lavar las setas, cortarlas en trozos más bien grandes y colocarlas en una sartén grande antiadherente con 2 cucharadas de aceite, el tomill y 1 diente de ajo majado. Salpimentar, tapar y cocer a fuego lento durante unos 20 minutos. Destapar y subir la llama para que se evapore todo el líquido. Eliminar el tomillo y el ajo y picar las setas muy finas.
Escurrirlas para eliminar el líquido y recogerlas en un cuenco. Añadir los huevos ligeramente batidos con un poco de sal y pimienta, el pan rallado, el parmesano, medio diente de ajo picado y el perejil hasta obtener una mezcla más bien compacta. En caso necesario, añadir un poco más de pan rallado. Rectificar de sal y pimienta y formar unas croquetas aplanadas de unos 5 cm de diámetro. Calentar abundante aceite a 180 °C y freír las croquetas en poca cantidad cada vez durante unos 2 minutos hasta que estén doradas y crujientes. Escurrirlas sobre papel de cocina y servirlas muy calientes, adornadas con perejil rizado y capullos de tomate; acompañar con salsa «pizzaiola» cruda y espárragos o brécoles al vapor.

—•—

HUEVOS FRITOS CON TRUFA Y POLENTA

1 trufa blanca pequeña

8 huevos

30 g de mantequilla

500 g de polenta (véase p. 262)

sal y pimienta

Preparar la polenta tal como se describe en la página 262. Derretir la mantequilla subdividida en dos partes iguales en dos sartenes grandes antiadherentes y, sin dejar que se fría y a fuego muy lento, romper en cada una 4 huevos. Cocer a fuego lento durante 2-3 minutos, salpimentando sólo la clara hacia el término de la cocción. La yema deberá calentarse un poco, pero sin cocerse.
Repartir las raciones de polenta en los platos individuales. Sacar los huevos de dos en dos y colocarlos en la polenta. Servir en seguida con la trufa que cada cual cortará en láminas al gusto.

CHAMPIÑONES A LA BOLOÑESA

300 g de champiñones
2 cucharadas de aceite de oliva fino
30 g de mantequilla
3 chalotes picados
3 cucharadas de pan rallado fresco
2 cucharadas de perejil picado
1 cucharada de ajo moruno desmenuzado
sal y pimienta

Para acompañar

rösti (véase p. 195), Reibekuchen o tortillas de hierbas.

Limpiar y lavar los champiñones, escurrirlos y cortarlos en 4 partes (o en 8 los más grandes) en sentido longitudinal. En una sartén grande calentar el aceite y la mantequilla hasta que se reduzca la espuma y saltear las setas a fuego moderado durante 3-4 minutos. Salpimentar. Añadir los chalotes y el pan rallado y saltear otro par de minutos. Retirar del fuego, incorporar el perejil y el ajo moruno y servir en seguida en platos calientes como acompañamiento de rösti, Reibekuchen o tortillas de hierbas.

—•—

COLMENILLAS Y ESPÁRRAGOS CON SALSA MUSELINA

24 colmenillas frescas
16 espárragos gigantes de California
20 g de mantequilla
vino blanco seco
2 dl de salsa muselina (véase p. 107)
sal

Para acompañar

timbal de coliflor (véase p. 83) o filetes de pescado

Pelar los espárragos, lavarlos, cortar 2 dedos de los extremos y cocerlos *al dente* en agua salada en ebullición durante unos 12 minutos. Escurrirlos y conservarlos calientes.
Mientras se cuecen los espárragos, limpiar las colmenillas, eliminado la parte terrosa del pie. Separar los sombreros de los pies y lavarlos cuidadosamente con agua fría para eliminar cualquier residuo de tierra en los alvéolos. Cortar los pies en rodajas gruesas y los sombreros en 4 partes en cruz. Rehogarlos en 20 g de mantequilla durante unos 8 minutos, salpimentándolos ligeramente; añadir una rociada de vino blanco seco y cocerlos hasta que estén *al dente*. Conservarlos calientes mientras se prepara la salsa, tal como se indica en la página 107. Disponer las puntas de espárragos cruzadas en los platos individuales, colocarles por encima las colmenillas y echar a un lado un poco de salsa muselina caliente. Servir como entremés o como acompañamiento de un timbal de coliflor o de filetes de pescado regados con vino blanco.

·RECETAS CON VERDURAS·
PARA OCASIONES ESPECIALES

Cena en la montaña

Ensalada Doretta

—•—

Sopa de cebolla
al gratén

—•—

Lechugas rellenas

—•—

Tartita crujiente
de patatas
Rösti

—•—

Île Flottante

—•—

Grolla del Valle de Aosta

NOCHEVIEJA RUSA A LA LUZ DE LAS VELAS

ENSALADA IRAIDA
DE ZANAHORIAS
Y MANZANAS VERDES

—•—

PAN DE ZANAHORIAS
Babka

—•—

PATATAS AL HORNO
CON CAVIAR
Y NATA ÁCIDA

—•—

SOPA DE REMOLACHAS
Y COLES A LA RUSA
Borscht

—•—

AGUATURMAS A LA RUSA
EN VOL-AU-VENT

—•—

DAME BLANCHE

—•—

Vodka en botella helada
o vino blanco aromático

Champán

Black Russian

Una Nochevieja tranquila en casa en la intimidad familiar o con muy pocos amigos reunidos alrededor de una mesa suntuosa a la luz de las velas con un menú dedicado a un lejano país. ¿Qué mejor pretexto para concluir el año, permitiéndonos el lujo de saborear una transgresora cena rusa, sin preocuparnos, aunque sólo sea por una vez, por las calorías?
Empezaremos con una refrescante ensaladita de zanahorias y manzanas verdes *y la acompañaremos con la* babka, *un pan dulce a base también de zanahorias. Seguirán las* patatas al horno con caviar y nata ácida, *una de las mejores maneras de saborear el caviar Beluga. Es aconsejable regarlo con vodka en pequeñas cantidades, pero quien lo prefiera puede tomar después vino blanco aromático. La cena adquirirá un ritmo lento y agradablemente relajado. Un nutritivo* borscht *confirmará lo anterior y servirá de interrupción imprescindible para afrontar las sorprendentes* aguaturmas en vol-au-vent.
Y, finalmente, la Dame Blanche, *una delicada mousse de almendras de sabor suave y vagamente exótico, restablecerá de nuevo el equilibrio y nos preparará para el tradicional brindis de Año Nuevo con un excelente champán.*

DAME BLANCHE

Preparación: 15 minutos, más 2 horas para la refrigeración

Cocción: 5 minutos

Dificultad: mínima

Postre

250 g de almendras peladas

2 dcl de leche

4 hojas de gelatina de pescado

150 g de azúcar

5 dcl de nata montada

Para adornar

gelatina de grosellas

almendras cortadas en laminitas, tostadas

pequeños racimos de grosellas frescas

Receta para 8 personas. Poner la gelatina en remojo en agua templada. Picar las almendras en trozos grandes en la picadora, colocarlas en un cuenco, añadir 4 dcl de agua templada y dejarlas en remojo durante 15 minutos. Tamizarlas a través de un pañuelo que posteriormente se tendrá que estrujar bien con las manos para extraer todo el jugo.

Llevar a ebullición la leche y el azúcar en una olla pequeña, removiendo hasta que el azúcar se disuelva por completo. Retirar del fuego y añadir la gelatina reblandecida y bien escurrida, procurando que se disuelva por compoleto. Amalgamar la leche de almendras, pasar por el tamiz de malla fina y poner a enfriar.

Montar la nata y amalgamarla a la mezcla que posteriormente se deberá verter en copas de cristal y colocar en el frigorífico durante 2 horas por lo menos, hasta que se condense.

Utilizando una manga pastelera de pico fino, adornar la superficie de las copas con gelatina de grosellas al gusto, añadiendo, si se desea, poco antes de servir, algunas laminillas de almendras tostadas y pequeños racimos de grosellas bien frescos.

BLACK RUSSIAN

Cocktail after dinner

2/3 de vodka

1/3 de Kahlua

Amalgamar los licores en la coctelera y verterlos en unos vasos *old fashioned* con unos cuantos cubitos de hielo.

Dame Blanche

BRUNCH DE AÑO NUEVO

JUGO DE APIO, ZANAHORIAS
Y MANZANAS VERDES

POPOVER

PANQUEQUE DE BATATAS
CON SALSA DE RÁBANO SILVESTRE
Y MANZANA VERDE

BUÑUELOS DE LENTEJAS
Y GUISANTES
CON CHUTNEY DE CILANTRO

TARTA DE CALABAZA
CON GALLETITAS
DE ALMENDRAS AMARGAS

ENGLISH BREAKFAST TEA

CAFÉ COLOMBIANO

Champán a la granada

Té con los amigos

Bocadillos de berros

Samosas

Tarta de ruibarbo

Pastel de zanahorias

Castagnaccio

Pastel de espinacas y remolacha

Té con especias a la hindú y otros tés

Por qué no dedicar una tarde de ocio dominical a los amigos a los que no conseguimos ver nunca? Propongámosles un open tea-party *a base de verduras entre las 4 y las 6 y 1/2, especificando que se trata de una invitación absolutamente informal; de esta manera, vendrán todos y algunos llevarán incluso a los niños. Ello nos animará la tarde y no nos causará el menor trastorno: Lo prepararemos todo de antemano y, por la tarde, sólo tendremos que freír las* samosas.

Los invitados vendrán y se irán poco a poco, lo cual nos permitirá atenderles a todos y dedicar a cada grupito una ceremonia del té a la medida: para los tradicionalistas, un Orange Pekoe *y unos* bocadillos de berros*; para los esnobs, un* Lapsang Souchong *y una* tarta de ruibarbo*; para los niños,* té a los frutos de bosque, pastel de zanahorias y castagnaccio. Para los hambrientos que se hayan levantado muy tarde y se hayan saltado el desayuno, el pastel de espinacas *y remolacha, acompañado por un té* Queen Mary*, con ligero sabor a moscatel, será una delicia inesperada. Y, finalmente, para los amantes del exotismo, el rincón hindú, en el cual destacarán las* samosas, *sabrosísimas empanadillas de guisantes y patatas, y el* té con especias *servido en vasos de ponche.*

1 PASTEL DE ZANAHORIAS p. 199

2 PASTEL DE ESPINACAS Y REMOLACHA p. 50

3 BOCADILLOS DE BERROS p. 49

4 SAMOSAS p. 210

5 TARTA DE RUIBARBO p. 96

TÉ CON ESPECIAS A LA HINDÚ

Preparación: 5 minutos

Cocción: 15 minutos

2 ramitas de canela

10 clavos

10 cápsulas de cardamomo

3 cucharadas escasas de azúcar

3 dl de leche

3 cucharadas de té negro de Ceilán

Receta para 6 personas. Poner en un perol 1,4 dl de agua con la canela, los clavos y las cápsulas de cardamomo, en las que se habrá practicado una incisión con la uña. Llevar a ebullición, tapar y hervir a fuego lento durante unos 10 minutos. Retirar del fuego, añadir en seguida el té, tapar y dejar en infusión un par de minutos. Filtrar el té sobre las tazas o los vasos individuales, y servirlo muy caliente.

CASTAGNACCIO

Preparación: 15 minutos

Cocción: 30 minutos

Postre

250 g de harina de castañas

5 dl de leche

100 g de azúcar

20 g de piñones

1 cucharadita de agujas de romero

1 dl de aceite de oliva fino

sal

Receta para 16 raciones. Precalentar el horno a 200° C y untar con aceite 2 fuentes bajas de 27 cm de diámetro. Amalgamar la harina de castañas con 5 dl de agua y la leche, incorporándolos muy despacio. Añadir una buena pizca de sal y el azúcar y, poco a poco, el aceite de oliva. Extender la pasta en una capa fina y uniforme sobre las 2 fuentes, espolvorear la superficie con los piñones y el romero y regar con un hilo de aceite. Cocer en el horno durante unos 30 minutos hasta que el castagnaccio quede crujiente y dorado; dejarlo enfriar un poco antes de despegarlo de las fuentes mediante una paleta.

Castagnaccio

FIESTA-BUFFET DE CARNAVAL

TOMATES EN ACEITE CON QUESO Y PAN DE CEBOLLA

—•—

CRUDITÉS A LA ORIENTAL CON SALSA DE SÉSAMO

—•—

ENSALADA DE ARROZ CON BOLETOS COMESTIBLES Y TRUFAS

—•—

LASAÑITAS GRATINADAS A LA ACHICORIA

—•—

PENNE A LA «AÚMM AÚMM»

—•—

STRUDEL DE SETAS Y ESPINACAS CON SALSA AL QUESO

—•—

TIMBAL DE COLIFLOR

—•—

ALCACHOFAS A LA ROMANA

—•—

BAVARESA A LAS FRESAS CON SALSA DE KIWI

—•—

TURRONCITOS BLANDOS

Tête-à-tête vegetariano

Ensalada

Aida

Crema de coliflor al curry

Flan de berenjenas con salsa a la menta

Tris de verduritas al tomillo

Semifrío al Curaçao Azul

Chris Evert

Stinger

Para un romántico tête-à-tête, proponemos un menú vegetariano muy ligero y refinado: platos especiales para un hombre y una mujer muy especiales. Empezaremos con un cóctel exquisito de color azul intenso, un Chris Evert, *corregido y mejorado, servido con hojaldres de sésamo. La* ensalada Aida, *fresca y estimulante, servirá de entremés y será la introducción a una picante* crema de coliflor al curry. *El impalpable* flan de berenjenas, *aromatizado con salsa de menta agridulce, será un perfecto after-curry y, puesto que los comensales serán solamente dos, nos podremos permitir como guarnición el complejo y elegente* tris de verduritas al tomillo. *El postre, como el cóctel, será sorprendentemente azul: un* semifrío al Azul de Curaçao, *suavizado con salsa de vainilla. Y, para terminar, el más fascinante de los digestivos: el* Stinger *a base de brandy y de menta blanca.*

1 2 3 4

1 CREMA DE COLIFLOR AL CURRY p. 62
2 FLAN DE BERENJENAS CON SALSA DE MENTA p. 134
3 TRIS DE VERDURITAS AL TOMILLO p. 196
4 ENSALADA AIDA p. 53

SEMIFRÍO AL CURAÇAO AZUL

Preparación: 15 minutos, más 2 horas para la refrigeración

Postre

4 dl de nata

150 g de azúcar

4 yemas de huevo

1,5 dl de Curaçao Azul

Para acompañar

salsa de vainilla (p. 269)

Rerceta para 6 personas. Montar la nata. Hervir a fuego lento 1,2 dl de agua con el azúcar durante 2 minutos hasta obtener un jarabe. Retirar del fuego y añadir poco a poco las yemas sin dejar de remover hasta que la mezcla se enfríe por completo. Echar en unos pequeños moldes y colocar por lo menos un par de horas en el congelador. En el momento de servir, sumergir un momento los moldes en agua caliente y vaciarlos sobre los platillos individuales. Acompañar con salsa de vainilla.

HOJALDRES DE SÉSAMO

Preparación: 15 minutos

Cocción: 8 minutos

Galletitas saladas de cóctel

100 g de pasta de hojaldre descongelada

1 huevo

2-3 cucharadas de semillas de sésamo

sal y pimienta molida

Precalentar el horno a 240 °C. Extender la pasta de hojaldre con el rodillo sobre una superficie ligeramente enharinada hasta reducirla a un grosor de unos 3 mm aproximadamente. Batir en un cuento el huevo con una pizca de sal y un poco de pimienta molida y pincelar la superficie. Espolvorear con las semillas de sésamo. Mojar una placa de horno con agua fría. Recorta la pasta en bastoncillos rectangulares de aproximadamente 2 × 5 cm y alinearlos sobre la placa a cierta distancia unos de otros. Cocer en el horno durante unos 8 minutos aproximadamente hasta que se hinchen y se doren. Servirlos calientes o fríos.

CHRIS EVERT

Cóctel

3/4 de vodka

1/5 de Blue Curaçao

1/5 de zumo de limón

Para adornar

cerecitas al marrasquino u hojitas de menta

Servir en unos highball con cañitas cortas y cubitos de hielo, adornado con las cerecitas y las hojitas de menta.

STINGER

Cóctel after-dinner

2/3 de brandy

1/3 de crema de menta blanca

Agitar en la coctelera y verter en las copitas

Semifrío al Curaçao Azul

Cena hindú

Okras fritos
ala hindú

Berzas con especias
a la hindú
Masala Gobhi

Berenjenas con yogur
a la hindú
Raita

Guisantes y cuajada
a la hindú
Panir mater

Lentejas rosas
con arroz a la hindú

Crema de guisantes
con hierbas
Hara shorba

Gelatina al azafrán
y pétalos de rosa
Kesari barfi

Bombay
Singapore Sling
Té Darjeeling

DESAYUNO PROVENZAL EN EL JARDÍN

SALADE GOURMANDE

CREMA DE TOMATE CON COLAS DE CIGALAS

VERDURITAS RELLENAS A LA PROVENZAL
Petits Farcis

SORBETE DE MANZANA AL CALVADOS

BASTONCITOS DE DÁTILES AL CHOCOLATE

Ha llegado finalmente el tan esperado verano: un acontecimiento que hay celebrar indiscutiblemente con un desayuno provenzal en el jardín. El decorado ideal sería naturalmente la ciudad de Arles o sus alrededores bajo un olivo gigantesco entre las punteadas manchas de sol en medio del embriagador perfume del jazmín y, como fondo, el cadencioso y lento canto de las cigarras. Sin embargo, podremos evocar el encanto de Provenza en cualquier jardín gracias a este alegre y solar menú típicamente mediterráneo. Empezaremos con una salade gourmande *como entremés: no es una ensalada cualquiera porque tiene la originalidad del delicado aliño con vinagre de Jerez, las judías cocidas* al dente *y el foie-gras trufado. La* crema de tomate fría *con las colas de cigalas templadas será una perfecta introducción a los apetitosos y variados* petits farcis, *verduritas tiernas rellenas al horno, aromatizadas con hierbas provenzales. El desayuno terminará con un delicioso sorbete de manzanas al Calvados; y, con el café, los* bastoncitos de dátiles al chocolate *sustituirán a las clásicas friandises.*

1 2 3

SORBETE DE MANZANAS AL CALVADOS

Preparación: 40 minutos
más 2 horas para la refrigeración

Dificultad: media

Postre

2 kg de manzanas golden

500 g de azúcar

3 dcl de glucosa

Calvados

Para adornar

Hojitas de menta y cerecitas de cóctel

Amalgamar en una cacerola 1 litro de agua, el azúcar y la glucosa, y calentar a 70 °C, mezclando con una cuchara de madera.
Pelar y limpiar las manzanas, trocearlas y batirlas a alta velocidad hasta obtener un puré. Pasarlas por el tamiz de malla fina y mezclarlas con el jarabe en un cuento grande. Verter la mezcla en la sorbetera y trabajarla durante 15 minutos. Trasladarla al recipiente de helados y colocar en el congelador por lo menos 2 horas. Sacarla 10 minutos antes de servir. Dejar que se ablande un poco el sorbete, formar a continuación unas bolitas con el correspondiente utensilio de helados y poner 2 o 3 en cada copa individual.
Regar con Calvados helado, adornar con hojitas de menta y cerecitas, y servir.

Sorbete de manzanas al Calvados

BASTONCITOS DE DÁTILES AL CHOCOLATE

Preparación: 30 minutos

Cocción: 35 minutos

Dificultad: mínima

Postre

210 g de dátiles
2 cucharadas de harina
130 g de azúcar
1 cucharadita de café colmada de levadura en polvo
2 huevos
100 g de nueces descascaradas
80 g de chocolate amargo rallado
1/2 cucharadita de canela en polvo
2 cucharadas de azúcar de caña
mantequilla

Precalentar el horno a 160 °C. Untar de mantequilla y enharinar una fuente rectangular de 22 cm de longitud. Tamizar conjuntamente sobre un cuenco la harina, el azúcar y la levadura en polvo. Batir ligeramente los huevos enteros con una espátula, amalgamar los dátiles deshuesados y las nueces, picados no muy finos; incorporar el chocolate rallado.
Amalgamar la mezcla con la harina y el azúcar tamizados. Extenderlo todo en una capa uniforme en el interior de la fuente, nivelando la superficie con una paleta. Mezclar la canela con el azúcar de caña y espolvorear sobre la pasta. Cocer durante unos 35 minutos aproximadamente hasta que la superficie se dore. Dejar en reposo 10 minutos antes de vaciar la fuente sobre una tabla de madera; cortar en bastoncitos rectangulares de aproximadamente 10 × 2,5 cm. Servir los bastoncitos templados con el café.

CÓCTEL-BUFFET A LA ORIENTAL

HOJAS DE VID RELLENAS
A LA TURACA

BUÑUELOS DE CALABACINES
Cacik o zaziki

ZANAHORIAS RALLADAS
A LA TURCA
Yogurtlu Havuç Salatasi

PURÉ DE BERENJENAS
A LA TURCA
Patlican Ezmesi

PIMIENTOS RELLENOS
A LA TURCA
Zeytinyagli Biber Dolmasi

BERENJENAS A LA TURCA
Imam Bayildi

CREMA DE ALMENDRAS
A LA GRANADA
Keskuk

Raki

Vodka helado

Champán

Café turco masbut
al cardamomo

El cóctel-buffet, intermedio entre un cóctel reforzado y una cena-buffet, es la solución ideal para atender a los invitados de una forma relajada. El anfitrión podrá hablar un poco con todos los invitados y desplazarse tranquilamente de uno a otro grupo; los invitados podrán llegar y marcharse con entera libertad y sin problemas. Cuando descubran que se trata de un buffet turco a base exclusivamente de verduras, pocos resistirán la tentación, llegarán hasta el final y no se irán hasta que les hayan leído los posos de las tacitas de café. Un open bar muy bien surtido de todo lo necesario, desde el raki *al* vodka helado *y el* champán, *permitirá a los invitados acompañar los distintos* mezés, *o refrigerios, a voluntad: las* hojas de vid rellenas de arroz y piñones, *los* buñuelos de calabacines *para mojar en el* cacik *y las refrescantes* zanahorias ralladas. *El pan* pitta *caliente no deberá faltar para saborear mejor el delicioso* puré de berenjenas, *sabroso y delicado a un tiempo. No menos delicados y exquisitos serán los* pimientos rellenos, *fruto de un antiquísimo y refinado arte culinario en el cual las especies y los aromas consiguen crear una auténtica magia a partir de nada. Si se desea enriquecer el menú, se pueden añadir las* berenjenas a la turca *(véase p. 107), las llamadas Imam Bayildi («y el santo varón se desmayó»); parece ser que el desmayo se debió precisamente a estas prodigiosas y sencillas berenjenas con la sola ayuda de un poco de tomate y cebolla.*
Para completar el hechizo, no podrá faltar un pequeño postre: una ingenua y deliciosa crema de almendras, *adornada con unos fulgurantes granos de granada.*

1 PURÉ DE BERENJENAS A LA TURCA p. 108
2 ZANAHORIAS RALLADAS A LA TURCA p. 162
3 PEPINOS CON YOGUR p. 149
4 IMIENTOS RELLENOS A LA TURCA p. 124
5 BUÑUELOS DE CALABACINES p. 143
6 HOJAS DE VID RELLENAS A LA TURCA p. 53

CREMA DE ALMENDRAS A LA GRANADA

Preparación: 20 minutos, más 30 minutos de reposo y 1 hora para la refrigeración

Cocción: 20 minutos

Postre

2 l de leche

2 l de nata

650 g de azúcar

700 g de almendras peladas y pulverizadas

1 cucharadita y 1/2 de esencia de almendras

24 hojas de cola de pescado reblandecidas

Para adornar

100 g de pistachos pelados y picados muy finos

12 cucharadas colmadas de granos de granada madura

Receta para 18 personas. Poner en una cacerola la leche, la nata, el azúcar y las almendras pulverizadas y, mezclando a fuego lento, llevar a ebullición. Retirar del fuego, tapar y dejar en reposo 1/2 hora. Pasar por un tamiz de malla fina, estrujando posteriormente la mezcla con las manos para extraer el jugo.
Echarla de nuevo en la cacerola y llevar otra vez a ebullición. Retirar del fuego, amalgamar la cola de pescado reblandecida y bien escurrida y remover hasta que se disuelva por completo. Añadir la esencia de almendras, pasar nuevamente por el tamiz de malla fina y echar en las copas individuales. Poner 1 hora en el frigorífico y, antes de servir, adornar con los pistachos y los granos de granada.

CAFÉ TURCO MASBUT AL CARDAMOMO

24 cucharaditas de café molido muy fino

12 cucharaditas de azúcar

12 cápsulas de cardamomo

Receta para 12 personas. Poner a hervir 12 tacitas de café de agua, el café molido, el azúcar y las cápsulas de cardamomo abiertas con la uña. Amalgamar bien y llevar a ebullición a fuego lento. Retirar del fuego y esperar medio minuto hasta que desaparezca la espuma. Poner de nuevo sobre la llama y llevar otra vez a ebullición. Repetir la operación por tercera vez y dejar reposar el café 3 minutos antes de servirlo. Al verterlo, procurar repartir equitativamente el cardamomo de tal forma que en cada tacita flote una cápsula.
Con estas cantidades, se obtiene el café masbut, o poco azucarado. Si a alguien le apetece el café sokersiada, o dulce, duplicar la cantidad de azúcar.

CENA GRIEGA A LA ORILLA DEL MAR

ENSALADA GRIEGA

CROQUETAS DE GARBANZOS
Pittarúdia

ROLLITOS DE BERENJENAS A LA GRIEGA
Melítzano Burakákia

HOJALDRE DE ESPINACAS
Spanakópita

BERENJENAS RELLENAS A LA GRIEGA
Papuzákia

ZAZÍKI

SORBETE DE ALBAHACA

RISŚOGALO

Ouzo

·Cena griega·
A la orilla del mar

Para una cena a la orilla del mar, propongamos a nuestros amigos un menú enteramente griego y reconciliémoslos con esta cocina tan injustamente infravalorada. La irresistible música griega creará la correspondiente atmósfera, con ouzo *a voluntad, servido con agua y hielo y, como refrigerio, los* melitzano burakakia, *deliciosos rollitos de berenjenas de origen turco.*
Empezaremos con la imprescindible ensalada griega, *siguiendo después con las insólitas* pittarúdias, *una especialidad de la isla de Rodas de claro origen hindú: crujientes y sabrosas croquetas de garbanzos aromatizadas con menta y comino, que se podrán mojar, si se desea, en el* zazíki. *La* spanakópita, *un delicioso hojaldre de espinacas y queso fresco, aromatizado al eneldo, servirá de primer plato y tendrá muy poco que ver con la que se vende en los tenderetes del puerto. Como plato fuerte, seguirán las* papuzákias, *unas berenjenas rellenas de carne y bañadas con una suave salsa que se alaban ellas solas. Un verdadero triunfo de la cocina mediterránea que terminará con un fresco* sorbete de albahaca *o, como alternativa, con el* Risógalo, *una ingenua crema de arroz y leche de cabra.*

SORBETE DE ALBAHACA

Preparación: 25 minutos

Postre

20 hojas medianas de albahaca desmenuzadas

300 g de azúcar

3 dcl de zumo de limón

2 claras de huevo montadas a punto de nieve

Para adornar

manojitos de albahaca

Receta para 6 personas. Poner en una olla pequeña el azúcar con 7 dcl de agua y hervir durante 5 minutos hasta obtener un jarabe. Batir las hojas de albahaca con 2 cucharadas de agua hasta reducirlas a una pasta. Añadir el zumo de limón, el jarabe y la pasta de albahaca y pasar por un tamiz de malla fina. Poner 1 hora y 1/2 en el congelador hasta que se solidifique; después, remover enérgicamente y amalgamar las claras de huevo montadas a punto de nieve. Volver a colocar en el congelador durante unas 2 horas más.
Para servirlo, formar unas bolitas con el utensilio correspondiente, poner 3 en cada copa y adornar con manojitos de albahaca.

RISÓGALO

Preparación: 5 minutos

Cocción: 35 minutos

Postre

150 g de arroz

1,3 l de leche de cabra

90 g de azúcar

1 cucharadita de almidón

2 yemas de huevo

1 limón

canela en polvo

Receta para 6 personas. Poner el arroz y 1,2 l de leche en una cacerola. Llevar a ebullición y dejar hervir a fuego lento durante 25-30 minutos, removiendo de vez en cuando. Disolver el almidón en 4 cucharadas de leche fría y añadirlo al arroz junto con el azúcar. Remover sin interrupción, llevar a ebullición y dejar hervir a fuego lento un par de minutos. Amalgamar la corteza de limón. Batir las yemas de huevo en un cuenco con la leche restante y, sin dejar de remover, incorporarlas a la crema de arroz poquito a poco y a fuego muy lento. Mezclar durante unos 30 segundos hasta que se solidifiquen y retirar del fuego. Verter en las copas individuales y enfriar a temperatura ambiental. Poco antes de servir, espolvorear con un poco de canela.

Sorbete de albahaca

CENA JAPONESA DE AGOSTO

ENSALADA PICANTE
DE DAIKON Y HUEVAS DE SALMÓN
Ikura to daikon no oroshi ae

ENSALADA DE SETAS
Y SPAGHETTI DE SOJA
Rien pan san su

TEMPURA CON SALSA
Tentsuyu

SOPA DE MISO Y TOFU
Tofu noo misoshiru

BROTES DE SOJA CON CARNE
DE CERDO Y ARROZ AL VAPOR
Momayashi to Gyuniku

SORBETE O BATIDO DE MELÓN
Misore no moto

GELATINA DE AZUKIS
Mizuyokan

Mikado

Cerveza japonesa

Saké caliente

Aguardiente de ciruelas japonesas

Té verde

·Cena japonesa·
de agosto

Un mes de agosto en la ciudad puede transformarse a veces en unas auténticas vacaciones con delicias inesperadas. Los espacios se dilatan y nos sentimos repentinamente libres y con un inmenso deseo de hacer toda una serie de cosas siempre soñadas y constantemente dejadas para más adelante. Una de ellas podría ser saborear una verdadera cena japonesa disfrutada en un ambiente de absoluta relajación con la emocionante música Edo apenas amortiguada por el suave zumbido del acondicionador de aire. Podremos finalmente crear un ikebana a nuestro gusto y poner una mesa presidida por la sencillez y lo esencial, es decir, por la perfección absoluta.

En cuanto los comensales se sienten a la mesa, ofreceremos el cóctel y las esponjitas heladas y escurridas para refrescarnos: es un buen comienzo. Después explicaremos que hemos elegido un menú deliberadamente casero para diferenciarlo de los que suelen servirse en los restaurantes, con platos fáciles que se pueden preparar con antelación, exceptuando el incomparable tempura, *para freír el cual deberemos retirarnos discretamente en un determinado momento. Con el refrigerio de* daikon y huevas de salmón, *serviremos* saké caliente *y después ofreceremos la alternativa de la* cerveza helada japonesa.

Una vez terminada la refrescante Rien pan san su, *se servirá el* tempura *de verduras con la* salsa tentsuyu *o, si se prefiere evitar las frituras, los sabrosos* brotes de soja con carne de cerdo y arroz al vapor*; y, finalmente, la* sopa de miso y tofu. *Seguirá el refrescante* sorbete o batido de melón *y, tras un intervalo razonable, unos pequeños triángulos de* gelatina de azuki *con el digestivo: el aguardiente de ciruelas japonés, servido en minúsculas copitas de porcelana, será el colofón de una cena inolvidable.*

1. Tempura con salsa tentsuyu p. 141
2. Brotes de soja con carne de cerdo y arroz al vapor p. 126
3. Sopa de miso y tofu p. 117
4. Ensalada picante de daikon y huevas de salmóne p. 163
5. Ensalada de setas y spaghetti de soja p. 251

SORBETE O BATIDO DE MELÓN

Misore no moto

Preparación: 15 minutos, más 3 horas para la refrigeración

Dificultad: mínima

Postre

350 g de pulpa de melón

250 g de azúcar

Para adornar

hojitas de menta

fresas de bosque

Trocear la pulpa de melón y batirla a alta velocidad con 3,5 dl de agua y el azúcar durante medio minuto hasta obtener una crema homogénea. Si se dispone de una sorbetera, ponerla en funcionamiento durante 15 minutos y colocar después el contenedor en el congelador del frigorífico. En el momento de servir, recoger el sorbete con el correspondiente utensilio para helados, poner tres bolitas en cada copa y adornar con hojitas de menta fresca y fresas de bosque.
Si no se dispone de sorbetera, el sorbete se transformará en un batido: verter la mezcla en la cubitera y, en el momento de servir, vaciar los cubitos, poner 3 en cada copa y adornar tal como arriba se indica.
Existen preparaciones instantáneas de *misore no moto* de venta en establecimientos especializados; basta disolver el contenido en 3 dl de agua templada para obtener el mismo resultado.

MIKADO

Cóctel

0,8 dcl de brandy

4 rociadas de horchata de cebada

4 rociadas de Crème de Noyau

2 rociadas de Angostura

4 rociadas de Curaçao

Cantidad para 2 personas. Agitar en la coctelera con hielo y verter en copitas de cóctel heladas.

Sorbete o batido de melón

Guateque iberoamericano

Guacamole

Crema de calabaza helada a la argentina
Fonda del Sol

Pimientos a la mexicana con salsa de granada
Chiles en nogada

Frijoles a la criolla con arroz y bananas fritas

Semifrío de melocotones y galletitas de almendras amargas con salsa caramelada

Cubalibre
Caipirinha

A la vuelta de las vacaciones, para alejar la incipiente melancolía y reunirnos de nuevo con los amigos, organicemos un despreocupado guateque de inspiración iberoamericana.
El menú no tendrá más remedio que ser de tipo buffet y, como es lógico, deberá corresponder al contexto de la velada. El número ideal son dieciséis invitados y otras tantas serán las raciones, exceptuando el postre, el irresistible semifrío de melocotones y galletitas de almendras amargas con salsa caramelada, *preparado en cantidad para permitir el bis.*
Con la excepción del arroz, todo se podrá preparar con antelación y se servirá al mismo tiempo: el aromático y picante guacamole *con los trocitos de tortilla, la deliciosa* Fonda del Sol *helada y servida en la misma calabaza, los* pimientos rellenos, *adornados con nata, cilantro y granada como símbolo de la bandera mexicana, los* frijoles a la criolla *con arroz y bananas fritas.*
La primera ronda de cóctel - euforizantes Caipirinhas *y explosivos* cubalibres— *la servirán los anfitriones, tras lo cual se abrirá el self-service con un open bar muy bien surtido pues todo el mundo estará demasiado ocupado divirtiéndose.*

1 PIMIENTOS RELLENOS A LA MEXICANA CON SALSA DE GRANADA p. 138
2 FRIJOLES A LA CRIOLLA CON ARROZ Y BANANAS FRITAS p. 220
3 CREMA DE CALABAZA HELADA A LA ARGENTINA p. 118
4 GUACAMOLE p. 113

SEMIFRÍO DE MELOCOTONES Y GALLETITAS DE ALMENDRAS AMARGAS CON SALSA CARAMELADA

Preparación: 25 minutos, más 3 horas para la refrigeración

Cocción: 20 minutos

Dificultad: mínima

Postre

1 kg de pulpa de melocotones maduros o en conserva

1 kg de azúcar

2 l de nata montada

150 g de galletitas de almendras amargas

Para la salsa caramelada de almendras

300 g de azúcar

esencia de almendras

Receta para 24-28 personas. Poner 1 k de azúcar y 6 dcl de agua en una cacerola y llevar a ebullición, removiendo de vez en cuando. Hervir a fuego lento durante 1 minuto, retirar del fuego y dejar enfriar el jarabe. Medir 1 litro y guardar el resto para otras preparaciones. Pelar los melocotones, trocear la pulpa y batirla hasta obtener un puré. Pasar el puré por el tamiz de malla fina y medir 1 litro. Montar la nata. Cuando el jarabe se haya enfriado, incorporar el puré de melocotones, las galletitas de almendras amargas desmenuzadas y la nata montada. Verter la mezcla en 3 recipientes rectangulares para semifrío de 30 × 7 cm, nivelar la superficie con una paleta y colocar en el congelador durante 3 horas por lo menos antes de vaciar los recipientes sobre una tabla de madera y cortar el contenido en lonchas.
Entre tanto, preparar la salsa caramelada con la que se cubrirán las lonchas de semifrío: poner en una olla pequeña 300 g de azúcar con 2 dcl de agua y llevar a ebullición, removiendo con una cuchara de madera. Hervir a fuego lento durante unos 20 minutos removiendo a menudo hasta obtener un caramelo claro, diluirlo con 2 dcl de agua e incorporar 4 gotas de esencia de almendras. Dejar enfriar a temperatura ambiental.

CAIPIRINHA

Cóctel

0,5 dcl de Cachaça

1 lima pequeña

2 cucharaditas de azúcar de caña

Cantidades para una persona. Cortar la lima en 4 rajas y aplastarlas cuidadosamente en un mortero con el azúcar de caña para extraer todo el aroma de la corteza. Verter todos los ingredientes en un vaso con cubitos de hielo y servir.

CUBALIBRE

Long drink

0,6 dcl de ron negro

zumo de media lima

Coca-Cola helada

Para adornar

1 raja de lima

Cantidades para 1 persona. Preparar directamente en el vaso, añadiendo al ron el zumo y la raja de lima, unos cuantos cubitos de hielo y Coca-Cola al gusto.

Semifrío de melocotones y galletitas de almendras amargas con salsa caramelada

· ÍNDICE DE RECETAS ·